童庄河大桥设计与施工

唐清华 著

WUHAN UNIVERSITY PRESS
武汉大学出版社

图书在版编目(CIP)数据

童庄河大桥设计与施工/唐清华著.—武汉：武汉大学出版社,2021.2
ISBN 978-7-307-22135-2

Ⅰ.童… Ⅱ.唐 … Ⅲ.①斜拉桥—桥梁设计 ②斜拉桥—桥梁施工 Ⅳ.U448.27

中国版本图书馆 CIP 数据核字(2021)第 020573 号

责任编辑:林 莉 沈继侠 责任校对:李孟潇 版式设计:马 佳

出版发行：**武汉大学出版社** (430072 武昌 珞珈山)
(电子邮箱：cbs22@ whu.edu.cn 网址：www.wdp. com.cn)
印刷:广东虎彩云印刷有限公司
开本:720×1000 1/16 印张:16.5 字数:266 千字 插页:1
版次:2021 年 2 月第 1 版 2021 年 2 月第 1 次印刷
ISBN 978-7-307-22135-2 定价:58.00 元

前　　言

秭归县是国家级贫困县，长期以来，秭归因偏而穷、因路而贫、无路而困的交通瓶颈始终制约着县域经济发展。由于交通的滞后，秭归县西南各乡镇农副产品、原煤等销售不畅，农民难以致富。同时还有大量的旅游精品资源藏在深山，无法开发推介，解决交通问题迫在眉睫。江南大通道的修建把秭归县与高速通道连接成线，使得秭归县东西向交通顺畅通达，大大增加了秭归县周边三条高速公路的影响辐射范围，提高了高速公路的社会服务效益。童庄河大桥位于江南大通道的起点，是江南大通道的控制性工程。童庄河大桥的建设，将加快江南大通道的全线贯通，从而将联结沪蓉、宜巴高速，当地大量的物资即可通过陆路输出到外地。

童庄河大桥为(45+100+320+100+45)m 双塔双索面混凝土梁斜拉桥。大桥桥面宽度 10m，宽跨比达 1/32，桥塔桩基施工水深约 60m，且位于三峡库区，水位涨落幅值 30m，宽跨比之小，桩基施工水位之深，水位涨落幅值之大均居国内前列，桥梁设计和施工均极具挑战性。

童庄河大桥于 2011 年年初开展工程可行性研究工作，由于桩基础施工水深过深，中间经历了多次方案变更和论证，最终在 2005 年年底经过了初步设计、变更设计、技术设计及多次专家论证之后，完成了最终施工图设计工作。经过 5 年施工期，终于顺利竣工通车。鉴于童庄河大桥对同类工程具有的参考意义，我对大桥的设计、施工经验进行了总结编纂，以使得童庄河大桥设计与施工成果得以完整保存，以供同行参考。

希望本书的内容对同行有所帮助，由于作者水平有限，难免存在一些错漏，恳请各位同行斧正。

唐清华

2020 年 12 月于武汉

目　　录

第1章 项目背景

1.1 建设背景

童庄河大桥位于湖北省秭归县郭家坝镇，跨越童庄河，两岸连接郭家坝镇邓家坡村和观音阁村，如图 1-1 所示。童庄河是长江一级支流，位于三峡库区右岸，于秭归县郭家坝镇汇入长江，河口距离三峡大坝约 30km。童庄河在秭归县境内全长 36.6km，流域面积 248km^2。

受三峡水库淹没影响，童庄河宽度较蓄水前显著增加，当三峡水库蓄水至 175m 时，河口附近水面宽约 450m。河道变宽给位于童庄河两岸的郭家坝镇 5 万多名居民的生产生活带来了严重的影响。目前，两岸过河仍沿用三峡水库蓄水前的交通方式，完全靠汽渡方式解决。但一方面汽渡运输方式成本高(大车每通行一次需要付费 80 元)、耗时多(白天通行 6 次)、安全隐患多，河面变宽之后这些问题更加突出；另一方面汽渡的运输能力较为有限，随着两岸经济发展，两岸之间的交通运输需求大大增加，运输能力不能满足社会经济发展需求的问题日益凸显。

童庄河渡改桥工程是解决三峡工程蓄水后移民“过河难、过河贵”等问题的重要民生工程，属于移民安稳致富和促进库区社会经济发展类项目中的基础设施建设与完善部分。

图 1-1 工程地理位置图

1.2 建设的必要性

1. 是解决三峡水库蓄水对人民群众生活影响的需要

本项目的建设是解决三峡工程蓄水后移民“过河难、过河贵”等民生问题，改善两岸居民出行条件的需要。三峡水库蓄水后，童庄河河口附近河面宽度由270m增至450m，虽通过交通复建建设了汽车轮渡码头，但每趟渡运时间、成本大幅增加，两岸移民“过河难，过河贵”的问题突出，这给两岸群众造成一定的经济负担，遇到疾病灾害更是雪上加霜，治病救灾的时间被大大延长，将造成更大的生命财产损失。郭家坝镇是秭归县的一个大镇，童庄河两岸居民由于童庄河这道天然的屏障相隔，经济和生活来往显得极其不便。如将渡口改为桥梁，可以将两岸村镇近距离相连，大大改善两岸村民的出行条件，使群众出行时间、成本大大降低，有利于提高移民群众的生产生活条件和改善人居环境。

2. 是适应童庄河两岸交通发展的需要

近年来，秭归县经济和社会发展取得了长足进步，全县的农副产品输出不断增加，旅游接待能力不断增强，童庄河两岸的交通量日益增长，两岸间的交通设施面临相当大的压力，从长远来说完全不能满足两岸间的交通需要，为满足沿线两岸人民群众、特别是移民的正常出行和货流顺畅要求，修建童庄河大桥代替汽渡是十分必要的。

3. 本项目的建设是秭归县江南沿江通道全线贯通的必要条件

宜巴公路经已建郭家坝隧道沿童庄河，经两河口镇、沙溪镇出秭归至巴东县，约 90km，绕行距离较远，宜巴公路在两河口镇距离长江南岸约 25km，接近巴东县境段距离长江南岸也有约 10km，因此两河口镇、梅家河乡沿江居民出行十分困难。拟建的江南大通道是秭归县“十二五”规划的交通项目之一，该项目起于秭归县郭家坝镇的观音阁，经童庄河(卜庄河)、擂鼓台、楚王井、沙镇溪镇、树坪、台子湾、范家坪，止于秭归县与巴东县交界处的黄岩，全长 65.3km，江南大通道贯通后秭归至巴东的距离大大缩短，方便了沿线居民的出行。江南通道的修建把秭归与高速通道连接成线，使得秭归县乃至三峡库区东西向交通顺畅通达，大大增加三条高速公路的影响辐射范围，提高高速公路的社会服务效益。同时秭归县境内公路交通条件也得以大幅提升，解决行路难的问题。

童庄河大桥位于秭归县郭家坝，同时位于江南大通道的起点位置，因此，童庄河大桥亦是江南大通道的控制性工程。

4. 本项目的建设是秭归县经济发展和移民安稳致富的需要

2011 年 6 月，国务院审批通过了《三峡后续工作规划》。三峡工程后续工作规划的主要内容包括移民安稳致富和促进库区社会经济发展、库区生态建设与环境保护、库区地质灾害防治、三峡工程对长江中下游重点影响区影响处理、三峡工程综合管理能力建设、三峡工程综合效益拓展研究共六个方面，其中移民安稳致富和促进库区社会经济发展规划是后续工作的重点内容之一。

基础设施建设与完善是移民安稳致富和促进库区社会经济发展规划的重要组成部分，其通过进一步完善交通、农村饮水、农田灌溉等基础设施，以改善生产生活条件和人居环境，逐步实现库区城乡基本公共服务均等化。作为基础设施建设的重要内容，库区交通设施的建设与完善直接关系库区群众的生产生活和社会经济发展。三峡库区地形复杂，山高坡陡，交通极其不便，在三峡水库蓄水后，长江干(支)流水面变宽，两岸联络交往难度加大，库区交通设施复建使交通网络整体功能得到较大改善，但还存在农村库周道路技术等级较低、因缺少桥梁没有完全贯通，不能完全实现便利快捷的交通运输，骨干路网公路级配不够合理等突出问题，仍然是制约库区经济可持续发展的重要因素。

秭归县是国家级贫困县。长期以来，秭归因偏而穷、因路而贫、无路而困的交通瓶颈始终制约着县域经济发展。秭归虽然地处三峡工程坝上库首，具有独特的区位优势，但由于交通的滞后，致使发展要素流动不充分，农民增收十分缓慢，严重阻碍了农村经济的发展。为此，县委、县政府决定把交通建设作为全县经济社会发展的一号工程，明确提出了以农村公路建设为抓手，加快社会主义新农村建设，促进农民增收，促进农村经济社会持续快速健康发展。由于交通的制约，秭归县西南各乡镇农副产品、原煤等销售不畅，农民难以致富。同时还有大量的旅游精品资源藏在深山，无法开发推介，解决交通问题迫在眉睫。

童庄河大桥的建设，将加快江南大通道的全线贯通，从而将联结沪蓉、宜巴高速，当地大量的物资即可通过陆路输出外地。同时也可通过该路放大宜万铁路巴东火车站对秭归的经济辐射，把秭归西部高山地区融入库区经济旅游圈。

1.3 技术标准

1.3.1 依据规范

以交通部《公路工程技术标准》(JTG B01—2003)及《公路路线设计规范》

(JTG D20—2006)、《公路路基设计规范》(JTG D30—2004)中的有关规定为基本依据，同时参考其他相关技术规范。

1.3.2 建设项目的功能

通过对项目区域内经济、交通现状及发展规划进行分析，本项目功能定位如下：

(1)本项目利用桥梁代替原规划的渡口，解决童庄河两岸人民行路难、过河难、过河贵等实际民生问题，同时有利于解决当地居民就业安置难等实际困难。

(2)童庄河大桥的建设加快了秭归江南快速通道的全线贯通，有利于充分发挥库区道路的整体效应，从根本上解决鄂西、渝东三峡库区数十万群众及三峡移民行路难、过河难、就业安置难等实际困难。同时，能够更好地服务大三峡旅游经济圈，促进大三峡旅游产业大发展。

(3)童庄河大桥的建设有利于形成秭归县公路网的主骨架，将搭建秭归县与发达地区的交通平台，将秭归的特产送出去，将外面的资金引进来，带动第二、第三产业的发展，真正使广大移民“迁得出、稳得住、逐步能致富”。

1.3.3 与相关路网的衔接

童庄河大桥接线起点衔接的省道 S334 宜巴公路路基宽 8.5m，设计时速 60km/h。童庄河大桥接线终点与楚王井村村道相接，村道后期再进行改造。

1.3.4 其他考虑因素

在交通量预测结果和技术标准依据的指导之下，同时把以下因素作为拟定设计技术标准的重要影响因素：

(1)沿线地质状况。

(2)沿线地形地貌。

(3)沿线城镇的规划发展。

(4)对环境影响的考虑。

(5)沿线重要的交通干线、水利、电力、通信等公共设施位置。

(6)对独立构造物的考虑。

(7)对工程量和工程造价的考虑。

1.3.5　公路等级的确定

根据《公路工程技术标准》规定，“公路等级的选用应根据公路功能、路网规划、交通量，并充分考虑项目所在地区的综合运输体系、远期发展等，经论证后确定”。

童庄河大桥所在的江南大通道是三峡库区的重要通道，连通沪渝高速、沪蓉高速、三峡翻坝高速以及规划中的纵六线，它担负着广大三峡移民“迁得出、稳得住、逐步能致富”的重任，它的建成将使整个鄂西地区和中部以及东部地区紧密相连，极大地加快区域经济的发展。对于促进湖北省骨架公路网的早日形成，尽快发挥网络效应具有切实的促进作用。

根据本项目的功能规划及远期发展，考虑提供大型、重型军事装备快捷运输通道，适应三峡大坝紧急情况需求，童庄河大桥公路等级规划为二级公路。

1.3.6　设计速度和车道数的确定

《公路工程技术标准》规定，二级公路设计速度可采用80km/h、60km/h，本项目采用60km/h，双向2车道。

本项目处于山岭区，峰谷高差较大。从降低工程建设的难度，减少高填、深挖路基，减少水土流失，保护环境来考虑，本路段技术标准宜采用低标准。

本项目桥梁接线构造物较多，沿线地面横坡较陡，路基填挖较大，防护工程也比较多，导致工程造价较高。从降低工程造价，提高经济效益来考虑，技术标准也宜采用低标准。

从实际设计情况来看，本项目接线部分路段位于一侧临江、一侧靠山的狭窄空间内，布线十分困难，地形对线位的限制较紧，难于采用较高的平面指标。纵坡设计中，已有部分路段的纵坡用到了设计速度60km/h的极限值，且这些路段构造物较多，工程规模较大。因此，从降低施工难度、保护自然环境、节约工程造价、提高经济效益等方面综合考虑，本路段的设计速度采用60km/h。

1.3.7　技术标准

根据项目性质、功能及连接线路技术标准情况，拟采用的主要技术标准如下：

(1)工程设计安全等级：一级，设计基准期为100年。

(2)道路等级：二级公路，双向两车道。

(3)设计行车速度：60km/h。

(4)桥面净宽路幅：桥面净宽路幅组成：1.0m(人行道、栏杆)+8.0m(行车道)+1.0m(人行道、栏杆)=10.0m。

(5)设计荷载：汽车荷载等级：公路-Ⅰ级；人群荷载：2.5kN/m^2。

(6)桥上最大纵坡：1.5%。

(7)桥上横坡：2%。

(8)设计洪水位：设计洪水位(1/100)173.800m(黄海高程，以下同)。

(9)通航标准：3000吨级货船(110.0×16.2×3.0m)尺度，通航等级为Ⅲ(3)级，最高通航水位为173.270m，最低通航水位为143.62m，通航净宽200m，通航净高18m。

(10)地震烈度：地震动峰值加速度为0.05g，相应地震基本烈度为Ⅵ度，抗震设防烈度为Ⅶ度。

(11)船舶撞击作用力：横桥向撞击作用力1400kN，顺桥向撞击作用力1100kN。

1.4　建设条件

1.4.1　地形地貌

工程区地貌类型为构造剥蚀侵蚀低山，地形蜿蜒起伏，沟谷深切，具典型沟梁相间地形地貌特征。长江在秭归县河段呈向北凸出的弧形，总体流向SE，江谷横断面呈不对称“V”形。童庄河在拟建大桥河段均呈NE流向，与长江近垂直展布。

1.4.2　气象水文

工程区地处中纬度，属亚热带大陆性季风湿润气候区。境内山峦起伏，气候垂直分带明显，全年温暖湿润，光照充足，雨量丰沛。四季分明：春季冷暖多变，雨水较多；夏季雨量集中，炎热多伏旱；秋季多阴雨，冬季少雨雪。多年平均气温

18℃，极端最低气温为-8.9℃。全年无霜期 270~310 天，气温随地势高度增加而降低的梯度为 0.65℃/100m。多年平均年降雨量 990~1248mm，降雨多集中在 4—10 月份，约占全年降雨的 83%；7 月份最多，1 月份最少。主要灾害性天气有春秋连阴雨和夏季暴雨，地区间分布规律是南部多于北部，高山区多于低山区。

童庄河大桥位于三峡库区内，2009 年以后三峡库区每年 10 月 1 日开始蓄水，10 月底或 11 月蓄到不高于 175m 正常高水位，维持此 175m 高水位一般月份为 11 月、12 月、1 月期间的两个月（冬季枯水时）至三个月（丰水时）；而发电及长江下游供水的需要，会有一个降水位的过程，1—4 月坝前库水位控制在不低于枯水期最低消落水位 155.0m，5 月末 6 月初坝前水库水位降至防洪限制水位 145.0m。水库蓄水水位为一斜线降水运行，由 175m 降至 145m。

6—9 月底为低水位 145 米运行。故每年（1 月或 2 月）从▽175m 降低水位开始，到 9 月底，护坡面最低一线的出水时间为：

▽170m 时——7.5~8 个月

▽165m 时——7 个月

▽160m 时——6.5 个月

▽155m 时——5.5 个月

三峡水库水位调度运行过程示意图如图 1-2 所示。

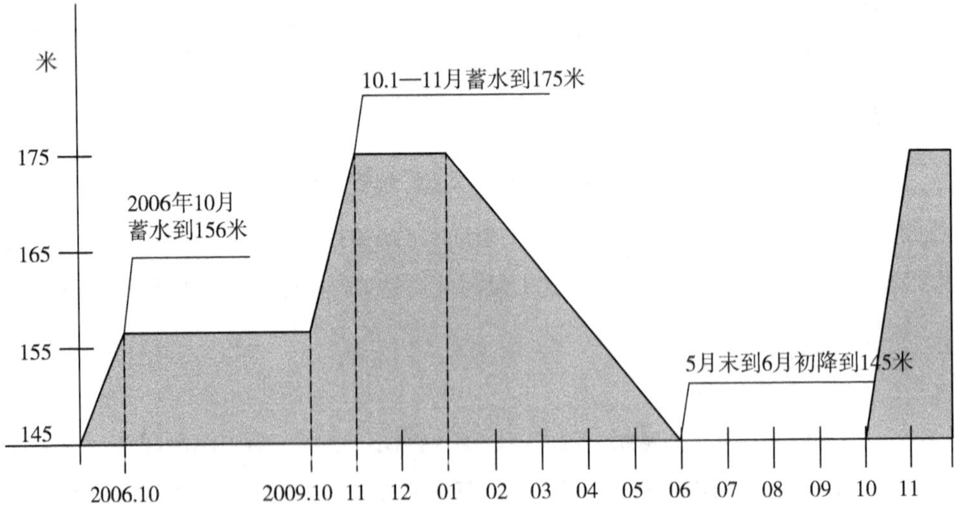

图 1-2 三峡水库水位调度运行过程示意图

1.4.3 地层岩性

1. 第四系

根据本次勘察地表测绘及勘探钻孔揭露，工程区第四系堆积物主要为：人工堆积层(Q^{r})、风积层(Q^{evl})、冲洪积层(Q^{pal})、残坡积层(Q^{edl})、崩坡积(Q^{col+dl})和滑坡堆积(Q^{del})等。各土层基本地质特征分述如下：

(1)人工堆积(Q^{r})：以碎石土夹碎块石为主，夹少量砼碎块及生活垃圾等。主要为工程弃土、填土，块石碎石块大小不一，成分混杂，结构松散至稍密状。一般厚0.5~2m，局部厚度较大，主要分布于七星水泥厂、页岩砖厂及擂鼓台村柑橘营销合作社附近。

(2)冲积层(Q^{al})：分布在童庄河的河床以及漫滩，表层以粉细砂为主，下部多为砂卵石层，局部夹块石，物质成分复杂，厚度不均，推测河床两侧厚度一般为2~5m，河床中心厚度10~15m。

(3)冲洪积层(Q^{pal})：主要由砂卵石、卵石夹少量土，局部含碎块石及巨砾。厚度变化较大，一般2~6m，主要分布在冲沟出口地段。

(4)坡积层(Q^{dl})：主要为土夹碎块石，厚度一般约0.5~5m，碎块石成分主要为砂岩、粉砂岩，含量一般25%~35%，呈棱角状~次棱角状，结构松散~稍密状。主要分布于童庄河大桥下桥位两岸斜坡地带。

(5)残坡积层(Q^{edl})：主要为砂质黏土、土夹碎块石、砾质土夹碎块石、碎石土夹块石等。土夹碎块石主要分布于童庄河附近斜坡及缓坡地带，厚度一般约0.3~4m，碎块石成分主要为砂岩、粉砂岩，含量一般10%~20%，呈棱角状~次棱角状，结构松散~稍密状；砾质土夹碎块石主要分布于童庄河大桥上桥位轴线附近斜坡上，厚度一般0.5~2m，土质干燥，粗粒成分主要为砂岩、粉砂岩，多呈棱角状~次棱角状，砾石含量5%~15%；碎块石含量一般约10%~20%，结构松散~稍密状；碎石土夹块石主要分布于童庄河大桥上、下桥位山体斜坡上，厚度一般0.5~3m，碎块石成分主要为砂岩、粉砂岩，碎石含量一般10%~15%，块石含量一般为15%~25%，呈棱角状~次棱角状，结构呈松散~稍密状。

(6)崩坡积层(Q^{col+dl})：主要为碎块石土，局部为巨块石，碎块石成分主要为砂岩、粉砂岩、砂质泥岩等，含量一般50%~70%，碎石粒径一般为5~20cm，块石粒径一般为30~80cm，部分可达几米，棱角状~次棱角状。推测厚度一般约3~15m。主要分布于童庄河大桥下桥位右岸临长江附近。

(7)滑坡堆积层(Q^{del})：主要为碎石土夹块石，碎块石成分主要为砂岩、粉砂岩等，含量一般20%~40%，粒径一般为5~40cm，棱角状~次棱角状，结构松散~稍密状，部分碎块石形成架空状态。推测厚度一般约10~30m。主要分布于童庄河右岸。

2. 基岩

出露基岩为侏罗系中~下统沙溪庙组(J_{2S})、聂家山组(J_{1-2n})及侏罗系下统香溪组(J_{1x})。现将各地层特征由新至老分述如下：

(1)侏罗系中统上沙溪庙组(J_{2S})：为紫红色薄~中厚层泥岩、粉砂岩等与灰白色厚层细砂岩互层。细砂岩呈灰至灰白色，接触填充式或孔隙式胶结，胶结物为方解石和黏土矿物，胶结程度不均一，胶结好者岩性坚硬，一般胶结较好，岩性呈较坚硬状；粉砂岩呈紫红、浅红色，钙泥质胶结，中厚层状为主，岩性较坚硬，较中细砂岩强度略低；泥岩呈紫红色，泥质胶结，性软，遇水浸泡易软化、泥化，程度深者呈软塑状黏土。

(2)侏罗系下统聂家山组(J_{1-2n})：为紫红色泥岩、灰色~深灰色水云母页岩夹粉砂岩、细砂岩、生物碎屑岩。泥岩呈紫红色，泥质胶结，性软，遇水浸泡易软化、泥化，程度深者呈软塑状黏土，失水易干裂呈碎块状；粉砂岩呈青灰色、浅灰色，钙泥质胶结，中厚层状为主，岩性较坚硬；细砂岩呈灰至灰白色，接触填充式或孔隙式胶结，胶结物为方解石和黏土矿物，胶结程度不均一，胶结好者岩性坚硬，一般胶结较好，岩性呈较坚硬状。主要出露在童庄河左岸。

(3)侏罗系下统香溪组(J_{1x})：为青灰色、灰绿色细砂岩、粉砂岩夹泥岩及黑色炭质页岩，底部见不规则煤层。细砂岩呈青灰色和灰绿色，钙泥质胶结，岩质一般较坚硬~坚硬状；粉砂岩多呈灰绿色，钙泥质胶结，中厚层状为主，岩质较坚硬；泥岩呈青灰~灰褐色，泥质胶结，岩质软弱，遇水浸泡易软化、泥化，失水易干裂呈碎块状；页岩多呈灰绿色，岩质总体较疏松，大部分用手可掰开，岩芯多呈碎屑、碎块状。主要出露在童庄河右岸。

1.4.4 地质构造

工程区地质构造以近东西向褶皱为主，并伴生有断层、裂隙及层间剪切带等构造形迹。

1. 褶皱

秭归向斜是一个近南北向展布，轴部基本横穿整个秭归县，南北向延伸长约20km，东西宽约10km。核部地层为上侏罗统红色砂岩、泥岩，槽部岩层平缓，倾角小于20°，两翼地层出露有三叠系嘉陵江组、巴东组和侏罗系等。岩层倾角一般在15°~40°，局部陡倾，两翼地层近于对称，东翼紧邻黄陵背斜，形态明显受大巴山弧、川东弧和山字形构造的联合作用。

拟建桥址区位于秭归向斜东翼，地层产状为倾NW向的单斜岩层，倾角30°~50°，对应沟河左岸为逆向岸坡，右岸为顺向坡。

2. 断层

由于地表多被第四系覆盖，基岩露头不多，可见断层较少，据地质测绘，工程区共发现4条断裂。

3. 裂隙

工程区内裂隙较发育，主要以中陡倾角和高陡倾角裂隙为主。

4. 层间剪切带

层间剪切错动现象是区内较为常见的构造形迹之一，工程区岩体软硬相间，构造作用强烈，在地层发生挤压揉皱变形及岸坡造型过程中，软岩往往发生层间剪切破坏而形成层间剪切错动带。据地面调查及钻孔揭示，错动带一般顺层发育，局部微切层，部分面上可见擦痕，错动带内片理化、糜棱化严重，局部为光滑泥膜，遇水易软化、泥化，力学强度显著降低。当岸坡为顺向坡，下部岩体形成临空面，沿层间剪切带常常成为潜在的滑面，童庄河右岸狮子包滑坡的成因机制即缘于此。

1.4.5 岩体风化

地壳浅表部岩体，长期在各种风化营力综合作用下，其矿物成分、结构、构造及其物理、力学性质产生了不同程度的改变，使岩体表部形成具有一定厚度的风化壳岩体。根据岩体的风化程度，自上而下分为全、强风化带、中等风化带及微风化带。各风化带基本地质具有以下特征。

全、强风化带：岩石风化强烈，原岩颜色发生明显变化，组织结构已大部分破坏，矿物部分变异，风化程度不均，岩质呈疏松至半疏松，夹少量块状，风化剧烈者呈泥、砂状。钻探岩芯多为砂砾、碎屑、碎块，少量半柱状或柱状。

中等风化带：岩石风化较弱，原岩颜色稍有改变，岩质以较坚硬状为主，局部形成一定厚度半疏松状夹层风化。钻探岩芯以中长、短柱状为主，少部分碎块。

微风化带：微风化带岩体仅产生了轻微风化，岩石较新鲜，沿少量裂隙可见风化现象，宏观上与新鲜岩体不易区分，工程性状亦基本一致。岩体完整性较好。局部沿软弱夹层有风化加剧现象，呈强至中等风化状。钻探岩芯多为中、长柱状，少量短柱状及碎块状。

岩体各风化分带的厚度受地貌单元和岩性控制明显，风化程度不均一，各风化厚度差别较大。强风化带岩体主要分布于地表浅层，钻孔揭露厚一般为1.2~8.5m；中等风化带有的部位与微风化带分带明显，有的则很不明显，根据钻孔揭露统计，一般厚度为13~31.8m。

1.4.6 区域地壳稳定性评价与地震危险性分析

1. 区域地壳稳定性评价

本区在大地构造上位于扬子准地台的次级构造单元——上扬子台褶皱八面山弧形褶皱带东北端，秭归向斜东端，其北部为大巴山台缘褶带，西部为四川台坳，东部为江汉坳陷。

本区在地质构造历史上主要经历了3次较强烈的构造运动：震旦系前的晋宁运动、侏罗系末的燕山运动和老第三系末的喜山运动。区域性褶皱主要为一系列北东东向弧形褶皱，背斜多属紧闭背斜，局部有倒转现象；向斜为复式向斜，多沿主轴两侧呈平行斜列式展布，褶皱轴向自西向东转为北北东，最后以近东西向嵌入秭归向斜中。沿工程区周缘展布的断裂主要有：仙女山断裂、新华断裂、九湾溪断裂和高桥断裂(又名平阳坝断裂)等，走向以北西西、北北西、北东向为主。这些断裂现今活动不明显，最后一次活动的时间距今一般在14万—46万年。该地区基本构造格局雏形形成于印支期，定型于燕山期，在喜马拉雅期又进一步得到了改造与加强。

本区新构造运动主要表现为大面积间歇性抬升，第四系以来，本区仍表现为间歇性上升、长江河谷深切、邻近河段形成了Ⅰ—Ⅴ级阶地，阶地纵剖面未见明显起伏或裂点，说明中更新世以来几十万年中，长江三峡地区以缓慢抬升为主，其间有过几次短暂的相对稳定时期。

以山原期夷平面未为起始高程，200万年以来鄂西山地相对江汉拗陷上升，平均速率约0.5mm/a；另据长江河谷阶地堆积物测年推算，近20万年以来，地壳上升-河谷下切平均速率约0.3~0.4mm/a，隆拗间的丘陵地带平均掀斜率为0.057mm/a.km。

据1954—1988年三峡水库库首区宜昌—秭归—巴东段精密水准测量成果，除秭归盆地略显下降外，整个地区无明显的差异活动。另据1960—1980年的区域变形资料，本区除鄂西南黔江一带受老断裂的控制及影响而呈现局部隆起并历史上曾发生过中强地震外，现今地壳运动总体上升仍以整体缓慢上升为主，向北缓掀斜，故属地壳变化平缓的稳定区。区内地震活动总体水平不高，主要受北东、北北西两组断裂控制，为本区主要孕震构造，3级以上地震大多沿这些断裂呈带状分布。但这些断裂规模不大，为切入基底不深的一般区域性断裂，现今多为弱活动或基本不活动断裂，不具备发生强震的构造条件。

综上所述，工程区区域地壳稳定条件好，不具备发生强震的构造条件，为相对稳定区。

2. 地震危险性分析

秭归县境内历史上未记载有破坏性大地震，据邻近有地震资料记载以来，震级较大的有1949年巫山境内的4.6级、1979年5月22日秭归龙会观5.1级地震，对工程区影响微弱。

根据《中国地震动参数区划图》(GB 18306—2008)，工程区 50 年超越概率 10%地震动峰值加速度为 0.05g，相应地震基本烈度为Ⅵ度(见图 1-3)。设计地震分组为第一组，地震动反应谱特征周期为 0.35s。

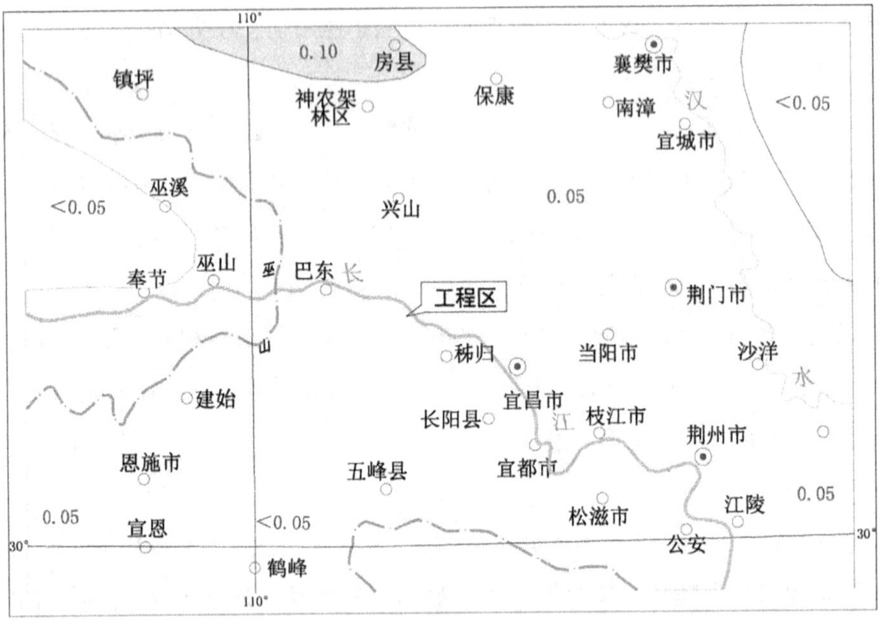

图 1-3　工程区地震动峰值加速度区划图

三峡工程自 2003 年 5 月 25 日正式蓄水以来，在长江干流上的巴东宝塔河至巫山碚石库段发生了频次较高的水库诱发地震，但是这些地震强度不大，最大仅 ML3.3 级，最高震中烈度为 5 度，所以，水库蓄水以来诱发的地震活动对拟建大桥工程区影响总体较小。

1.4.7　水文地质

1. 地表水、地下水

区内以长江及其右岸支流童庄河两岸发育的较大冲沟构成了地表水网。长江为区内地表、地下水的最低排泄基准面，两岸冲沟发育，大气降雨多以地表径流形式向冲沟汇集或以地面面流的形式流入江中，少量顺基岩裂隙和第四系覆盖层孔隙渗入地下，在冲沟、第四系覆盖层与基岩接触部位等以下降泉的形式出露。

工程区地下水按赋存条件可分为孔隙水、裂隙水，总体而言，水量均不丰沛，地下水在空间分布上具有很大的不均一性。

(1)孔隙水：赋存于第四系松散堆积层的孔隙中，出水点零星分布于冲沟沟底、坡地及洼地底部。区内斜坡、槽谷、洼地中的土体多为土夹碎块石或松散碎块石，接受大气降水和下伏碎屑岩裂隙水补给，迳流途径短，弱富水，其动态不稳定，受季节影响变化较大，下雨时流量增大。

(2)基岩裂隙水：基岩裂隙水主要赋存于基岩浅部的风化裂隙中，水量贫乏，动态变化大，主要靠大气降水补给，排泄受地形控制，部分呈渗水流出。

童庄河两岸多为基岩裸露的低山区，桥位区沿岸多为基岩陡坡、局部呈陡崖状，地下水位仅临河处与河水位基本一致，一般向内侧迅速抬升，水力坡度较大且变化较大，受岩性、层面及裂隙的张开程度、连通性等影响明显。本次勘察期间三峡库区水位较低(145m)，地下水埋深较大，钻孔揭露地下水埋深一般17.5~39.5m(表3-2)，一般埋藏于中等风化带基岩中。

通过水文地质调查，工程区内共发现5处泉水点，流量一般为0.5~2L/min，水质清澈，无异味。

2. 岩土体的透水性

(1)土体的透水性。砂质黏土：渗透系数K值为$i\times10^{-4}\sim i\times10^{-5}$cm/s，为中等~弱透水。

砂卵石：孔隙率大，透水性强。渗透系数K值为$i\times10^{-1}\sim i\times10^{-2}$cm/s，具强透水性。

土夹碎块石、砾质土夹碎块石：渗透系数K值为$i\times10^{-3}\sim i\times10^{-5}$cm/s，具弱~中等透水性。

碎块石夹土：渗透系数K值为$i\times10^{-2}\sim i\times10^{-4}$cm/s，具中等至强透水性。

(2)岩石的透水性。工程区内分布的地层主要为侏罗系中~下统沙溪庙组(J_{2S})、聂家山组(J_{1-2n})及侏罗系下统香溪组(J_{1x})，岩性主要为紫红色粘土岩与粉细砂、细砂岩等不等厚互层，其渗性较差，为相对不透水岩体，但其全强风化带内透水性增强，另外岩体的透水性受控于层面、裂隙的延展性及连通性。

(3)地表、地下水水质分析及腐蚀性评价。根据试验结果对地表水、地下水水质情况简述如下：

采取水样无色，全透明，水温一般在28°左右。

地表水水化学类型均为$HCO_3-Ca \cdot Na$。总硬度为134.8~147mg/L，平均值为140.9mg/L，矿化度为191.7~211.3mg/L，平均值为201.5mg/L，PH值为8.1~8.47，平均值为8.29；HCO^-含量为96.3~112.4mg/L，平均值为104.4mg/L，Cl^-含量为18.8~19.4mg/L，平均值为19.1mg/L，$SO4^{2-}$含量为10.3~11.8mg/L，平均值为11.1mg/L；Mg^{2+}含量为10.8~17.8mg/L，平均值为14.3mg/L；游离CO_2和侵蚀CO_2含量均为0mg/L。

地下水水化学类型为HCO_3-Ca。总硬度为269.5mg/L，矿化度为415.9mg/L，PH值为7.75；HCO^{3-}含量为276.1mg/L，Cl^-含量为19.4mg/L，$SO_4{}^{2-}$含量为18.3mg/L，Mg^{2+}含量为11.4mg/L，游离CO_2含量为5.8mg/L，侵蚀CO_2含量为2.3mg/L。

根据《岩土工程勘察规范》(GB 50021—2001)(2009年版)中第12.2条进行评价，地表、地下水对钢结构、混凝土及混凝土中钢筋具有微腐蚀性。

1.4.8 岩石物理力学性质

工程区主要岩石物理力学性质如下：

(1)粉砂质泥岩：中等风化带颗粒密度为2.71g/cm³，饱和密度为2.54g/cm³，饱和吸水率为4.36%，饱和抗压强度为5.17MPa；微风化带颗粒密度为2.73~2.75g/cm³，平均为2.74g/cm³，饱和密度为2.64~2.70g/cm³，平均为2.68g/cm³，饱和吸水率为0.90%~2.39%，平均为1.37%，饱和抗压强度为2.84~6.49MPa，平均为5.48MPa。

(2)泥质粉砂岩：中等风化带颗粒密度为2.71g/cm³，饱和密度为2.58g/cm³，饱和吸水率为3.03%，饱和抗压强度为6.43MPa；微风化带颗粒密度为2.74g/cm³，饱和密度为2.74g/cm³，饱和吸水率为1.44%，饱和抗压强度为5.78MPa。

(3)粉砂岩：中等风化带颗粒密度为2.72g/cm³，饱和密度为2.59g/cm³，饱和吸水率为2.42%，饱和抗压强度为17.5MPa。

(4)细砂岩：微风化带颗粒密度为2.73~2.75g/cm^3，平均为2.74g/cm^3，饱和密度为2.59~2.70g/cm^3，平均为2.63g/cm^3，饱和吸水率为0.43%~1.53%，平均为1.07%，饱和抗压强度为73.6~92.1MPa，平均为85.7MPa。

1.4.9 主要工程地质问题

1. 岸坡稳定问题

影响岸坡稳定的因素众多，既有内在因素也有外在的因素，不同因素的影响程度与深度也是不同的。内在因素，包括地貌条件、岩石性质、岩体结构和地质构造等，它们决定了库岸边坡变形的形式与规模，对库岸的稳定性起着控制性作用，是岸坡变形的先决条件。外在因素，包括水文地质条件、风化作用、库水的作用、地震及人类活动因素等。库岸的不稳定实质上是内在因素和外在因素综合作用的结果。

童庄河在拟建大桥河段呈NE流向，与长江近垂直展布。童庄河总体上两桥位区河谷呈对称的宽缓“U”形。童庄河大桥桥位区地形坡度一般为20°~40°，局部形成陡坎地形。地表多为基岩裸露，岩性主要为砂岩、泥岩、粉砂岩，各岩性呈不等厚软硬相间的互层状分布，地层总体走向NE，倾向NW，30°~50°中倾角为主，对应左岸为逆向岸坡，右岸为顺向坡。

童庄河桥位区左侧岸坡均为逆向岸坡，岸坡坡度一般为25°~40°，坡面形态较平整，水文地质条件简单，构造及风化作用不剧烈，人类活动不频繁，岸坡总体稳定性较好，但由于岸坡岩体为泥岩、砂岩等呈厚软硬相间的互层状分布，其泥岩以及接触面遇水易软化，从而强度大大降低，在岸坡坡度较陡，卸荷裂隙发育岸段，可见塌岸及岩体崩落等现象。但在工程区桥轴线附近未见规模较大的塌岸及岩体崩落现象。

童庄河桥位区右侧岸坡坡度一般为20°~35°，多为凸形岸坡，岩层倾向NW，为顺向坡岸坡，但总体岩层倾角大于岸坡坡角，且水文地质条件简单，构造及风化作用不剧烈，岸坡总体稳定性较好。但由于桥位区地层岩性主要为砂岩、泥岩、粉砂岩，各岩性呈不等厚软硬相间的互层状分布，软岩一般遇水易软化、泥化，力学强度显著降低，在地层发生挤压揉皱变形及岸坡造型过程中，发生层间剪切破坏而形成层间剪切错动带；地形较陡，下部岩体易形成临空面，沿层间剪切带常常成为潜在的不稳定面，顺岩层面容易发生坍滑、变形等地质问题，对整个桥位区岸坡整体稳定有一定影响。

2. 基础变形问题

桥基持力层必须具有足够的承载力、较高稳定性和可靠性，以避免桥基产生过量沉降及不均匀沉陷变形。

工程区基岩主要为砂岩、泥岩、页岩及粉砂岩等，各岩性呈不等厚软硬相间的互层状分布，砂岩、粉砂岩多呈中厚至厚层状，其主要为泥钙质胶结，一般呈较坚硬至坚硬状。泥岩及页岩等岩性较软至软弱，遇水浸泡易软化，程度深者呈泥状，失水则易干裂。如图1-4所示。

图1-4　工程区软硬相间的岩层

这种不等厚软硬相间岩石组合，导致桥基岩体在强度和变形上具有明显不均一特性。若桥基桩端置于这些软弱层或桩端持力岩体范围软弱夹层含量较多的情况下，必将引起桥基过量沉降及不均匀沉陷变形。因此，在桩端持力层的选择上应引起足够的重视。

建议桥基桩端持力层选择进入微风化带岩体一定深度，避开软弱层，保证桩端以下具2倍桩径厚度完整的砂岩、粉砂岩上。

由于工程区基础持力地层岩相岩性变化较大，岩层倾角较陡，呈中陡倾角，导致相邻桥墩间持力层的高度或工程性状存在差异，因而，需考虑相邻桥墩间的基础沉降变形。

3. 库岸再造对岸坡及桥基稳定性影响

三峡水库运行期间，桥址两岸处于水位变幅带内的岸坡覆盖层及强风化基岩在库水作用下易产生侵蚀-剥蚀型库岸再造，对岸坡的稳定存在一定影响。

根据塌岸对城市建设最低基准线182m高程的影响程度，即塌岸的最终宽度、深度及后缘高程，将塌岸的严重程度划分为三种类型，塌岸强烈程度分级如表1-1所示。

根据塌岸预测结果，按表1-1的分级标准判断，童庄河大桥左岸预测塌岸宽度34. 8m，高程185. 8m，右岸预测塌岸宽度31. 1m，高程185. 8m，均属强烈库岸再造。

表1-1 **塌岸强烈程度分级**

塌岸强烈程度	塌岸规模
强烈	塌岸上边界高程大于182m，预测塌岸宽度大于20m
较强烈	塌岸上边界高程大于182m，预测塌岸宽度小于20m
轻微	塌岸上边界高程小于182m

塌岸宽度31. 8m，高程192. 0m，属强烈库岸再造。总体童庄河大桥上桥位区库岸属较强烈至强烈库岸再造，预测库岸再造带后缘高程较高，再造坡体铅直厚度较大，对岸坡稳定性有一定影响，但通过适当防护即可确保库岸稳定；童庄河大桥下桥位区库岸再造预测情况与上桥位相当。

三峡水库蓄水及运行期间，两岸处于水位变幅带内的岸坡在库水作用下易产生侵蚀-剥蚀型或坍塌型库岸再造，库岸再造对在水位变幅带内的桥基及岸坡稳定性产生一定的影响，影响桥梁安全，桥梁设计时，应考虑库岸再造对桥基稳定性影响。

需要指出的是，库岸再造是一个复杂的过程，由于受到岸坡结构、岩性组合及其他外在因素的差异性影响，实际塌岸宽度与预测结果不尽一致。预测线只代表一个总体的趋势。

4. 滑坡对桥线选择的不利影响

经现场调查结合三峡工程库区地质勘察资料，在工程区分布有较多的滑坡、崩滑及变形体，以下滑坡特征及编号主要参考《长江三峡工程库区崩滑体档案》，狮子包滑坡参考《湖北省三峡库区秭归县狮子包滑坡防治工程勘查报告》。这些滑坡对桥线选择与桥址稳定性影响较大。工程区滑坡主要发育于童庄河右岸，体积一般为$0.9\times10^4\sim50\times10^4m^3$，水库蓄水175m(吴淞高程)后，均呈现出一定的调整变形特征，显示为欠稳定状态。下面分别进行叙述。

水泥厂西崩滑体(17-12)：为堆积层崩滑体，物质由土石混合组成，前缘高程为128m，后缘高程为194m平均厚度约为11m，总体积约为$50\times10^4m^3$，在平面上呈簸箕状。三峡水库蓄水后，滑体大部分被淹，正常蓄水位以上主滑体带倾斜角22°~30°，较陡，滑体潜在不稳定。该滑坡位于童庄河大桥上桥轴线右岸桥头下游，距桥位轴线约60~120m。滑体下滑方向近北向，偏向桥轴线河流的下游，故滑坡失稳下滑对桥梁的影响较小，但对桥梁右岸下游引道有一定的影响。

观音阁崩滑体(17-13)：为堆积层崩滑体，滑体表层由土石混合组成，结构较松散，前缘高程为100m，后缘高程为235m，平均厚度为10m，总体积约为$100\times10^4m^3$，在平面上呈簸箕状。三峡水库蓄水后，滑体大部分被淹，正常蓄水位以上滑带倾斜角20°~30°，较陡，滑体潜在不稳定。该滑坡位于童庄河上桥轴线右岸桥头上游，距桥位轴线约120m。滑体下滑方向SW向，向河流的上游，偏离桥轴线方向，故滑坡失稳下滑对桥梁的安全影响较小，但会影响上游连接道路基稳定。

卫生院后坡变形体(17-1)：为基岩变形体，前缘高程为120m，后缘高程为190m，平均厚度约6m，总体积约$5\times10^4m^3$，在平面上呈簸箕状，变形体组成物质为粉砂质泥岩、泥质粉砂岩，前中部岩层出现重力弯曲现象。三峡水库蓄水后，滑坡前缘大部分被淹，处于较不稳定状况。该滑坡位于童庄河下桥轴线右岸桥头上游侧，距桥轴线约75m。滑体下滑方向近西向，与桥轴线方向近一致，但该滑坡体规模较小，与桥轴线有一定的距离，故滑坡失稳下滑对桥梁的安全影响较小，但会影响上游连接道路基稳定。

柏林砖瓦厂变形体(17-2)：为顺层基岩变形体，前缘高程为120m，后缘高程为255m，平均厚度约为11m，总体积约为$28\times10^4m^3$，在平面上近长舌形。变形体总体呈向前凸起的山脊地形，地表均为滑动岩体，中、后部滑动岩体揉皱剧烈，前部滑动岩体反倾。三峡水库蓄水后，滑坡前缘被淹，滑体总体处于较不稳定状况。该变形体位于童庄河下桥轴线右岸桥台上游侧，距桥轴线约250m。变形体下滑方向NW向，偏向桥轴线方向，变形体若整体滑动，将会对桥梁安全会有一定的影响，若局部滑动，由于与桥轴线有一定的距离，对桥梁安全影响较小，但可能影响上游连接道路基稳定。

张家湾滑坡群(17-5)：该滑坡群由3个相连的滑坡组成。距童庄河大桥下桥位轴线最近的滑坡为堆积层-基岩滑坡。总体呈低洼地形，后缘略呈圈椅状，前缘高程为175m(吴淞高程)，后缘高程为240~300m，平均厚度约25m，总体积约为$260\times10^4m^3$，在平面上近长舌形。该滑坡体前缘地表为滑动岩体，面积$0.7\times10^4m^2$占滑坡总面积的7%，其余为土石混合区。三峡水库蓄水后，正常蓄水位以上的滑带较陡，滑体潜在不稳定。该滑坡群位于童庄河右岸桥轴线上游，最近的滑坡距桥位轴线约500m，滑体下滑方向近西向，略偏离桥轴线方向，由于该滑坡体体积巨大，若整体滑动，将会对桥梁影响较大，但若局部滑动，由于与桥轴线距离较远，故对桥梁影响较小。

狮子包滑坡：该滑坡为新生基岩滑坡，因开挖公路切脚，形成一约高10m的临空面，出露了砂岩下伏的泥岩，在自重应力的作用下，其上的砂岩大致顺泥岩层面下滑。狮子包滑坡平面上呈舌形，厚20.8~26.6m，体积约22万m^3。滑坡主滑方向近北，滑坡前缘高程185m，属非涉水滑坡。滑体主要由粉质黏土、块碎石土和碎块裂岩体组成。狮子包滑坡于2001年12月1日失稳以来，仍处于缓慢滑动变形中，整体稳定性低，雨季随时可能发生大规模整体滑动。该滑坡前缘距桥位区100m左右，位于桥轴线下游侧凹坡内，滑坡的整体滑动不会直接威胁拟建童庄河大桥桥梁(下桥线)，但对其引道及现S334省道的安全有直接影响。根据收集相关资料，该滑坡已进行工程治理勘察。

1.4.10 场地稳定性及适宜性评价

1. 场地稳定性评价

桥位区在大地构造上位于扬子准地台的次级构造单元——上扬子台褶皱八面山弧形褶皱带东北端，秭归向斜东端，区域地壳完整性较好，无孕育强震的地质构造背景，总体属弱震区。根据《中国地震动参数区划图》(GB 18306—2008)，工程区50年超越概率10%地震动峰值加速度为0.05g，相应地震基本烈度为Ⅵ度。

工程区地貌类型为构造剥蚀侵蚀低山，地形蜿蜒起伏，具典型沟梁相间地形地貌特征。童庄河在拟建大桥河段均呈NE流向，与长江近垂直展布。

拟建童庄河大桥桥位区附近山顶地面高程一般400~900m，桥梁段地面高程一般150~270m(目前水库蓄水位以上)。

童庄河大桥上桥位左岸为凹岸，地形坡度25°~30°，坡面总体比较顺直，桥右岸为凸岸，岸顶高程为230~235.9m，地形坡度20°~25°，局部较陡，两侧为洼地形。桥位区两岸临河大部分基岩裸露，岩性主要为砂岩、泥岩、粉砂岩及页岩等，各岩性呈不等厚软硬相间的互层状分布，右岸为顺向岸坡，左岸为逆向岸坡。桥位区左岸未见滑坡、崩塌、泥石流等不良地质现象，临河岸坡整体稳定；桥位区右岸桥轴线两侧低洼地形处发育水泥厂西崩滑体和观音阁崩滑体，水库蓄水后，处于较不稳定状态，但滑坡的下滑方向均偏离桥轴线，滑体距桥轴有一定的距离，故对桥梁的影响较小。综合评价童庄河上桥位区场地稳定性较好。

童庄河大桥处于童庄河右岸滑坡群，但不存在制约工程建设的重大工程地质问题。

2. 场地适宜性评价

童庄河大桥桥轴线部位两岸多为基岩裸露，局部较缓处为较薄的覆盖层残坡积物，河床基本为基岩河床或粉土、黏土夹卵砾石，中下部主要为卵石夹漂石，厚度不大。基岩为细砂岩、粉砂岩、泥岩等，呈不等厚互层状分布，其微风化带细砂岩、粉砂岩等强度较高，可作为桥基桩端持力层。

童庄河右岸均为顺向岸坡，且基岩为软硬相间的岩层呈不等厚互层状分布，桥梁施工时，禁止切坡脚大开大挖，防止形成较陡的临空面，顺软层产生顺层滑动，威胁施工人员安全。

三峡水库蓄水 175m(吴淞高程)后，童庄河河水较深，一般为 70～100m，若在河中或临河设置桥墩，河水对工程施工有不利影响，需采取水上施工作业。

童庄河靠近郭家坝镇，右岸分布有省道 S334，交通便利，童庄河左岸仅有较窄的乡村公路相通，交通较为不便。工程区人类活动不频繁，工程建设对周边环境影响较小，仅童庄河右岸附近为七星水泥厂，工程建设对其有一定的影响。童庄河大桥上桥址场区总体环境较好，适宜工程建设，童庄河大桥下桥址右岸桥台为三面环水的单薄孤立山咀，除了上、下游分布有稳定性较差的数处滑坡外，可能还存在倾向两江交汇口的潜在不稳定软弱面，总体环境稍差。

1.4.11 建筑材料

根据调查，工程区建筑用砂均购运于枝江。

工程区分布有七星水泥厂及华新水泥厂，工程用水泥均可从两工厂直接购买，运距短，交通方便。

骨料可采用从附近正在开采的石料厂采购，根据调查，从郭家坝镇往文化乡方向主要砼骨料料场有：

(1)夹石冲石料场：该石料场位于彩虹桥桥头，距童庄河大桥上桥位公路距离约 5.7km，下桥位约 10km。料场岩性为深灰色薄至中厚层状灰岩，岩质坚硬(硬质岩)，质量较好。该料场储量较大，日产量可达 2500 吨，级配可根据需求加工。已经通车的彩虹桥和目前附近正在施工的宜巴公路均从该料场购买骨料，另外华星水泥厂也从此石料场购买石料。该石料场运距近，开采运输条件好，为采购石料比较好的选择。如图 1-5 所示。

(2)金溪口石料场：该石料场位于文化村，距童庄河大桥上桥位公路距离约 18.7km，下桥位约 24km。料场岩性为深灰色薄至中厚层状灰岩，岩质坚硬(硬质岩)，质量较好。该料场储量较大，日产量可达 3000 吨，石料级配可根据需求加工。该石料场主要为华星水泥厂提供石料，开采运输条件好，但运距相对稍远。

图 1-5　夹石冲石料场(灰岩)

第2章　结构设计

2.1　平面设计

本桥起止点里程为 K0+000.0m～K0+651.0m，桥梁全长 651.0m 均位于直线上。

2.2　纵断面设计

桥梁全长 651.0m，位于纵坡为双向 1.5%的人字坡上，变坡点位于 K0+340.0m 位置处。

2.3　横断面设计

全桥横向整幅布置，主桥桥面全宽 12.5m，引桥桥面全宽 10.0m。

主桥：1.25m(锚索区)+1.0m(人行道)+8.0m(车行道)+1.0m(人行道)+1.25m(锚索区)= 12.5m。

引桥：1.0m(人行道)+8.0m(车行道)+1.0m(人行道)= 10.0m。

2.4　主体结构设计

桥梁起点桩号 K0+000.000m，终点桩号 K0+651.000m，跨径布置为：30m+(45+100+320+100+45)m，桥梁全长 651m。主桥桥型设计为双塔双索面三跨连续混凝土梁斜拉桥方案，主跨320m，边跨145m，边中跨比0.4531，在距离梁端45m处设置辅助墩，跨径布置为(45+100+320+100+45)m，主桥塔墩固结，塔梁分离。宜昌侧引桥为30m跨现浇预应力箱梁，桥型布置示意图如图2-1所示。

支承体系：主梁在1#过渡墩、2#和5#辅助墩、3#和4#主塔及6#桥台处均设置两个竖向支座；主塔位置处在主塔和主梁之间设置横向抗风支座，在过渡墩、辅助墩处设置横向抗震挡块；在主塔位置处两个塔柱和主梁之间均设置纵向阻尼器，在过渡墩、辅助墩位置处主梁纵向自由。

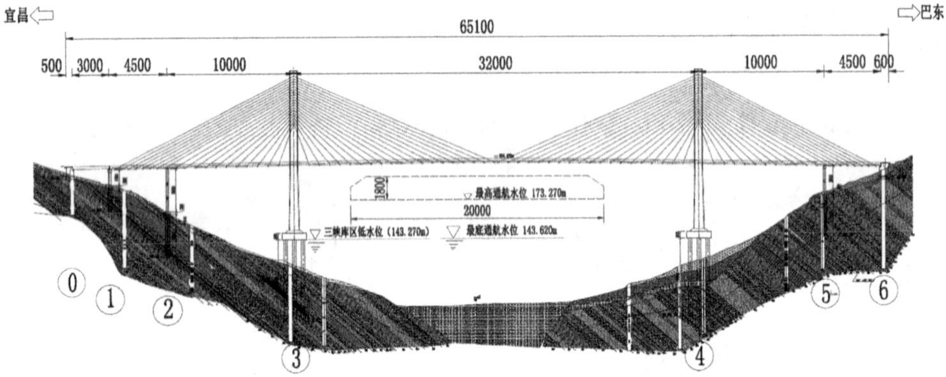

图 2-1　桥型布置示意图(单位：cm，高程：m)

2.4.1　主桥

主桥上部结构采用(45+100+320+100+45)m混凝土梁斜拉桥，主桥全长610m。主桥采用H形桥塔、扇形双索面对称布置，塔墩固结，塔梁分离，主梁在桥塔处设置竖向支座、横向支座、纵向阻尼器，在辅助墩及过渡墩处仅约束竖向和横向，顺桥向放松，为顺桥向半漂浮体系。

1. 主梁一般构造

主梁采用等高预应力混凝土双边主梁结构，C55混凝土，主梁顶板宽12.5m，设2.0%双向横坡，桥梁中心线处梁高2.5m，边缘处梁高2.375m。

主梁标准段截面顶板厚0.28m，标准段边主梁下缘马蹄宽1.7m。在梁端部60.7m长的范围内由于压重需要顶板厚度加厚到0.7m，下缘马蹄加宽到2.5m。

斜拉索在主梁上标准间距为8.0m，主梁在斜拉索名义锚固位置处及名义锚固点中间位置处各设置一道横梁，标准段横梁间距4.0m，压重段横梁间距2.75m，标准横梁为马蹄形截面，横梁厚度为20cm，马蹄处厚度为60cm，桥梁中心线处高2.2m，顶部随顶板按双向2%横坡变高，底部水平，横梁和顶板之间设置50×20cm的倒角。根据横梁长度不同，横梁共分四种类型，以适应结构受力和构造需要，压重段横梁厚80cm，桥塔处横梁厚度为1.0m，过渡墩处横梁厚度为1.8m，端横梁厚度为3.7m。压重段横梁、桥塔处横梁、辅助墩顶横梁及端横梁均为实心矩形截面，和顶板之间设置50×20cm的倒角，横梁底部和梁体底部同高。

主梁预应力体系：主梁采用纵向预应力体系，纵向设有ϕ^{s}15.24预应力钢绞线和预应力粗钢筋。纵向预应力布置在主梁边主梁及顶板内，其中预应力粗钢筋配合主梁逐段施工，边张拉锚固边接长，剩余预应力束为不通长束，依据主梁内力大小分段设置，锚固在横梁和边主梁交界处的锯齿块上。钢绞线抗拉强度标准值$f_{pk}=1860$MPa，钢绞线锚下张拉控制应力为1339.2MPa；预应力粗钢筋抗拉强度标准值930MPa，预应力粗钢筋锚下张拉控制应力为790.5MPa。所有预应力应在浇注完混凝土待其强度达到90%设计强度、弹性模量达到100%且龄期达到7天后方可张拉。

2. 斜拉索一般构造

本桥斜拉索钢丝采用ϕ7镀锌高强钢丝，钢丝的标准强度为1770MPa。镀锌高强钢丝的性能应满足现行《桥梁缆索用热镀锌钢丝》(GB/T17101—2008)的要求。制造钢丝用盘条须符合《优质碳素钢热轧盘条》(GB/T 4354—94)的规定。每盘钢丝由一根组成，放线端应有明显标志，收线盘内径不得小于1.8m。成品钢丝交货时不得出现锈斑，不得存在电焊接头和任何形式的其他接头。

钢丝的几何尺寸、机械性能、镀层性能、化学成分、伸直性详见设计图《斜拉索体系技术条件说明》。

本桥斜拉索护套采用双层，内层为黑色高密度聚乙烯，外层为彩色高密度聚乙烯，两层聚乙烯之间应具有良好的机械性能及耐候性能。

塔端及梁端锚具均采用张拉端锚具，按钢丝丝数编排分别为PESC7-91、

PESC7-109、PESC7-121、PESC7-139、PESC7-151、PESC7-187，共 6 类。锚具的结构构造、性能要求须按照设计图《斜拉索体系技术条件说明》执行。

斜拉索附属件包括斜拉索防护罩、锚杯保护罩等，斜拉索防护罩材料采用不锈钢，其性能应符合 GB/T 4237 的要求；锚杯保护罩可采用优质不锈钢或碳素结构钢，优质不锈钢应符合 GB/T 4237 的要求，碳素结构钢应符合 GB/T 700-2006 的要求。防腐涂装同钢箱梁外表面。

成品拉索应满足以下要求：

(1)成品索应满足设计长度要求，索长允许误差 ΔL 应符合下述规定。

索长≤200m，ΔL≤0. 02m

索长>200m，ΔL<(L/20000+0. 010)m

(2)每一根成品索出厂前须超张拉，超张拉力为标准破断荷载的 0. 55 倍，预张拉后冷铸锚中锚板回缩值不得大于 6mm。

(3)成品索的机械物理性能。

①静载破断荷载应不小于拉索标准破断荷载的 95%。

②静载破断延伸率应不小于 2%。

③抗拉弹性模量应不小于 $2.0\times10e^5$MPa，每种规格型号的成品拉索至少有一根在超张拉检验后作弹性模量试验。

④成品索在应力幅 200MPa 时，即上限应力 0. 4σb，下限应力 0. 28σb 作用下，经 200 万次脉冲加载，脉冲频率不超过 8Hz，要求锚具完好无损，钢丝断丝率小于 2%。

⑤拉索成盘包装，最小盘绕直径不小于 1800mm，斜拉索存放时间不超过 3 个月。

斜拉索应注意以下问题：

(1)斜拉索表面采用螺旋线型护套以抑制风雨振，桥面处的不锈钢护套直径按螺旋线高度为 3mm 考虑，若实际螺旋线高度变化，护套直径相应调整。

(2)斜拉索在预埋钢管出口处均设置内减振器和体外减振装置，对于施工过程中和成桥后运营期将根据拉索的振动情况采用其他抑振措施，并满足使用寿命要求。

(3)斜拉索梁端导管内填充料的防水性能对提高锚固结构的寿命有很重要的

作用，应填充具有阻蚀密封性能好、耐久性好、适应变形能力强、灌注性良好、防水性好的材料。

(4)所有的抑振措施与拉索的 HDPE 护套连接部位必须设置保护构件，不得损毁拉索护套。

(5)其他未尽事宜严格按照《斜拉桥热挤聚乙烯高强钢丝拉索技术条件》(GB/T 18365—2001)、《大跨度斜拉桥平行钢丝斜拉索》(JT/T 775—2010)、《桥梁缆索用热镀锌钢丝》(GB/T17101—1997)、《公路桥涵施工技术规范》(JTJ041—2000)和《公路工程质量检验评定标准》(JTG F801—2004)等相关规范和标准执行。

斜拉索产品采用工厂制作的成品索体，斜拉索所有产品须提供该产品 200 万次以上的抗脉动拉伸疲劳试验报告和具有相关资质的部门对该产品的验收鉴定证书。

3. 主塔一般构造

主塔墩基础采用 11 根 ϕ2. 8m 钻孔灌注桩，3#、4#主塔墩基础桩长均为 63m。主塔基础承台平面尺寸为 24. 1×18. 5m，高 5. 0m。

主塔塔柱为钢筋混凝土结构，上、下横梁均为预应力混凝土结构。主塔分别由下、中、上塔柱及下、上横梁五部分组成。主塔全高(从承台顶面起算)为 124. 2m(承台顶高程+148. 27m)，包括塔座高 2m。塔柱在顺桥向宽度为 6. 6~8. 6m，在横向宽度为 3. 3~4. 7m。塔柱截面采用矩形截面，四周角点设有 50×50cm 的倒角。

下塔柱高 52. 7m，采用矩形实心截面，纵桥向宽度 6. 6~8. 6m，横桥向宽度 3. 3~4. 7m，下塔柱底设置 2. 0m 高的塔座，桥塔塔座及下塔柱四周设置钢质-PPZC 复合材料浮式柔性多级消能防撞装置。中塔柱高 43. 0m，采用矩形空心截面，纵桥向宽度 6. 6m，壁厚 1. 3m；横桥向宽度 3. 3m，壁厚 0. 8m。上塔柱高 26. 5m，采用矩形空心截面，纵桥向宽 6. 6m，壁厚 1. 3m，横桥向宽 3. 3m，壁厚 0. 8m，上塔柱设有斜拉索锚固区。

下横梁梁高 4. 0m，横桥向长 13. 5m，纵桥向宽 5. 6m，采用矩形空心截面，壁厚 0. 8m。上横梁高 3. 5m，横桥向长 13. 5m，纵桥向宽 5. 6m，采用矩形空心截面，壁厚0.8m。

主塔上、下横梁预应力均采用19-ϕ^s15.2钢绞线，塑料波纹管(SBG-100Y)制孔，群锚锚固，横梁预应力均采用两端张拉。在斜拉索锚固区为抵抗斜拉索拉力设置双向预应力，预应力束采用9-ϕ^s15.2和5-ϕ^s15.2钢绞线，塑料波纹管(SBG-80Y、SBG-55Y)制孔，群锚锚固，钢束均采用一端张拉，张拉端在竖向交替布置。所有预应力须待浇注完混凝土待其强度达到90%设计强度、弹性模量达到100%且龄期达到7天后方可张拉。

4. 过渡墩、辅助墩一般构造

过渡墩、辅助墩基础采用8根ϕ1.2m钻孔灌注桩，1#过渡墩桩基础长18m，2#辅助墩桩基础长32m，5#辅助墩桩基础长32m。1#、2#、5#桥墩基础承台平面尺寸相同，为4.7×4.7m，每墩底各设置一个承台，两个承台间用系梁连接，系梁尺寸2.1×2.0m，承台高2.0m。

1#过渡墩及2#、5#辅助墩采用双柱墩。1#过渡墩单柱横向宽度为2.0m，桥墩顺桥向宽度2.0m，设置20×20cm倒角，墩顶设置盖梁，盖梁高1.8m。2#、5#辅助墩单柱横向宽度为3.2m，桥墩顺桥向宽度3.2m，设置20×20cm倒角。1#过渡墩墩高12m，2#辅助墩墩高35.5m，5#辅助墩墩高20.0m。

2.4.2 引桥

1. 梁体一般构造

引桥为30m跨预应力混凝土简支箱梁，桥梁中心线处梁高2.0m，梁体顶面设置2%的双向横坡。箱梁顶板宽10.0m，底板宽6.0m，箱梁腹板厚50～80cm，底板厚22～42cm，箱室内顶板厚25～50cm，悬臂端部厚18cm，悬臂根部厚50cm，在墩顶设横隔梁，横隔梁厚度分别为1.2m。箱梁混凝土采用C50。

箱梁顶板纵向钢束采用6束7-ϕ^s15.2，腹板采用6束15-ϕ^s15.2，底板采用6束15-ϕ^s15.2钢绞线。预应力钢束均在桥台侧单端张拉锚固，张拉端采用夹片锚具锚固。预应力钢束在主桥端因为张拉空间限制采用锚固端，锚固端采用P形锚具。纵向钢束张拉从两侧到中间沿结构中心线对称张拉，以保证梁体结构上下左右均衡受力，预应力须待浇注完混凝土待其强度达到90%设计强度、弹性模量达到100%且龄期达到7天后方可张拉。

2. 桥台一般构造

两岸桥台均采用重力式桥台，扩大基础。0#桥台前端高7.4m，扩大基础高2.0m；6#桥台前端高10.4m，扩大基础高2.0m。桥台支座垫石采用C40，桥台台帽、挡块、台身、搭板枕梁、扩大基础均采用C30。

2.4.3 主要附属结构

1. 桥面铺装

桥面沥青铺装设计总厚度10cm，组成结构为：4cm细粒式沥青混凝土(SMA-13)+6cm中粒式密级配改性沥青混凝土(AC-16)+反应型防水粘结层。如表2-1所示。

表2-1 **桥面铺装结构**

铺装层	4cm细粒式沥青混凝土(SMA-13)
	6cm中粒式密级配改性沥青混凝土(AC-16)
防水层	反应型防水粘结层
桥面板	打砂，形成干燥、洁净、粗糙界面

对于桥面板平整度比较差的区域，采用中粒式密级配改性沥青混凝土(AC-16)。

2. 人行道、栏杆

桥梁两侧各设置1.0m宽人行道、栏杆，人行道栏杆立柱采用混凝土立柱，人行道栏杆采用不锈钢复合管栏杆。人行道板为8cm厚C30混凝土预制板，面层铺设2m厚水泥砂浆。

3. 斜拉索检修栏杆

在主桥两侧斜拉索外侧各设置一道检修栏杆，栏杆在主桥主梁梁端处横向设置到人行道栏杆处，形成封闭的检修空间。检修栏杆采用钢制栏杆，栏杆采用工厂预制或现场焊接。

4. 支座选择

根据受力和尺寸需要，0#桥台位置处设置 JPZ(Ⅱ)3.5GD、JPZ(Ⅱ)3.5DX 支座；1#桥墩引桥侧设置 JPZ(Ⅱ)3.5DX、JPZ(Ⅱ)3.5SX 支座；1#桥墩主桥侧及 6#桥台处设置 JPZ(Ⅱ)3.5DX、JPZ(Ⅱ)3.5SX 支座；2#、5#桥墩位置处设置 JPZ(Ⅱ)10.0SX、JPZ(Ⅱ)10.0DX 支座；3#、4#桥塔位置处设置 JPZ(Ⅱ)10.0SX、JPZ(Ⅱ)10.0DX 支座。

5. 伸缩缝

考虑车辆运行的舒适性和安全性，主桥梁端伸缩缝采用 480mm 型伸缩缝，引桥侧桥台处缝隙采用桥面连续，人行道伸缩缝采用钢板制作，一端固定，另一端为活动端。栏杆在伸缩缝处设置双立柱，立柱间采用 4 道柔性链条连接。

6. 桥面排水

排水采用集中排水系统，人行道桥面积水向内排至桥面与车行道桥面积水汇合到桥面板下的顺桥向排水槽，顺桥向排水槽分别于两岸桥台处接地面排水系统。

7. 接地系统

大桥利用桩基竖向结构主筋作为接地极，在承台内桩头处用直径 22mm 圆钢连接圈将桩内竖向主钢筋连接，在承台内用 Φ22 圆钢将所有桩基竖向钢筋水平连接。所有接地引上线先引至墩帽面支座边，与梁部接地钢筋采用软连接。施工时应有电工配合，每墩测量接地电阻值应小于 4 欧姆，如不满足，应补打接地极。

8. 阻尼器

全桥共设置 4 套阻尼缓冲装置，3#、4#桥塔各设置 2 套，阻尼器设置于塔梁之间，梁端锚固于两边跨混凝土梁底设置的垫块、塔端锚固于主塔下横梁顶设置的垫块，每塔上下游对称布置，每侧 2 套并列安装，详细参数见施工图。

9. 主塔附属工程

主塔附属结构包括主塔检修通道、电力照明、进人孔盖板等部分。

所有附属结构中钢结构外露部分的防腐涂装均应满足《公路桥梁钢结构防腐涂装技术条件》(JT/T 722—2008)中编号 S04 的防腐涂装配套体系要求。

2.5 安全设施设计

2.5.1 桥梁防撞

桥塔采用的是钢质-PPZC 复合材料浮式柔性多级消能防撞设施。它是由多个 PPZC 复合材料板梁结构的密封舱室、桁架支撑结构组成的多舱室 PPZC 复合材料浮式防撞体。

1. 钢结构涂装工艺流程

钢结构件->表面喷砂除锈处理->涂装环氧富锌底漆两道 70μm(焊缝预留 5~10cm 不涂装)->焊接总装->焊缝打磨处理->焊缝部位补涂环氧富锌底漆一道->整体涂装环氧云铁中间漆一道 80μm->检查质量->修补验收->再涂环氧面漆一道 30μm。

2. 表面处理

所有待涂装的钢结构表面均应清洁、去除油、脂、疏松颗粒及其他污染物。表面均应依据 GB8923—2011 国家标准进行喷砂 Sa2.5 级，表面粗糙度大约为 40~60μm，喷砂后用清洁的压缩空气吹干净。现场焊接部位采用人工打磨除锈，去焊瘤“飞溅”达到St3级。喷砂后，在4小时之内完成涂装。

3. 涂装施工(内部)

(1)刷涂、滚涂。在使用前必须需充分搅拌，需要加入一定比例的稀释剂，具体比例按产品技术要求确定提供，在钢结构表面均匀涂装达到规定干膜厚度，对漏涂处需要重新补涂，在刷涂过程中每隔10~15分钟搅拌一次。

(2)涂装环境要求。温度范围：-10℃至+50℃，允许在相对湿度小于95%条件下施工。

(3)膜厚质量。用干膜磁性测厚仪进行测定，要求涂装后涂层干膜厚度：85%以上的检测点大于或等于设计厚度值，其他检测点的干膜厚度不应低于85%的设计厚度。必须达到规定膜厚的要求。如表2-2所示。

表2-2 **浮式防撞设施(舱内部)钢结构涂装工艺**

涂层结构	道数	涂层	干膜厚度(um)	说明
环氧富锌底漆	2	环氧富锌底漆(灰)	70	含锌70%~80%
灰环氧云铁中间漆	1	灰环氧云铁中间漆(灰)	80	
中灰环氧面漆	1	中灰环氧面漆(灰)	30(厂内)	

(4)钢结构涂装。涂层在运输和安装过程造成的破损需要进行及时修补。

2.5.2 桥头塌岸治理

为确保桥头岸坡稳定及童庄河大桥桥墩安全，经分析确定对左右两侧桥头岸坡分别采用如下措施进行处理。

1. 右岸桥头塌岸治理

右岸桥头塌岸治理平面长度210m，治理措施为清除表面残坡积层+挂网锚喷支护+格构植草护坡。具体布置如下：底部从高程145m(黄海，下同)处对坡面残坡积层进行清除，然后对清除后的坡面进行挂网锚喷支护，锚杆采用ф25螺纹钢，锚杆长6~15m，间距2.5×2.5m。坡面挂网喷护，钢筋网为ф8钢筋，间距20×20cm，喷射砼为C20砼，厚15cm，坡面设置Φ46排水孔，间距2.5×2.5m。底部坡脚设置0.5×1.0m(宽×高)M10浆砌石脚槽。对于岩质坡顶，坡顶钢筋网用短锚杆固定，短锚杆采用Φ25螺纹钢，长1m，间距1m；土质边坡采用矩形格构(C20砼)植草护坡(坡比1∶1.5)，坡底设C20砼脚槽，坡顶设浆砌石排水沟。

2. 左岸桥头塌岸治理

左岸桥头右岸塌岸治理平面长度165m，治理措施为挂网锚喷支护+格构植草护坡。具体布置如下：底部从高程145m(黄海，下同)处坡面进行挂网锚喷支护，锚杆采用Φ25螺纹钢，锚杆长6~15m，间距2.5m×2.5m。坡面挂网喷护，钢筋网为φ8钢筋，间距20×20cm，喷射砼为C20砼，厚15cm，坡面设置Φ46排水孔，间距2.5×2.5m。底部坡脚设置0.5×1.0m(宽×高)M10浆砌石脚槽，对于岩质坡顶，坡顶钢筋网用短锚杆固定，短锚杆采用Φ25螺纹钢，长1m，间距1m；土质边坡采用矩形格构(C20砼)植草护坡(坡比1∶1.5)，坡底设C20砼脚槽，坡顶设浆砌石排水沟。

2.6 桥梁耐久性设计及养护维修设施设计

2.6.1 桥梁耐久性设计

根据《公路钢筋混凝土及预应力混凝土桥涵设计规范》(JTG D62—2004)1.0.7条规定，本桥所处的环境类别为I类环境，为提高混凝土结构防腐蚀耐久性，对混凝土的原材料、施工等方面提出具体要求。

1. 混凝土原材料的选择

(1)选用低水化热和含碱量偏低的水泥，尽可能避免使用早强水泥和高C_3A含量的水泥。

(2)选用坚固耐久、级配合格、粒型良好的洁净骨料。

(3)使用优质粉煤灰、矿渣等矿物掺和料或复合矿物掺和料；除特殊情况外，矿物掺和料应作为耐久混凝土的必需组分。

(4)优质的引气剂，将适量的引气作为配制耐久混凝土的常规手段。

(5)尽量降低拌和水用量，为此应外加高效减水剂或有高效减水功能的复合外加剂。

(6)限制单方混凝土中胶凝材料的最高用量，为此应特别重视混凝土骨料的级配以及粗骨料的粒型要求。

(7)尽可能减少混凝土胶凝材料中的硅酸盐水泥用量，且胶凝材料的总量也不能过高。

(8)本桥承重结构混凝土的主要配合比参数如表2-3所示。

表2-3　**承重结构混凝土的主要配合比参数见下表**

构件 / 项目	主梁	主塔
最低强度等级	C55	C50、C40
胶凝材料用量 kg/m^3	≤500，≥300	≤500，≥300
最大水胶比	0.4	0.4

(9)混凝土中最大水灰比、最小水泥用量、最大氯离子含量以及最大碱含量等参数满足《公路钢筋混凝土及预应力混凝土桥涵设计规范》中第1.0.7条规定；抗渗要求满足第1.0.10条规定。进场骨料须做碱活性检测。

(10)混凝土中宜适量掺加符合技术要求的粉煤灰、矿渣粉或硅灰等矿物掺和料。不同矿物掺和料的掺量应结合混凝土施工环境条件、拌和物性能、力学性能以及耐久性要求通过试验确定。

2. 混凝土的施工要求

(1)在混凝土施工前，施工单位应按照混凝土结构防腐蚀耐久性设计的要求，制定保证混凝土施工质量的措施与实施细则，精心选择原材料，进行混凝土试配，在试验室试验的基础上优选混凝土配合比。应在现场进行试浇筑(浇注主梁试验段)。

(2)耐久混凝土的施工质量控制重点有：混凝土的振捣均匀和密实，混凝土的养护，钢筋的混凝土保护层厚度，施工阶段的混凝土裂缝控制。

(3)应仔细规划混凝土结构的施工顺序，以尽量减少新浇混凝土硬化过程中的收缩应力与开裂，如墩、梁、板分段分块浇筑的施工缝间隔等。

(4)浇筑混凝土前，应仔细检查保护层垫块的位置、数量及其紧固程度。构件侧面和底面的垫块应至少为 4 个/m^2，绑扎垫块和钢筋的铁丝头不得伸入保护层内。保护层垫块的尺寸应保证混凝土保护层厚度的准确性，其形状(宜为工字形或截头锥形)应有利于钢筋的定位。垫块可用细石混凝土制作，其抗腐蚀能力和强度应不低于构件本体混凝土。为保证钢筋定位的准确性，宜采用定位夹或定型生产的纤维砂浆块。

(5)混凝土的搅拌宜采用卧轴式、行星式或逆流式搅拌机，不使用自落式搅拌机或立轴强制式搅拌机。

(6)拌和物的振捣必须做到均匀密实。用插入式振捣变换插点时，应快插后向上缓慢拔出，不得沿拌和物表层平拖。

(7)混凝土的养护包括混凝土的湿度和温度控制。新浇混凝土应及早开始养护，避免水分的蒸发。湿养护不得间断，尤其注意初始保湿养护，避免新浇表面过早暴露在空气中。大掺量矿物掺和料混凝土在结束正常养护后仍宜采取适当措施，能在一段时间内防止混凝土表面快速失水干燥。

(8)至少应在结冰期到来 4 周之前完工，否则应采取技术措施，避免冻害发生。

(9)主桥工程结构构造复杂，大体积混凝土、薄壁构件等工程较多，对混凝土的水化热、抗裂性等问题要求高，应根据现场情况(空气湿度、温度、气温变化等)开展混凝土配合比试验确定稳定合理的配合比方案，并采用性能稳定的现场拌和站生产的混凝土作为主要结构构件的建筑材料。

3. 桥塔防腐设计

主塔作为高耸结构，受力复杂，所处环境恶劣，桥塔处风力大，日光暴晒，雨水侵蚀，温度变化大，这使得混凝土的裂化和钢筋的锈蚀速度加快，影响耐久性。为进一步提高桥塔使用寿命，本桥拟对桥塔进行防腐涂装保护。防腐方案如表 2-4 所示。

表 2-4　　主塔防腐涂装方案

油漆	油漆名称	干膜厚度	备注
封闭漆	环氧清漆 Rothsgard100	50 微米	
	环氧砂浆腻子 Rothszone200	约 200 微米	满批
中间漆	环氧厚浆漆 Rothsgard300HS	100 微米	
中间漆	环氧厚浆漆 Rothsgard300HS	100 微米	
面漆	氟硅聚酯耐候小分子光面漆 Rothsfine9000	80 微米	白色

2.6.2　桥梁养护维修设施设计

桥梁运营期间应保持桥梁各组成部分均处于健康状态，最大限度地减少或避免各组成部分损坏，一旦损坏，及时修复。

(1) 应对斜拉索索体、PE 防护套、锚具、支撑架、锚头处防护设施等定期检查，如有损坏及时修复或更换。

(2) 应对塔顶避雷系统进行定期检查，如有损坏应及时修复或更换。

(3) 伸缩缝应定期进行清理和检修，避免因意外原因对伸缩缝造成损害而影响桥梁的使用。

(4) 桥梁支座应定期进行检查，如有损坏应及时更换。

(5) 桥塔防撞设施应定期进行检查，如有损坏应及时更换。

(6) 后期养护期间重点定期检查以下部位：

①主梁顶、底板和腹板，尤其斜拉索锚固位置处。

②桥塔塔身截面，尤其斜拉索锚固位置处。

③墩身顶部和底部截面。

注意以上部位是否开裂，是否渗水，钢筋是否受到侵蚀。当情况比较严重时，应与有关部门进行协商并处理。

2.7　桥梁主要材料

童庄河大桥各部分采用的主要材料及应满足的标准如表 2-5 所示。

表 2-5　　**童庄河大桥主要材料及其满足的标准**

项目		采用材料	应满足的标准
主桥	斜拉索	钢丝：ϕ7mm 镀锌钢丝，标准强度 1770MPa	GB/T 17101—2008 JT/T 775—2010 GB/T 4074—2008 GB/T 18365—2001
		锚杯：采用合金结构钢	GB/T 3077—2012
		索道管：20 号钢	GB/T 8162—2008 GB/T 17395—2008
	混凝土梁	主梁混凝土：C55 混凝土	JTG D62—2004
		纵、横向预应力材料：ϕ^s15.2mm 钢绞线，f_{pk} 不低于 1860MPa	GB/T 5224—2003
		主梁悬浇预应力材料：ϕ32 预应力精轧螺纹钢，$f_{pk}=930$MPa	GB/T20065—2006
		塑料波纹管、锚具	JT/T529—2004 GB/T 14370—2007
		普通钢筋：HPB300、HRB400 钢筋	GB1499.1—2008 GB1499.2—2007
	主塔	主塔混凝土：上塔柱 C50 混凝土；下塔柱 C40 混凝土	JTG D62—2004
		主塔下横梁预应力材料：ϕ^s15.2mm 钢绞线，f_{pk} 不低于 1860MPa	GB/T 5224—2003
		塔索锚固区预应力材料：ϕ32 预应力精轧螺纹钢，$f_{pk}=930$MPa	GB/T20065—2006
		塑料波纹管、锚具	JT/T529—2004 GB/T 14370—2007
		普通钢筋：HPB300、HRB400 钢筋	GB1499.1—2008 GB1499.2—2007
		钢筋焊网	JGJ 114—2003
	过渡墩、辅助墩及基础	过渡墩、辅助墩墩身：C40 混凝土	JTG D62—2004 GB 1499.2—2007 GB 1499.1—2008
		主塔承台：C40 混凝土	
		过渡墩、辅助墩承台：C30 混凝土	
		过渡墩、辅助墩系梁：C40 混凝土	
		主塔桩基：C30 水下混凝土	
		过渡墩、辅助墩桩基：C30 水下混凝土	
		普通钢筋：HPB300、HRB400 钢筋	
		附属结构：Q235 钢	GB/T 700—2006

续表

项目		采用材料	应满足的标准
引桥	混凝土梁	主梁混凝土：C50 混凝土	JTG D62—2004
		纵、横向预应力材料：φ^s15.2mm 钢绞线，f_{pk}不低于 1860MPa	GB/T 5224—2003
		塑料波纹管、锚具	JT/T529—2004 GB/T 14370—2007
		普通钢筋：HPB300、HRB400 钢筋	GB1499.1—2008 GB1499.2—2007
	桥台	台帽：C40 混凝土	JTG D62—2004 GB 1499.2—2007 GB 1499.1—2008
		台身：C30 混凝土	
		搭板枕梁：C30 混凝土	
		扩大基础：C30 混凝土	

第 3 章　结构静力计算

3.1　计算原则

(1)桥梁结构应满足结构稳定、承载能力极限状态(强度)、正常使用极限状态(变形、裂缝控制)的要求。

(2)结构模型简化与结构实际受力状态应基本一致，设计计算参数取值来源应可靠。

(3)施工阶段(或运营阶段)加载计算应模拟实际施工(或运营)加载状态。

(4)荷载组合按《公路桥涵设计通用规范》(JTG D60—2004)及《公路斜拉桥设计细则》(JTG/T D65-01—2007)有关规定执行。

(5)外部超静定的混凝土结构应考虑混凝土的收缩及徐变影响，混凝土收缩及徐变影响时间考虑 3650 天；基础不均匀沉降按 10mm 计。

(6)当采用普通钢筋混凝土结构时，在短期效应组合下，应满足抗裂要求，同时在任何工况下裂缝宽度不得大于 0.2mm。

3.2　计算参数

(1)下部结构及基础：

基础、墩身及系梁按照钢筋混凝土构件设计。

(2)混凝土主梁：

本桥预应力混凝土梁整体受力按照全预应力混凝土构件设计；

主梁拉索锚固横梁、无索横梁按照钢筋混凝土构件设计；

主桥桥面板按照钢筋混凝土构件设计。

(3)主塔：

主塔塔柱按照钢筋混凝土构件设计；

主塔上、下横梁按照预应力混凝土A类构件设计；

主塔斜拉索锚固区按预应力混凝土A类构件设计。

设计环境类别：Ⅰ类。

收缩徐变：由于结构体系转换，混凝土徐变对结构产生的效应按照规范(JTG D62—2004)第4.2.12条办理，收缩徐变引起的预应力损失按照规范(JTG D62—2004)第6.2.7条办理。

混凝土及普通钢筋材料性能指标按照《公路钢筋混凝土及预应力混凝土桥涵设计规范》(JTG D62—2004)执行。

(1)预应力钢绞线力学性能指标及相关计算参数如下：

弹性模量：1.95×10^5MPa

标准强度：1860MPa

张拉控制应力：主桥主梁钢绞线：1339.2MPa，其余预应力：1395MPa。

抗拉强度设计值：1260MPa

钢绞线松弛系数：0.035

孔道偏差系数：0.0015

孔道摩阻系数：0.15

锚具变形及钢束回缩每端按6mm计。

(2)预应力粗钢筋力学性能指标及相关计算参数如下：

弹性模量：2.0×10^5MPa

标准强度：930MPa

张拉控制应力：790.5MPa

抗拉强度设计值：770MPa

钢筋松弛系数：0.035

孔道偏差系数：0.0030

孔道摩阻系数：0.35

锚具变形及钢筋回缩每端按1mm计。

(3)斜拉索性能指标及相关计算参数如下：

弹性模量：2.05×10^5MPa

标准强度：1770MPa

控制应力：≤708MPa，使用状态安全系数≥2.5。

3.3 计算软件

整体计算采用桥梁博士和midas，互相校核。

3.4 计算荷载及荷载组合

(1)恒载：一期恒载包括混凝土梁体、横隔梁等构件的自重。混凝土自重按尺寸计，容重26.25kN/m^3，横隔板按集中荷载考虑。二期恒载包括防撞护栏、桥面铺装及人行道等，按实际构造计。

(2)活载：公路-I级、人群荷载2.5kN/m^2。

(3)温度：设计合拢温度为15±5℃；

有效温度作用效应：混凝土结构±25℃；

斜拉索与混凝土主梁、索塔间的温差±15℃；

塔身左、右侧温差±5℃；

主梁日照温差参照规范(JTG D60—2004)和(JTG/T D65-01—2007)执行。

(4)基础变位(不均匀沉降)：主塔沉降按2cm计，辅助墩、边墩按1cm计。

(5)风荷载：根据抗风专题研究成果，桥址处设计基本风速如表3-1所示。

表3-1　**童庄河大桥主桥桥面不同重现期下的设计基准风速(m/s)**

结构状态	成桥状态	施工状态
桥位设计基本风速(m/s)	33.0	27.7
桥面设计基准风速(m/s)	36.3	30.5
桥面设计静阵风风速(m/s)	56.6	47.5

注：童庄河桥位的静阵风系数为1.56。

根据同济大学作的《童庄河大桥主桥结构抗风专题研究施工图设计阶段研究报告》，桥塔、斜拉索和主梁均采用此风速，无需进行再高度修正。有车风为桥面处 25m/s。

(6)混凝土构件按极限状态法设计，其荷载组合如下。

荷载组合分项系数如表 3-2 所示。

表 3-2 **混凝土结构作用效应分项系数表**

工作状态	荷载组合	结构重要性系数	组合系数										
			永久作用						可变作用				
			砼自重		预加力		砼收缩徐变	基础变位	汽车荷载	温度荷载	人群荷载	冲击力	风荷载
			不利	有利	不利	有利							
承载能力极限状态	基本组合	1.1	1.2	1.0	1.2	1.0	1.0	0.5	1.4	0.5*1.4	0.5*1.4	1.4	0.5*1.1
正常使用极限状态	抗裂检算(全预应力)	—	1.0	0.8	1.0	1.0	0.7	1.0	1.0	0	0.75		
	抗裂检算(A类 st)	—	1.0	1.0	1.0	1.0	0.7	1.0	1.0	0	0.75		
	抗裂检算(A类 lt)	—	1.0	1.0	1.0	1.0	0.4	1.0	0.4	0	0.75		
	应力计算	—	1.0	1.0	1.0	1.0	1.0	1.0	1.0	1.0	1.0		

注：承载能力极限状态荷载组合时预加力仅为其引起的次效应。

组合一：恒载+基础变位+活载

组合二：恒载+基础变位+活载+升温组合+制动力+纵向有车风力

组合三：恒载+基础变位+活载+降温组合+制动力+纵向有车风力

组合四：恒载+基础变位+活载+降温组合+制动力+横向有车风力

组合五：恒载+基础变位+活载+升温组合+制动力+横向有车风力

组合六：恒载+基础变位+纵向极限风荷载

组合七：恒载+基础变位+横向极限风荷载

组合八：恒载+基础变位+活载+船撞力

组合九：恒载+地震

其中：升温组合为体系正温差+索、梁、塔正温差+主梁梯度升温+塔柱一侧升温；降温组合为体系负温差+索、梁、塔负温差+主梁梯度降温+塔柱一侧降温。

3.5 静力计算

单元划分原则，以反映实际施工节段为准划分有限元单元长度，主塔和主梁采用梁单元，斜拉索采用拉索单元。全桥共计 225 个平面梁单元、76 个拉索单元，全桥共计 229 个节点。如图 3-1 和表 3-3 所示。

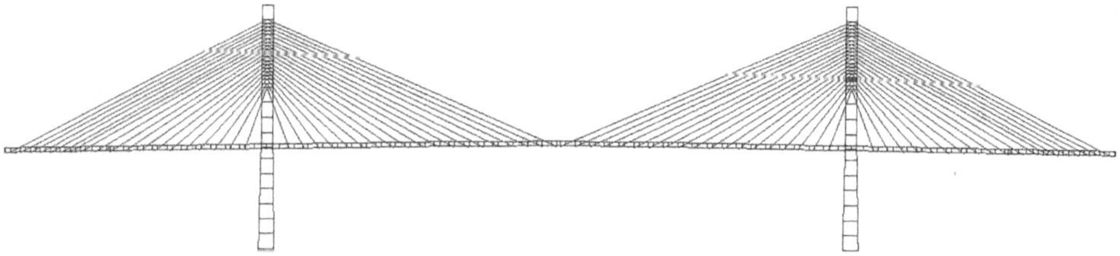

图 3-1 纵向计算有限元单元划分图

表 3-3 **桥梁加载工序表**

工况	天数	施工内容
1ST	90	桥塔施工
2ST	30	浇筑主梁 0#块
3ST	10	在主梁 0#块上安装挂篮
4ST	30	浇筑主梁 1#块、张拉相应纵向预应力、张拉相应斜拉索
5ST	10	将挂篮移动到 1#梁段的前端
6ST	10	浇筑主梁 2#块、张拉相应纵向预应力、张拉相应斜拉索
7ST	10	将挂篮移动到 2#梁段的前端
8ST	10	浇筑主梁 3#块、张拉相应纵向预应力、张拉相应斜拉索
9ST	10	将挂篮移动到 3#梁段的前端

续表

工况	天数	施工内容
10ST	10	浇筑主梁 4#块、张拉相应纵向预应力、张拉相应斜拉索
11ST	10	将挂篮移动到 4#梁段的前端
12ST	10	浇筑主梁 5#块、张拉相应纵向预应力、张拉相应斜拉索
13ST	10	将挂篮移动到 5#梁段的前端
14ST	10	浇筑主梁 6#块、张拉相应纵向预应力、张拉相应斜拉索
15ST	10	将挂篮移动到 6#梁段的前端
16ST	10	浇筑主梁 7#块、张拉相应纵向预应力、张拉相应斜拉索
17ST	10	将挂篮移动到 7#梁段的前端
18ST	10	浇筑主梁 8#块、张拉相应纵向预应力、张拉相应斜拉索
19ST	10	将挂篮移动到 8#梁段的前端
20ST	10	浇筑主梁 9#块、张拉相应纵向预应力、张拉相应斜拉索
21ST	10	将挂篮移动到 9#梁段的前端
22ST	10	浇筑主梁 10#块、张拉相应纵向预应力、张拉相应斜拉索
23ST	60	满堂支架施工边跨现浇段，同时将挂篮移动到 10#梁段的前端
24ST	30	边跨合拢
25ST	10	拆除边跨合拢荷载
26ST	10	浇筑主梁 11#块、张拉相应纵向预应力、张拉相应斜拉索
27ST	10	将挂篮移动到 11#梁段的前端
28ST	10	浇筑主梁 12#块、张拉相应纵向预应力、张拉相应斜拉索
29ST	10	将挂篮移动到 12#梁段的前端
30ST	10	浇筑主梁 13#块、张拉相应纵向预应力、张拉相应斜拉索
31ST	10	将挂篮移动到 13#梁段的前端
32ST	10	浇筑主梁 14#块、张拉相应纵向预应力、张拉相应斜拉索
33ST	10	将挂篮移动到 14#梁段的前端
34ST	10	浇筑主梁 15#块、张拉相应纵向预应力、张拉相应斜拉索
35ST	10	将挂篮移动到 15#梁段的前端
36ST	10	浇筑主梁 16#块、张拉相应纵向预应力、张拉相应斜拉索
37ST	10	将挂篮移动到 16#梁段的前端
38ST	10	浇筑主梁 17#块、张拉相应纵向预应力、张拉相应斜拉索

续表

工况	天数	施工内容
39ST	10	将挂篮移动到 17#梁段的前端
40ST	10	浇筑主梁 18#块、张拉相应纵向预应力、张拉相应斜拉索
41ST	10	将挂篮移动到 18#梁段的前端
42ST	10	浇筑主梁 19#块、张拉相应纵向预应力、张拉相应斜拉索
43ST	10	将挂篮移动到 19#梁段的前端(挂篮作为合拢设备)
44ST	30	施工中跨合拢段
45ST	10	拆除中跨合拢荷载
46ST	10	拆除边跨满堂支架
47ST	10	调整斜拉索 S19、C19
48ST	10	调整斜拉索 S18、C18
49ST	10	调整斜拉索 S17
50ST	10	调整斜拉索 S16
51ST	10	调整斜拉索 S15
52ST	10	调整斜拉索 S14
53ST	10	调整斜拉索 S10
54ST	10	调整斜拉索 S9
55ST	10	调整斜拉索 S8
56ST	10	调整斜拉索 S7
57ST	10	调整斜拉索 S6
58ST	10	调整斜拉索 S5
59ST	10	调整斜拉索 S4
60ST	10	调整斜拉索 S3
61ST	10	调整斜拉索 S2
62ST	10	调整斜拉索 S1
63ST	30	施工二期恒载
64ST	3650	运营

3.5.1 施工阶段应力验算

依据《公路钢筋混凝土及预应力混凝土桥涵设计规范》(JTG D62—2004)第

7.2.8条对结构施工阶段应力进行验算。

压应力：$\sigma_{cc}^{t} \leqslant 0.70f'_{ck}$

拉应力：(1) $\sigma_{ct}^{t} \leqslant 0.70f'_{tk}$ 时，预拉区应配置其配筋率不小于0.2%的纵向钢筋；

(2) $\sigma_{ct}^{t} \leqslant 1.15f'_{tk}$ 时，预拉区应配置其配筋率不小于0.4%的纵向钢筋；

(3)介于二者之间按内插处理。

1. 主梁应力包络

(1)施工阶段主梁截面上缘最大应力包络如图3-2所示。

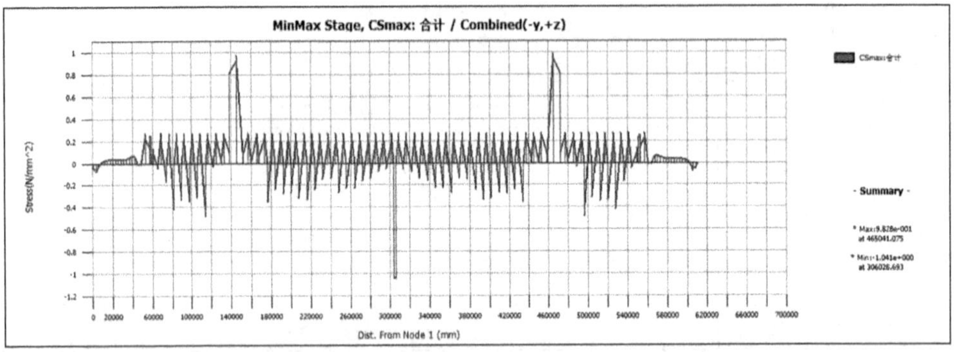

图3-2 施工阶段主梁截面上缘最大应力包络图

施工阶段主梁截面上缘最大拉应力为0.97MPa，出现在主塔位置处。

(2)施工阶段主梁截面上缘最小应力包络如图3-3所示。

施工阶段主梁截面上缘最大压应力为11.24MPa，出现在主塔位置处。

(3)施工阶段主梁截面下缘最大应力包络如图3-4所示。

施工阶段主梁截面下缘最大拉应力为0.71MPa，出现在主塔位置处。

(4)施工阶段主梁截面下缘最小应力包络如图3-5所示。

施工阶段主梁截面下缘最大压应力为16.82MPa，出现在中跨跨中附近。

2. 主塔应力包络

(1)施工阶段主塔柱截面中跨侧最大应力包络如图3-6所示。

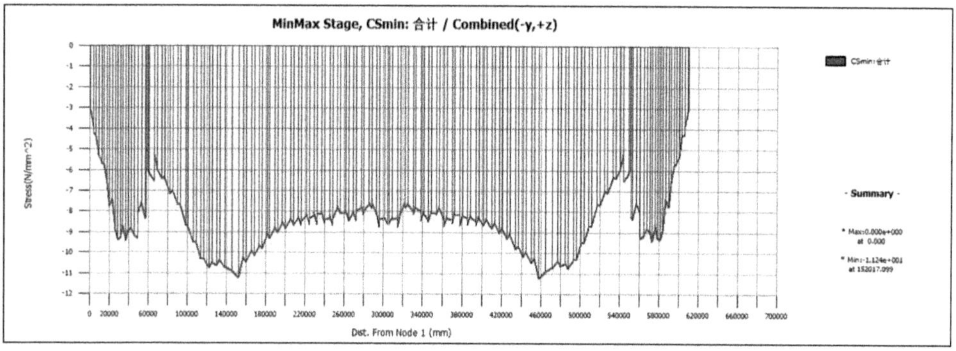

图 3-3　施工阶段主梁截面上缘最小应力包络图

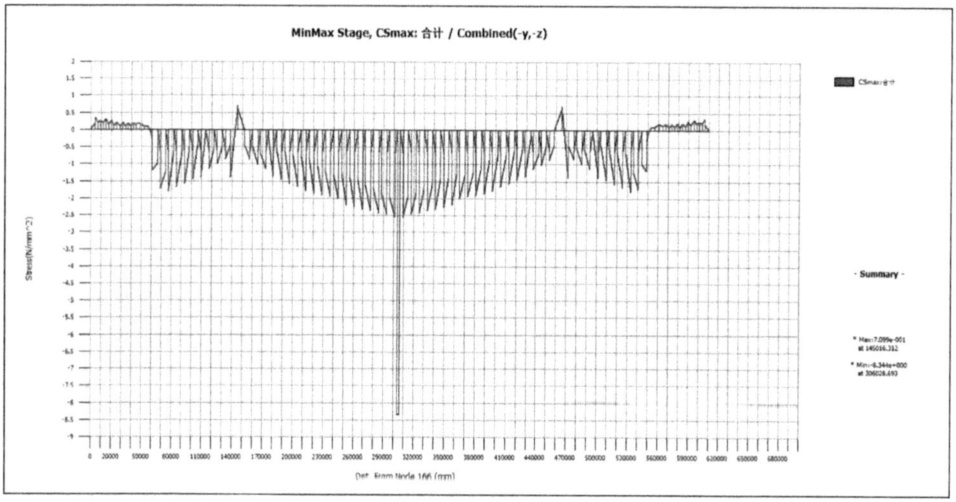

图 3-4　施工阶段主梁截面下缘最大应力包络图

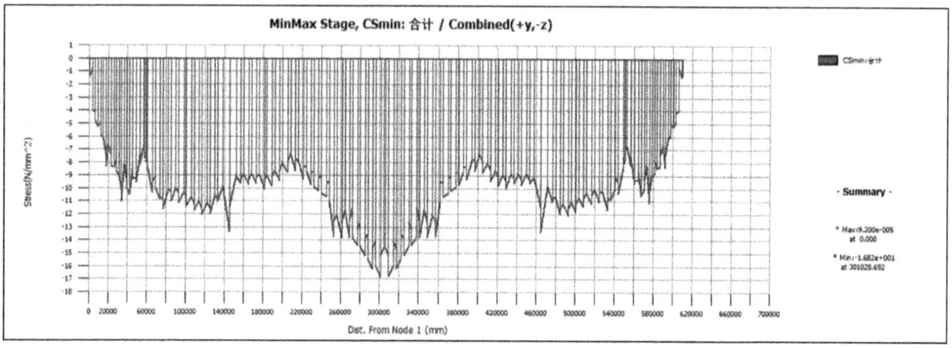

图 3-5　施工阶段主梁截面下缘最小应力包络图

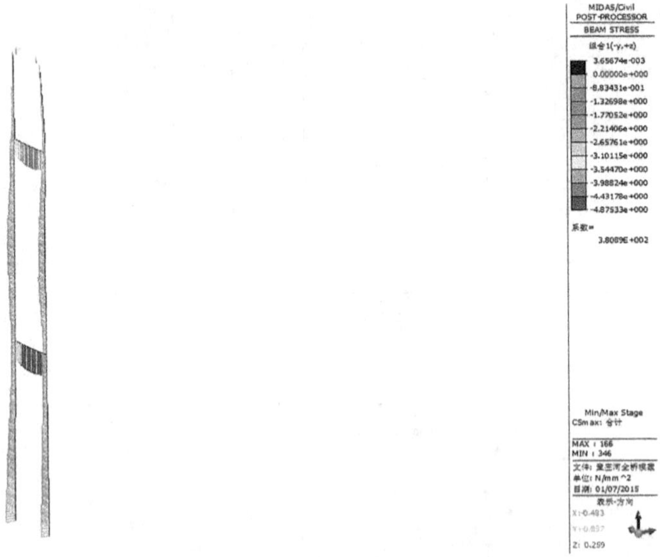

图 3-6　施工阶段主塔柱截面中跨侧面最大应力包络图

可以看出，施工阶段主塔柱截面中跨侧均处于受压状态，未出现拉应力。

(2)施工阶段主塔柱截面中跨侧最小应力包络如图 3-7 所示。

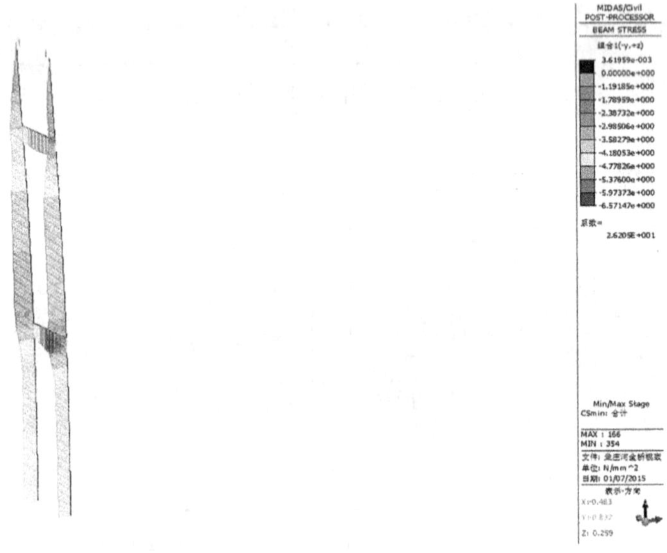

图 3-7　施工阶段主塔柱截面中跨侧最小应力包络图

施工阶段主塔柱截面中跨侧最大压应力为6.57MPa。

(3)施工阶段主塔柱截面边跨侧最大应力包络如图3-8所示。

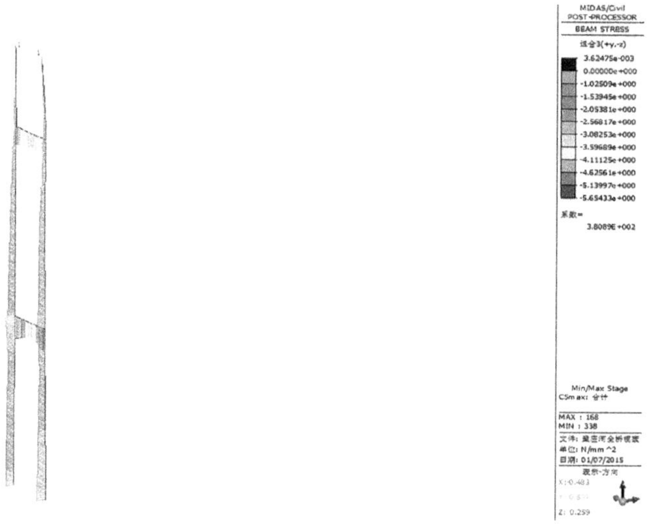

图3-8 施工阶段主塔柱截面边跨侧最小应力包络图

可以看出，施工阶段主塔柱截面边跨侧均处于受压状态，未出现拉应力。

(4)施工阶段主塔柱截面边跨侧最大应力包络如图3-9所示。

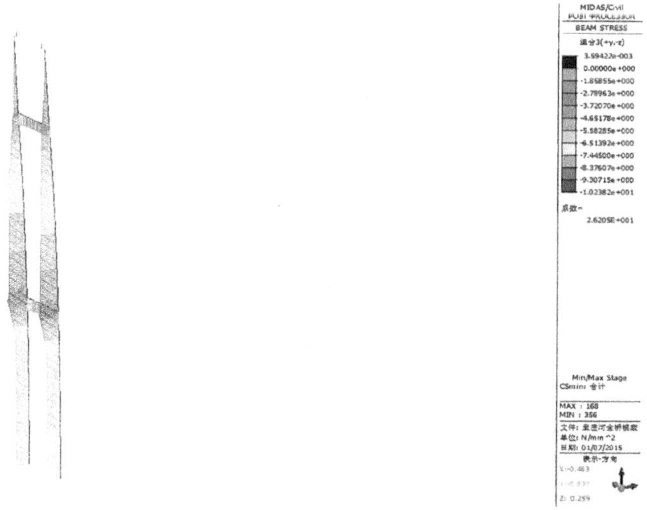

图3-9 施工阶段主塔截面边跨侧最大应力包络图

施工阶段主塔柱截面边跨侧最大压应力为 10.24MPa。

全部施工阶段：主塔塔柱最大压应力为 10.24MPa< $0.70f'_{ck}$ = 18.76MPa，没有出现拉应力，满足规范要求；主梁最大压应力为 16.82MPa < $0.70\ '_{ck}$ = 24.85MPa，最大拉引力为 0.97MPa，满足规范要求。

3.5.2　成桥阶段应力验算

1. 成桥状态(二期恒载施工完毕)

(1)主梁上缘应力(见图 3-10)。

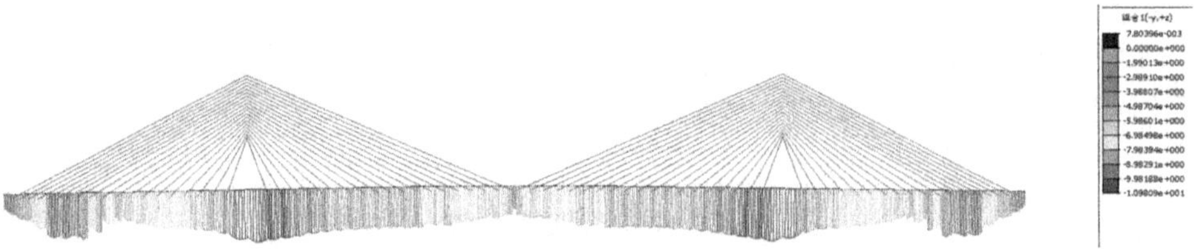

图 3-10　成桥状态梁体上缘应力图

主梁上缘均受压，最大压应力为 11.0MPa，出现在主塔附近。

(2)主梁下缘应力(见图 3-11)。

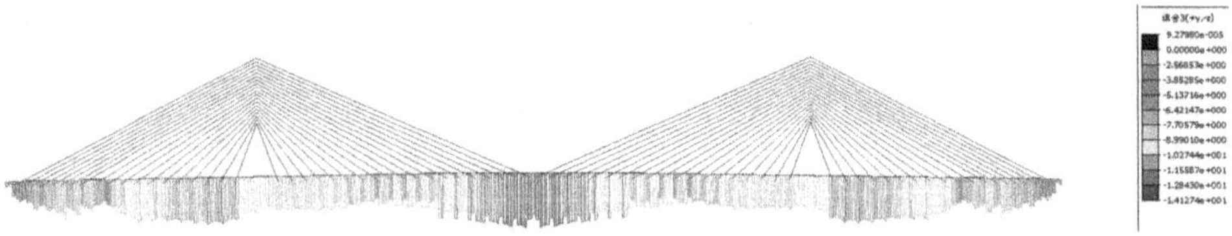

图 3-11　成桥状态梁体下缘应力图

主梁下缘均受压，最大压应力为 14.1MPa，出现在主桥跨中区域。

(3)主塔应力(见图 3-12)。

图 3-12 所示应力为塔柱主跨侧桥角点及边跨侧桥侧角点应力。成桥状态塔柱最大压应力为 6.50MPa。应力均较小，均满足规范要求，且应力分布均匀，索

力合理。

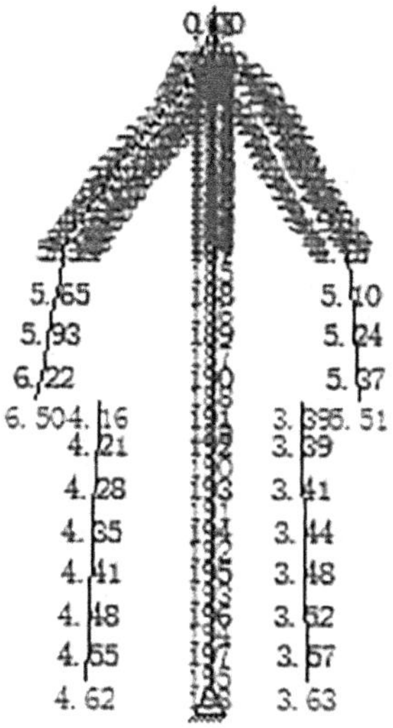

图 3-12　成桥状态主塔应力图

2. 收缩徐变十年

(1)主梁上缘应力(见图 3-13)。

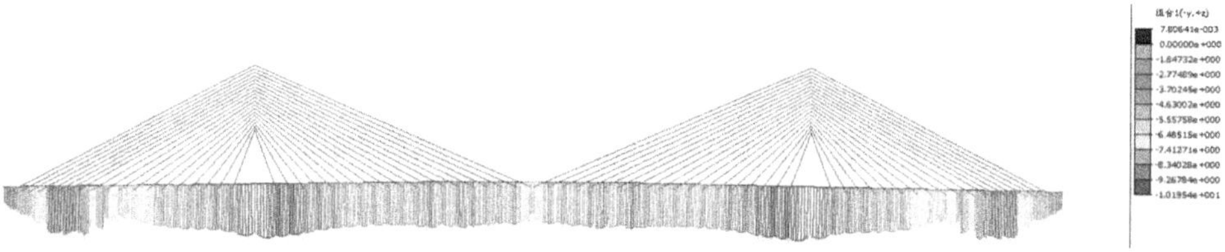

图 3-13　收缩徐变十年梁体上缘应力图

主梁上缘均受压，最大压应力为 10. 2MPa，出现在主塔附近。

(2)主梁下缘应力(见图 3-14)。

主梁下缘均受压，最大压应力为 11. 6MPa，出现在主塔靠边跨侧附近。应力均较小，均满足规范要求，且应力分布均匀，索力合理。

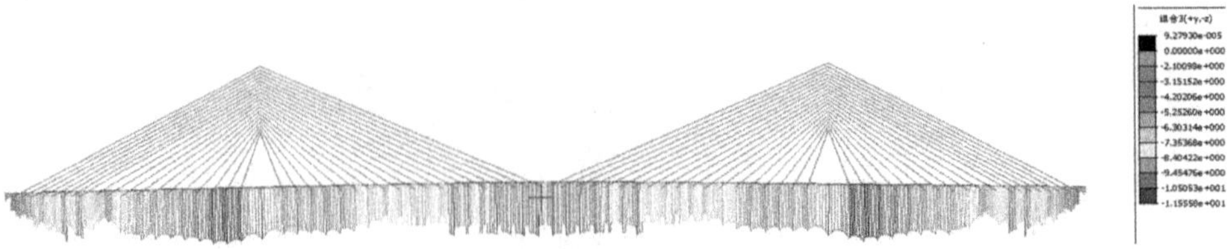

图 3-14　收缩徐变十年梁体下缘应力图

(3) 主塔应力(见图 3-15)。

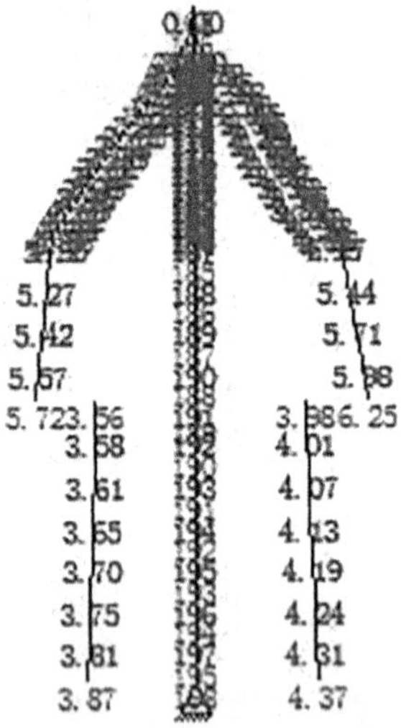

图 3-15　收缩徐变十年主塔应力图

图 3-15 所示应力为塔柱主跨侧桥角点及边跨侧桥侧角点应力。运营十年塔柱最大压应力为 5.72MPa。应力均较小，均满足规范要求，且应力分布均匀，索力合理。

3.5.3　刚度验算

根据《公路斜拉桥设计细则》(JTG/T D65-01—2007) 第 4.4.1 条规定：主梁在车道荷载(不计冲击力)作用下的最大竖向挠度<=1/400L。

主梁在车道荷载(不计冲击力)作用下的向上最大位移为 0.045m，向下最大位移为 0.203m，最大挠跨比 1/1576，满足规范<=1/400L 的要求。如图 3-16 所示。

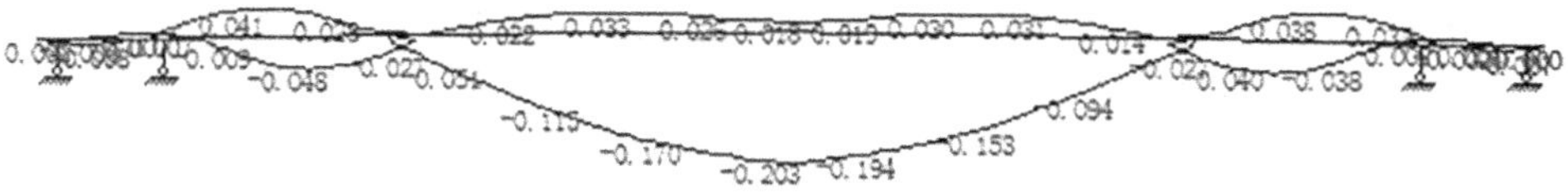

图 3-16 汽车荷载下梁体竖向位移图(m)

关键点纵向位移如表 3-4 所示。

表 3-4 **关键点纵向位移表**

方向	部位	工况	变形(cm)
纵向	塔顶	升温	-5.24
		降温	5.24
		汽车荷载	-3.47
			6.97
	梁端	升温	-5.24
		降温	5.24
		汽车荷载	-3.1
			3.7

3.5.4 支座验算

在恒载及各荷载标准组合作用下，辅助墩墩顶反力如表 3-5 所示(双支座之和)。

表 3-5 **标准组合下支承反力表**

组合形式		过渡墩(kN)	辅助墩(kN)	主塔下横梁(kN)
标准组合	max	4550	12000	11400
	min	1380	2380	2510

过渡墩选用 GPZ(Ⅱ)3.5SX/DX 盆式橡胶支座、辅助墩选用 GPZ(Ⅱ)10.0SX/DX 盆式橡胶支座、主塔下横梁选用 GPZ(Ⅱ)10.0SX/DX 盆式橡胶支座。依据上表反力计算结果，支座选取满足规范要求。

过渡墩、辅助墩支座均未出现负反力，边跨配重满足要求。

3.5.5　各不利工况下应力验算

1. 组合一：恒载+沉降+活载

(1)验算承载能力：1.1＊(1.2＊自重+1.0＊预应力+1.0＊收缩徐变+0.5＊沉降+1.4＊汽车荷载(计冲击力)+1.4＊0.5＊人群荷载)。如图 3-17 所示。

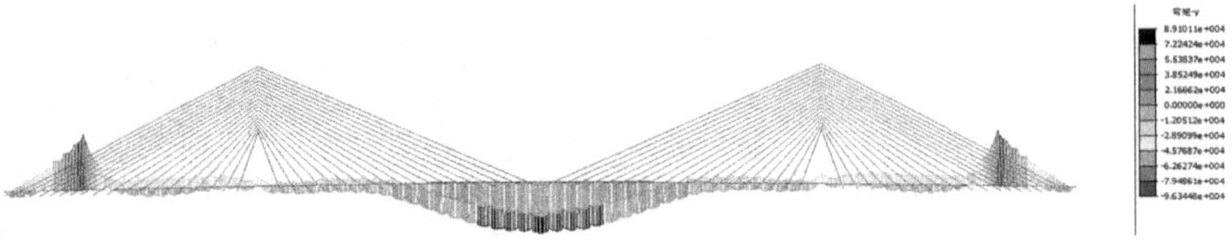

图 3-17　组合一作用下梁体弯矩图(kN · m)

(2)抗裂验算(全预应力)：1.0＊自重+1.0＊预应力+1.0＊收缩徐变+1.0＊沉降+0.7＊汽车荷载+1.0＊人群荷载。

①正应力。

a. 主梁上缘应力(见图 3-18)。

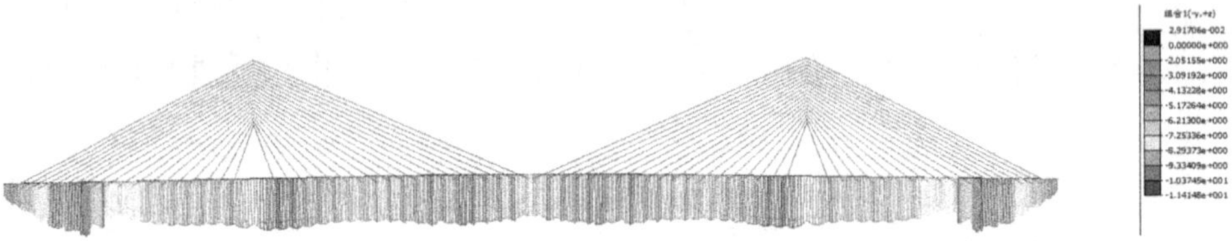

图 3-18　抗裂验算组合作用下梁体上缘应力图(MPa)

主梁上缘均受压，最大压应力为 11.4MPa，出现在辅助墩附近，最小压应力 4.6MPa，出现在边跨跨中区域；中跨跨中最小压应力为 5.5MPa。

b. 主梁下缘应力(见图 3-19)。

主梁下缘均受压，最大压应力为 11.6MPa，出现在主塔靠边跨侧附近，最小压应力 3.9MPa，出现在边跨跨中区域；中跨跨中最小压应力为 4.7MPa。如图

3-20所示。

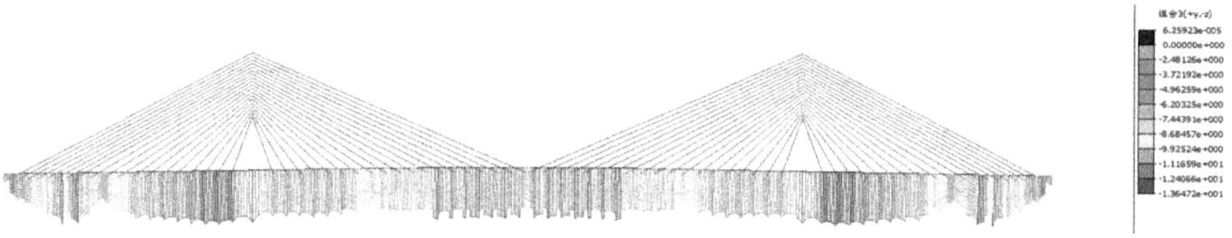

图 3-19　抗裂验算组合作用下主塔上横梁应力图(MPa)

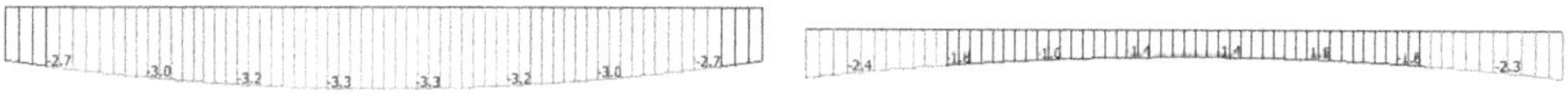

图 3-20

上横梁截面上缘均受压，最大压应力 3.3MPa 上横梁截面下缘均受压，最小压应力 1.4MPa。如图 3-21 所示。

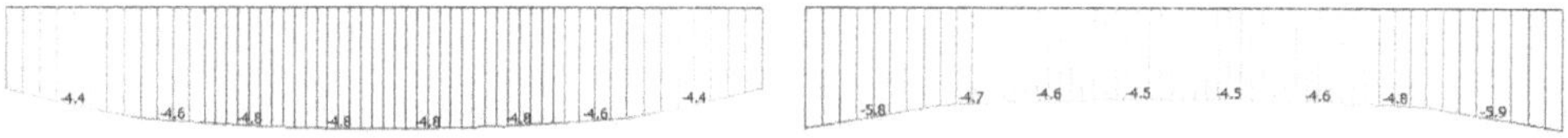

图 3-21　抗裂验算组合作用下主塔下横梁应力图(MPa)

下横梁截面上缘均受压，最大压应力 4.8MPa 下横梁截面下缘均受压，最小压应力 4.5MPa。如图 3-22 和图 3-23 所示。

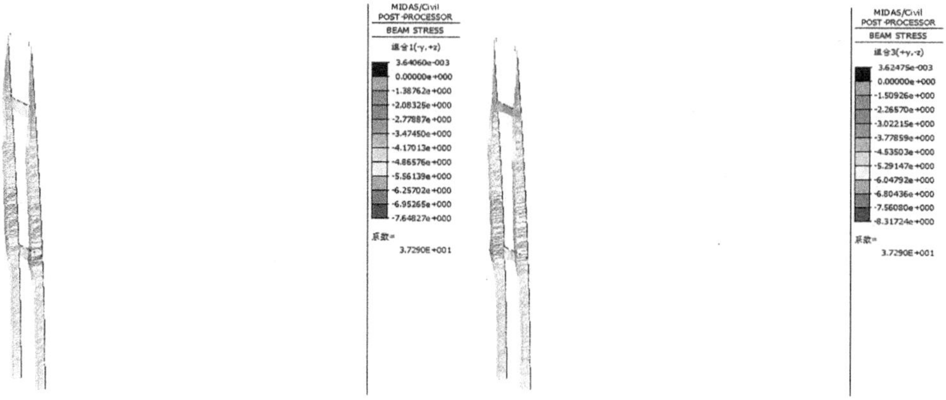

图 3-22　抗裂验算组合作用下主塔柱截面中跨侧应力图(MPa)

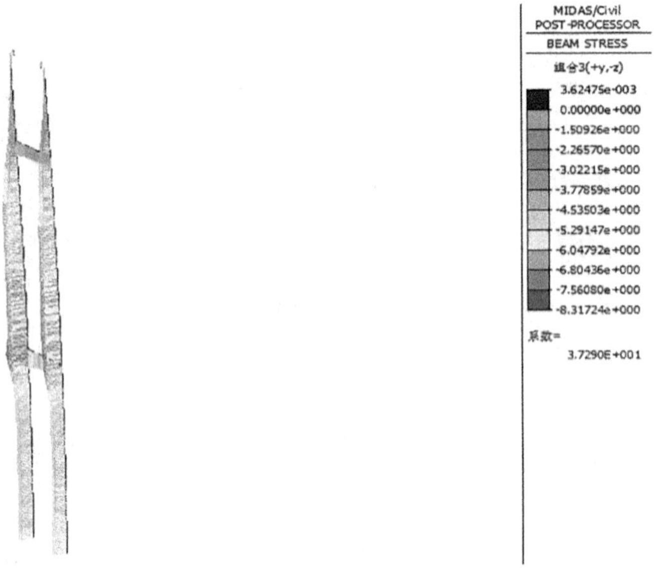

图 3-23　抗裂验算组合作用下主塔柱截面边跨侧应力图(MPa)

可以看出，该工况下主塔全截面受压，未出现拉应力。

②主拉应力(见图 3-24)。

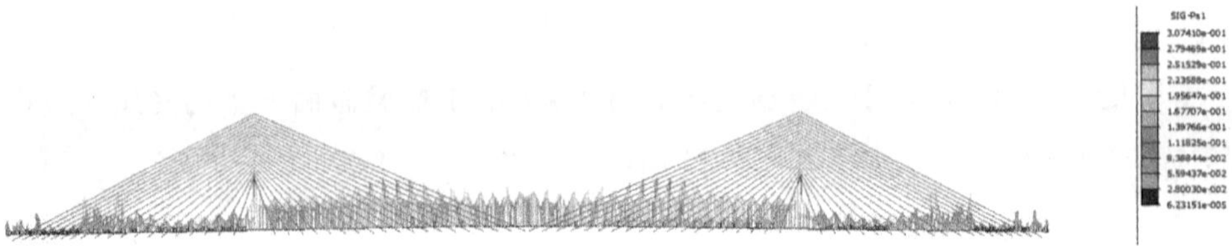

图 3-24　抗裂验算组合作用下主梁主拉应力图(MPa)

最大主拉应力为 0. 31MPa≤0. 4ftk = 1. 096MPa。

(3)压应力验算：1.0 * 自重+1.0 * 预应力+1.0 * 收缩徐变+1.0 * 沉降+1.0 * 汽车荷载(计冲击力)+1.0 * 人群荷载。

①正应力。

a. 主梁上缘应力(见图 3-25)。

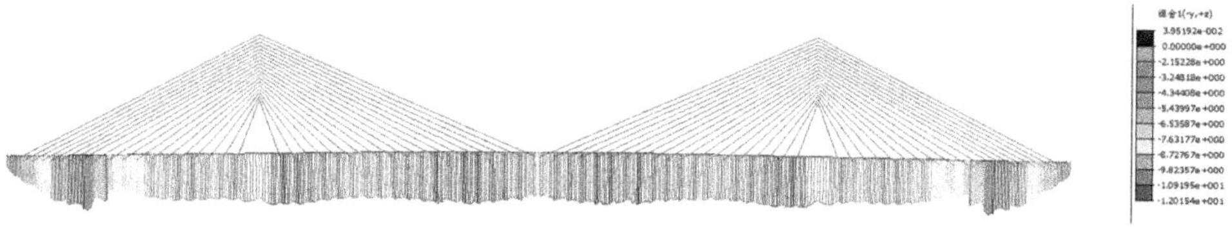

图 3-25 抗裂验算组合作用下梁体上缘应力图(MPa)

主梁上缘均受压，最大压应力为 12.0MPa，出现在辅助墩附近。

b. 主梁下缘应力(见图 3-26)。

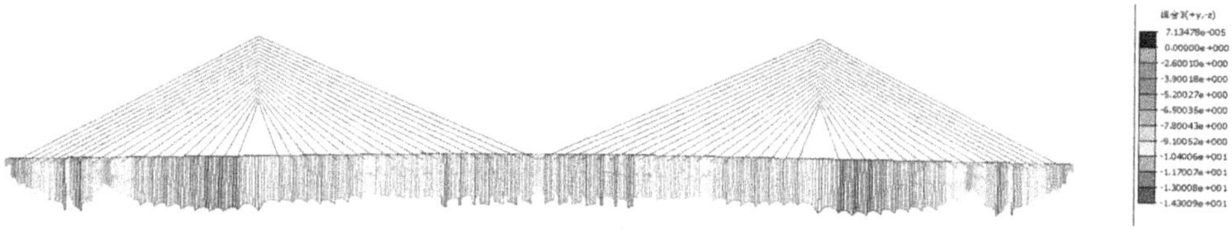

图 3-26 压应力验算组合作用下梁体下缘应力图(MPa)

主梁下缘均受压，最大压应力为 14.3MPa≤0.5fck = 17.75MPa，出现在主塔靠边跨侧附近。如图 3-27 所示。

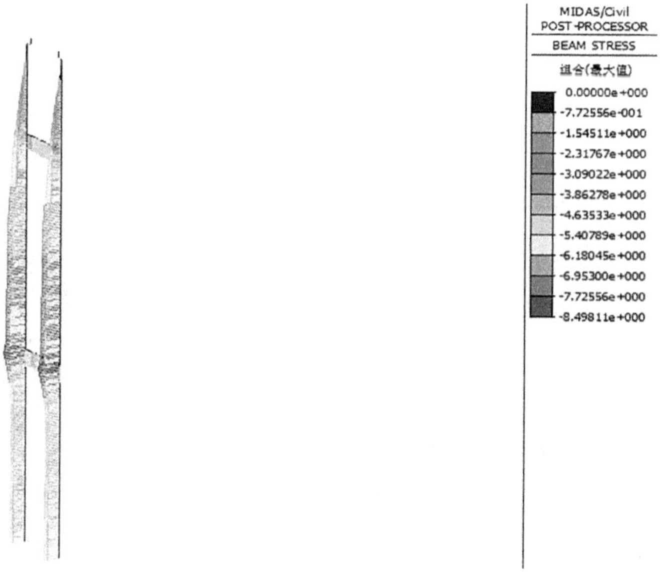

图 3-27 压应力验算组合作用下主塔塔柱应力图(MPa)

主塔截面最大压应力为 8. 50MPa，出现在下横梁附近。

②主压应力(见图 3-28)。

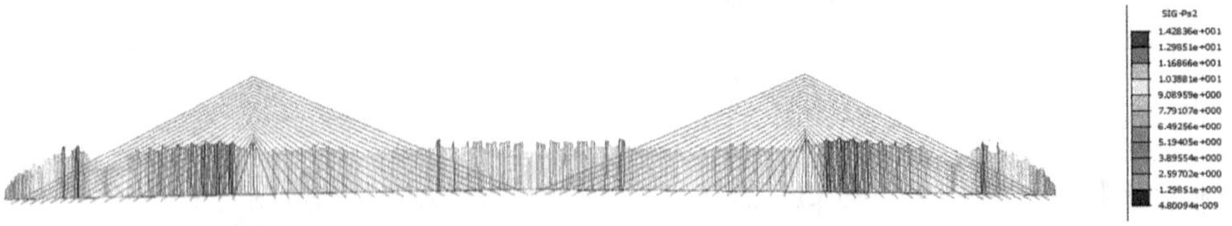

图 3-28　压应力验算组合作用下梁体主压应力图(MPa)

最大主压应力为 14. 3MPa≤0. 6fck = 21. 3MPa，出现在主塔靠边跨侧附近。

2. 组合二：恒载+沉降+活载+升温组合+制动力+纵向有车风力

(1)验算承载能力：1. 1 ∗ (1. 2 ∗ 自重+1. 0 ∗ 预应力+1. 0 ∗ 收缩徐变+0. 5 ∗ 沉降+1. 4 ∗ 汽车荷载(计冲击力)+1. 4 ∗ 0. 5 ∗ 人群荷载+1. 4 ∗ 0. 5 ∗ 升温组合+1. 4 ∗ 制动力+1. 1 ∗ 0. 5 ∗ 纵向有车风)。如图 3-29 所示。

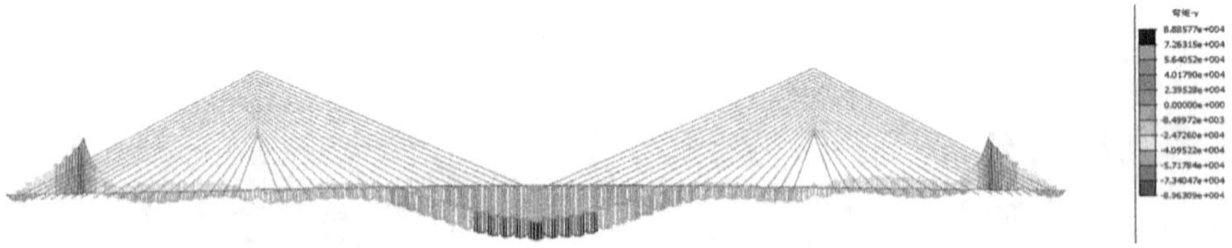

图 3-29　组合二作用下梁体弯矩图(kN · m)

(2)抗裂验算(全预应力)：1. 0 ∗ 自重+1. 0 ∗ 预应力+1. 0 ∗ 收缩徐变+1. 0 ∗ 沉降+0. 7 ∗ 汽车荷载+1. 0 ∗ 人群荷载+1. 0 ∗ 升温组合(不包括温度梯度)+0. 8 ∗ 温度梯度+0. 7 ∗ 制动力+0. 75 ∗ 纵向有车风。

①正应力。

a. 主梁上缘应力(见图 3-30)。

主梁上缘均受压，最大压应力为 15. 7MPa，出现在辅助墩附近，最小压应力 8. 2MPa，出现在中跨中区域。

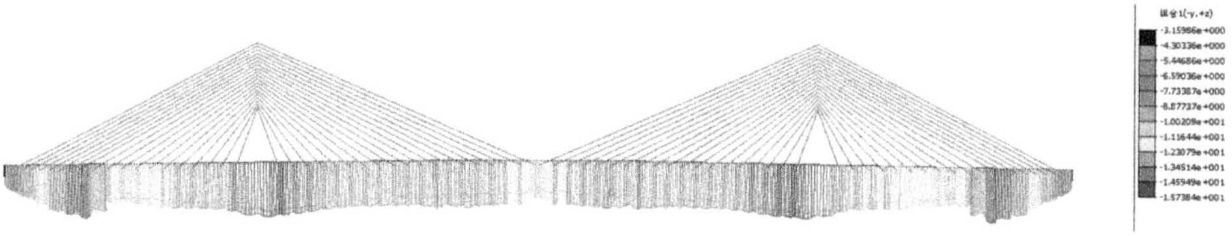

图 3-30　抗裂验算组合作用下梁体上缘应力图(MPa)

b. 主梁下缘应力(见图 3-31)。

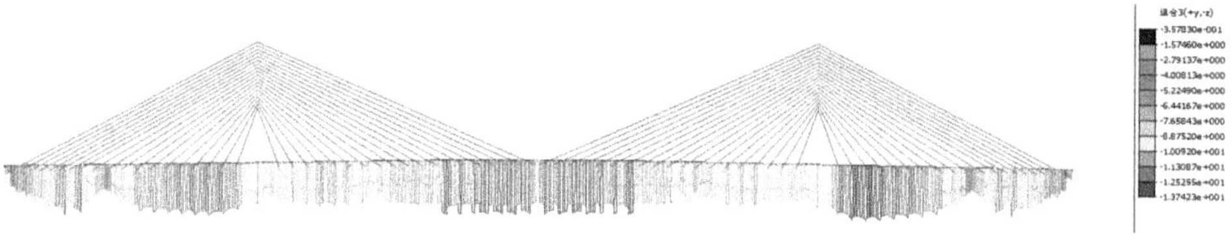

图 3-31　抗裂验算组合作用下梁体下缘应力图(MPa)

主梁下缘均受压，最大压应力为 13.7MPa，出现在主塔靠边跨侧附近，最小压应力 3.4MPa，出现在边跨跨中区域；中跨跨中最小压应力为 5.5MPa。如图 3-32所示。

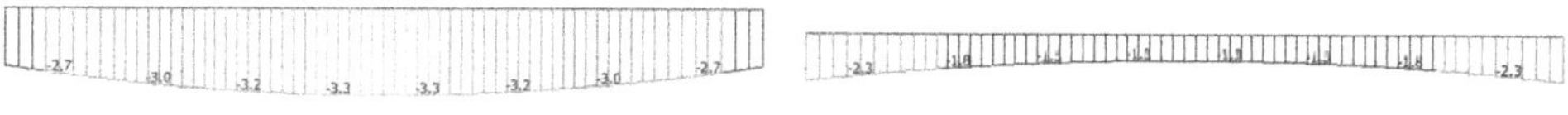

图 3-32　抗裂验算组合作用主塔上横梁应力图(MPa)

上横梁截面上缘均受压，最大压应力 3.3MPa 上横梁截面下缘均受压，最小压应力 1.3MPa。如图 3-33 所示。

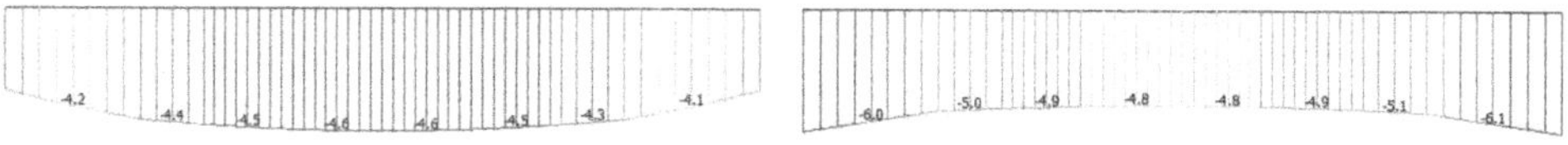

图 3-33　抗裂验算组合作用下主塔下横梁应力图(MPa)

下横梁截面上缘均受压，最大压应力 4.6MPa 下横梁截面下缘均受压，最小压应力 4.8MPa。如图 3-34 和图 3-35 所示。

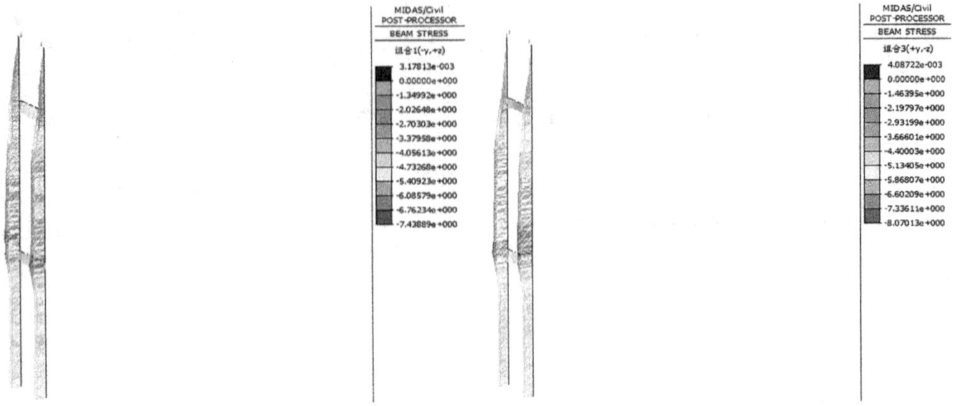

图 3-34　抗裂验算组合作用下主塔柱截面中边跨侧应力图(MPa)

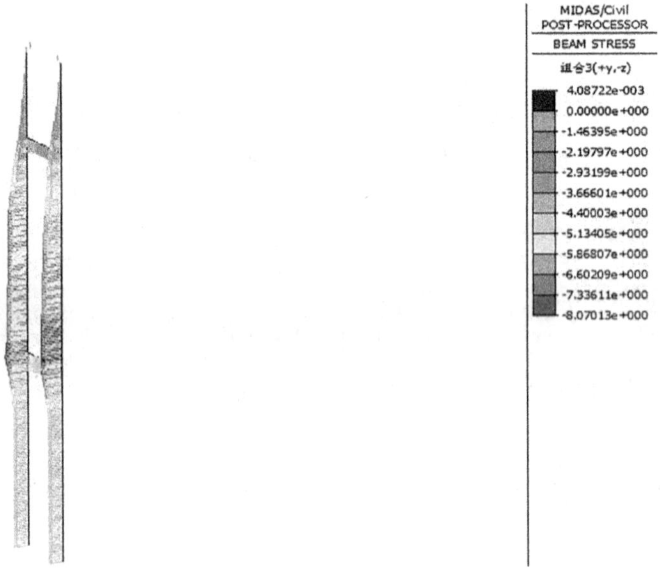

图 3-35　抗裂验算组合作用下主塔柱截面边跨侧应力图(MPa)

可以看出，该工况下主塔全截面受压，未出现拉应力。

②主拉应力(见图 3-36)。

最大主拉应力为 0.31MPa≤0.4ftk = 1.096MPa，出现在主塔附近。

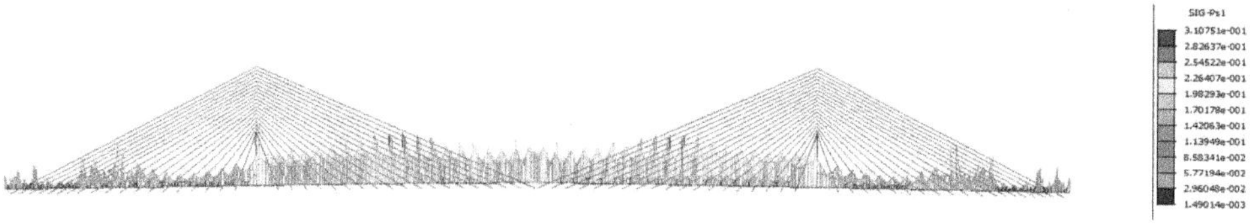

图 3-36 抗裂验算组合作用下主梁主拉应力图(MPa)

(3)压应力验算：1.0＊自重+1.0＊预应力+1.0＊收缩徐变+1.0＊沉降+1.0＊汽车荷载(计冲击力)+1.0＊人群荷载+1.0＊升温组合+1.0＊制动力+1.0＊纵向有车风

①正应力。

a. 主梁上缘应力(见图 3-37)。

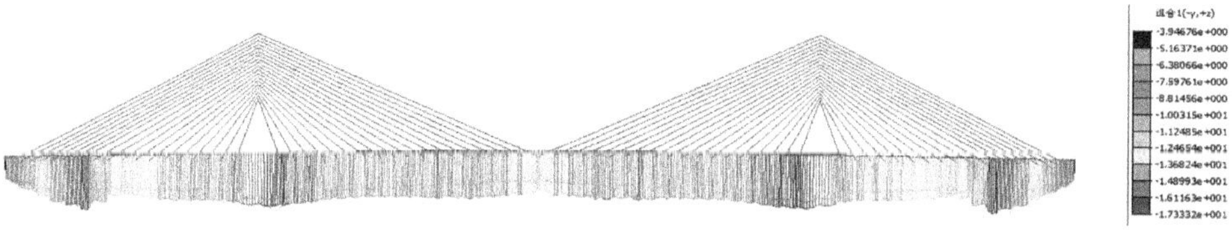

图 3-37 压应力验算组合作用下梁体上缘应力图(MPa)

主梁上缘均受压，最大压应力为 17.3MPa≤0.5fck=17.75MPa，出现在辅助墩附近。

b. 主梁下缘应力(见图 3-38)。

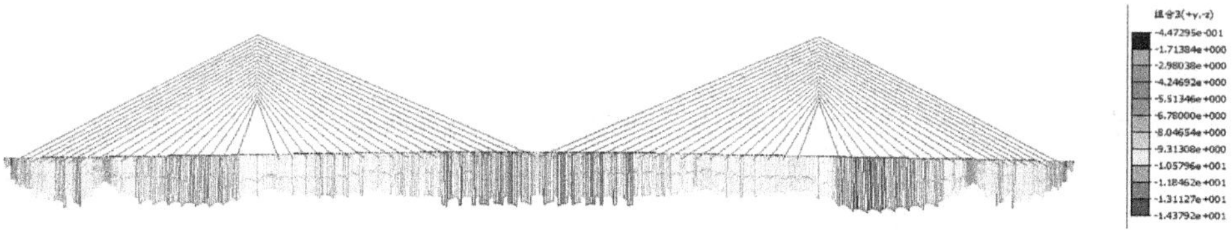

图 3-38 压应力验算组合作用下梁体下缘应力图(MPa)

主梁下缘均受压，最大压应力为 14.4MPa，出现在主塔靠边跨侧附近。如图 3-39 所示。

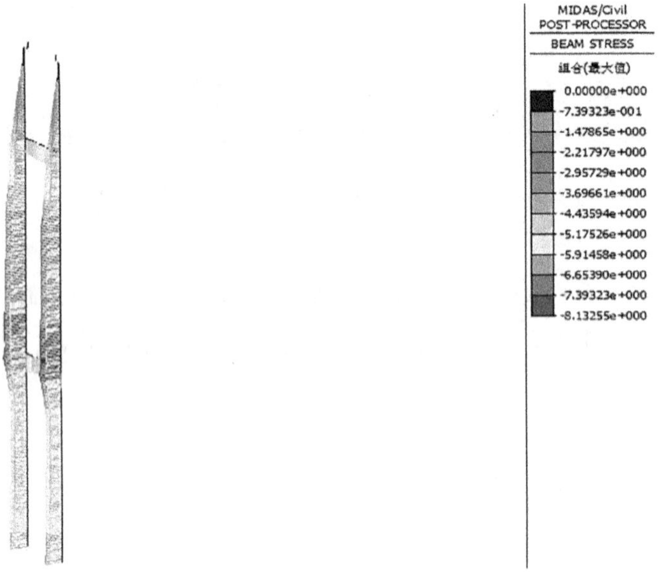

图 3-39　压应力验算组合作用下主塔塔柱应力图(MPa)

主塔截面最大压应力为 8.13MPa，出现在下横梁附近。

②主压应力(见图 3-40)。

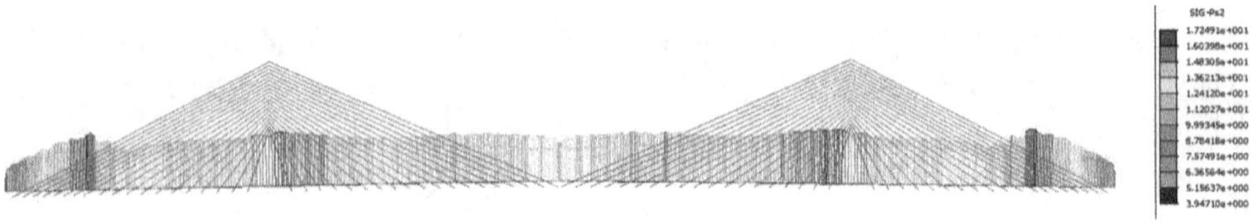

图 3-40　压应力验算组合作用下梁体主压应力图(MPa)

最大主压应力为 17.2MPa≤0.6fck=21.3MPa，出现在辅助墩附近。

3. 组合三：恒载+沉降+活载+降温组合+制动力+纵向有车风力

(1)验算承载能力：1.1 * (1.2 * 自重+1.0 * 预应力+1.0 * 收缩徐变+0.5 * 沉降+1.4 * 汽车荷载(计冲击力)+1.4 * 0.5 * 人群荷载+1.4 * 0.5 * 降温组合+1.4 * 制动力+1.1 * 0.5 * 纵向有车风)。如图 3-41 所示。

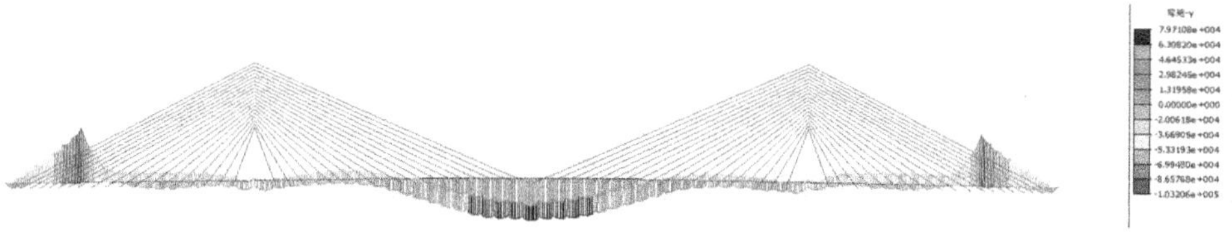

图 3-41　组合三作用下梁体弯矩图(kN · m)

(2)抗裂验算(全预应力)：1.0 * 自重+1.0 * 预应力+1.0 * 收缩徐变+1.0 * 沉降+0.7 * 汽车荷载+1.0 * 人群荷载+1.0 * 降温组合(不包括温度梯度)+0.8 * 温度梯度+0.7 * 制动力+0.75 * 纵向有车风。

①正应力。

a. 主梁上缘应力(见图 3-42)。

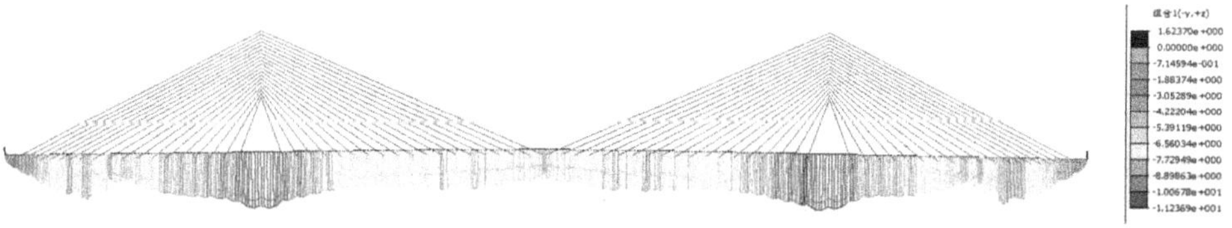

图 3-42　抗裂验算组合作用下梁体上缘应力图(MPa)

主梁上缘均受压，最大压应力为 11.2MPa，出现在主塔附近，最小压应力 2.4MPa，出现在中跨跨中区域。

b. 主梁下缘应力(见图 3-43)。

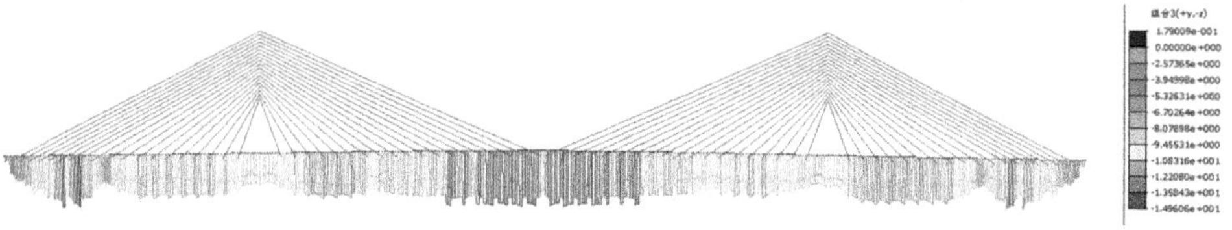

图 3-43　抗裂验算组合作用下梁体下缘应力图(MPa)

主梁下缘均受压，最大压应力为 15.0MPa，出现在中跨跨中区域，最小压应力 4.6MPa，出现在边跨跨中区域；中跨跨中最小压应力为 7.0MPa。如图 3-44

所示。

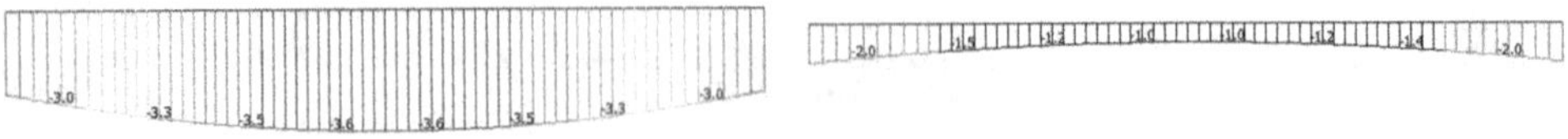

图 3-44 抗裂验算组合作用下主塔上横梁应力图(MPa)

上横梁截面上缘均受压，最大压应力 3.6MPa 上横梁截面下缘均受压，最小压应力 1.0MPa。如图 3-45 所示。

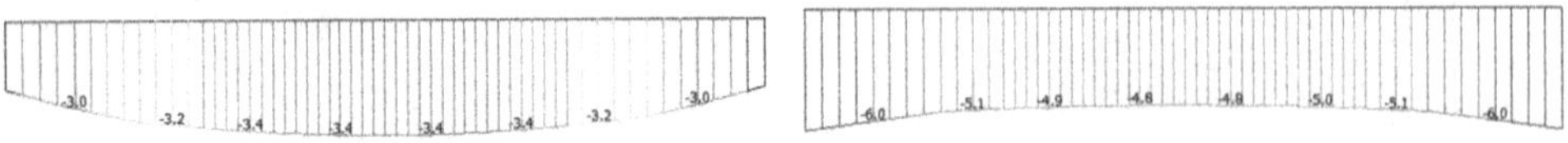

图 3-45 抗裂验算组合作用下主塔下横梁应力图(MPa)

下横梁截面上缘均受压，最大压应力 3.4MPa 下横梁截面下缘均受压，最小压应力 4.8MPa。如图 3-46 和图 3-47 所示。

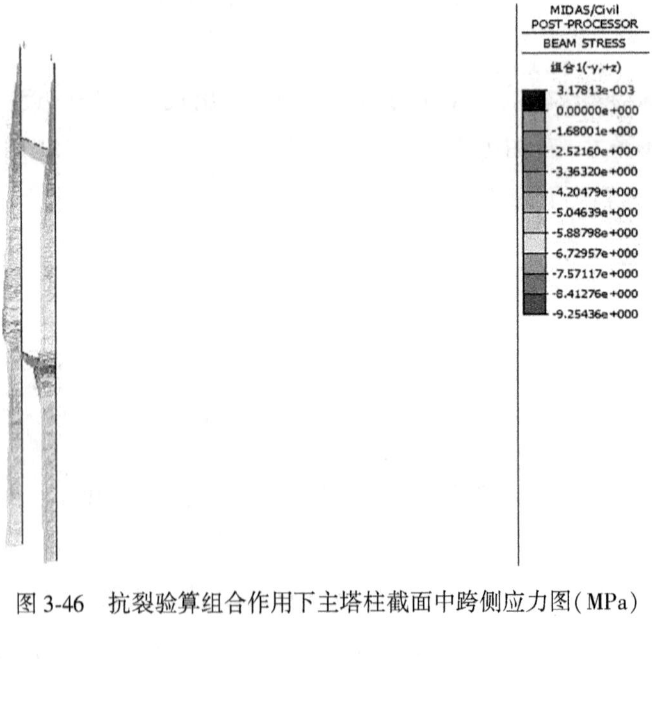

图 3-46 抗裂验算组合作用下主塔柱截面中跨侧应力图(MPa)

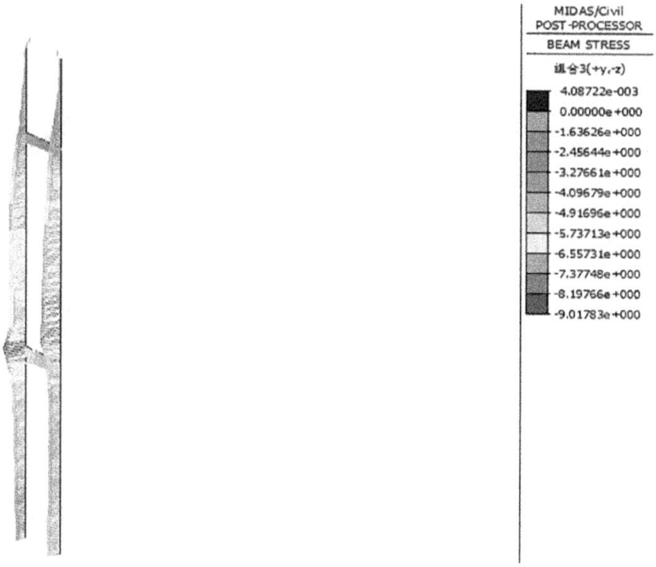

图 3-47 抗裂验算组合作用下主塔柱截面边跨侧应力图(MPa)

可以看出，该工况下主塔全截面受压，未出现拉应力。

②主拉应力(见图 3-48)。

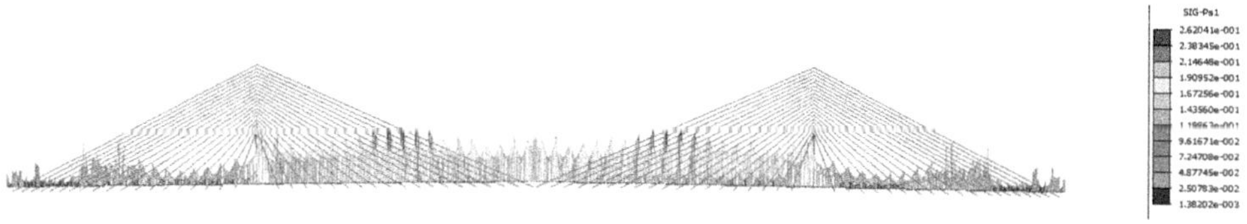

图 3-48 抗裂验算组合作用下主梁主拉应力图(MPa)

最大主拉应力为 0.26MPa≤0.4ftk=1.096MPa，出现在中跨 1/4 跨附近。

(3)压应力验算：1.0＊自重+1.0＊预应力+1.0＊收缩徐变+1.0＊沉降+1.0＊汽车荷载(计冲击力)+1.0＊人群荷载+1.0＊降温组合+1.0＊制动力+1.0＊纵向有车风

①正应力。

a. 主梁上缘应力(见图 3-49)。

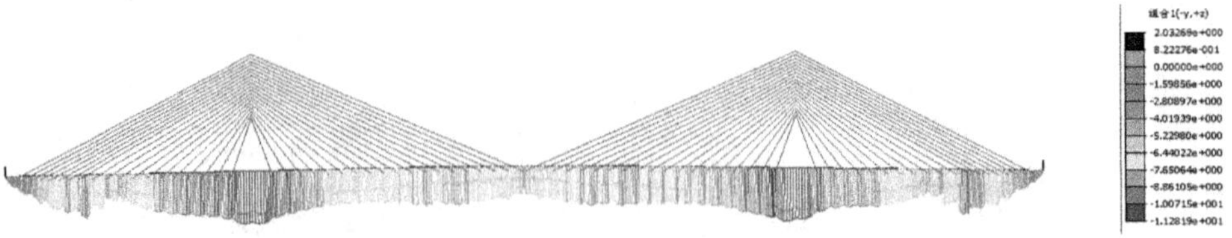

图 3-49　压应力验算组合作用下梁体上缘应力图(MPa)

主梁上缘均受压，最大压应力为 11.3MPa，出现在主塔附近。

b. 主梁下缘应力(见图 3-50)。

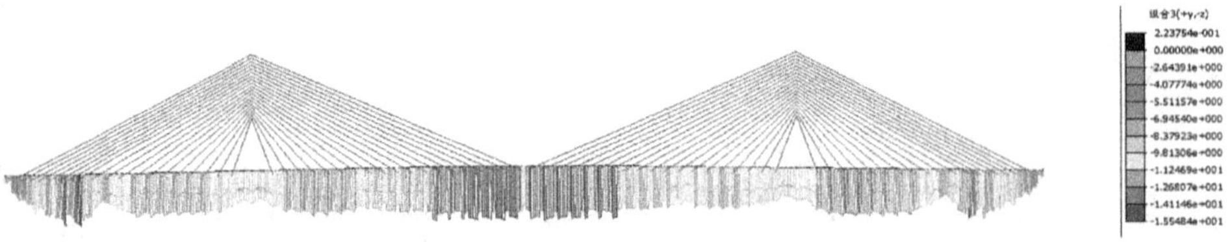

图 3-50　压应力验算组合作用下梁体下缘应力图(MPa)

主梁下缘均受压，最大压应力为 15.5MPa≤0.5fck = 17.75MPa，出现在中跨跨中区域。如图 3-51 所示。

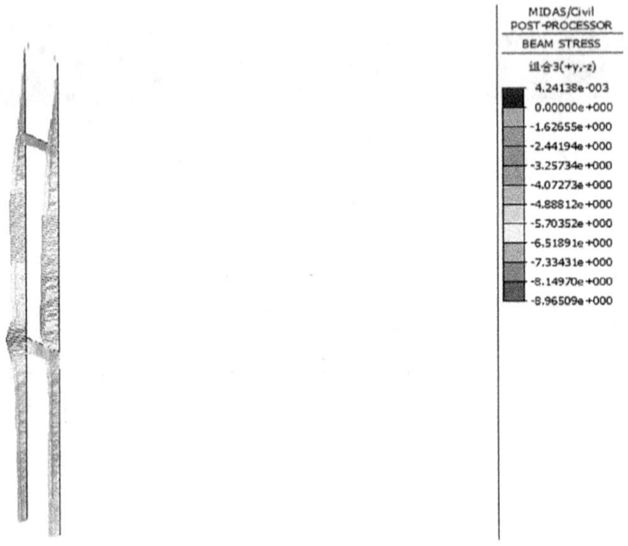

图 3-51　压应力验算组合作用下主塔塔柱应力图(MPa)

主塔截面最大压应力为 8.97MPa，出现在下横梁附近。

②主压应力(见图 3-52)。

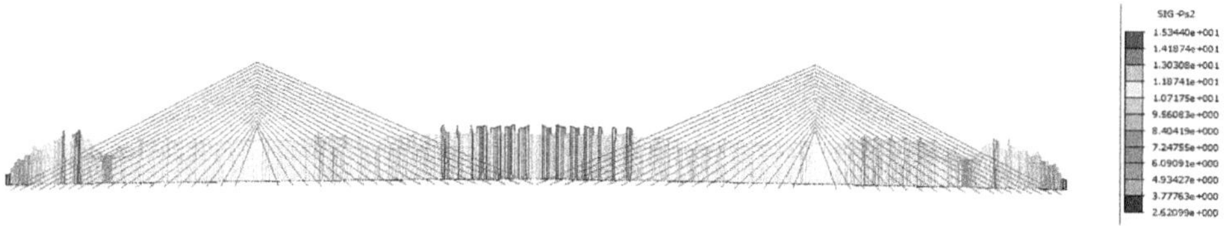

图 3-52 压应力验算组合作用下梁柱主压应力图(MPa)

最大主压应力为 15.3MPa≤0.6fck=21.3MPa，出现在中跨跨中区域。

4. 组合四：恒载+沉降+活载+升温组合+制动力+横向有车风力

(1)验算承载能力：1.1＊(1.2＊自重+1.0＊预应力+1.0＊收缩徐变+0.5＊沉降+1.4＊汽车荷载(计冲击力)+1.4＊0.5＊人群荷载+1.4＊0.5＊升温组合+1.4＊制动力+1.1＊0.5＊横向有车风)。如图 3-53 和图 3-54 所示。

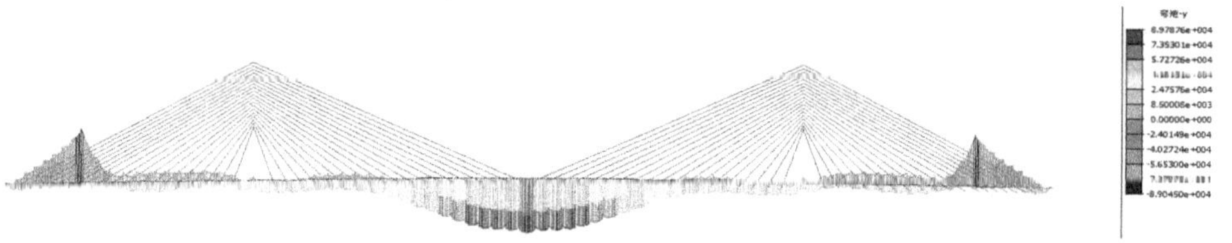

图 3-53 组合四作用下梁体竖向弯矩图(kN·m)

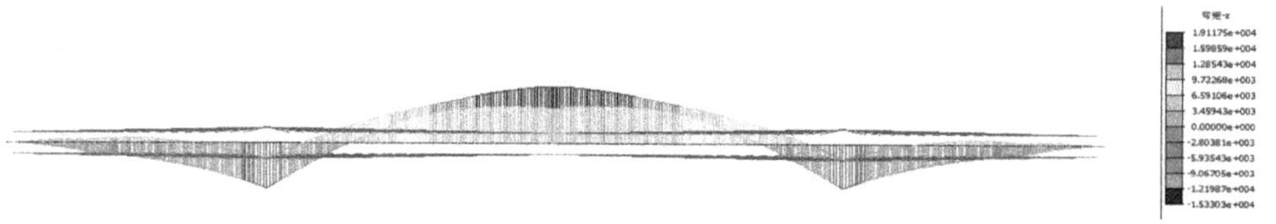

图 3-54 组合四作用下梁体横向弯矩图(kN·m)

(2)抗裂验算(全预应力)：1.0＊自重+1.0＊预应力+1.0＊收缩徐变+1.0＊沉降+0.7＊汽车荷载+1.0＊人群荷载+1.0＊升温组合(不包括温度梯度)+0.8＊

温度梯度+0.7＊制动力+0.75＊横向有车风。

①正应力。

a. 主梁上缘应力(见图 3-55)。

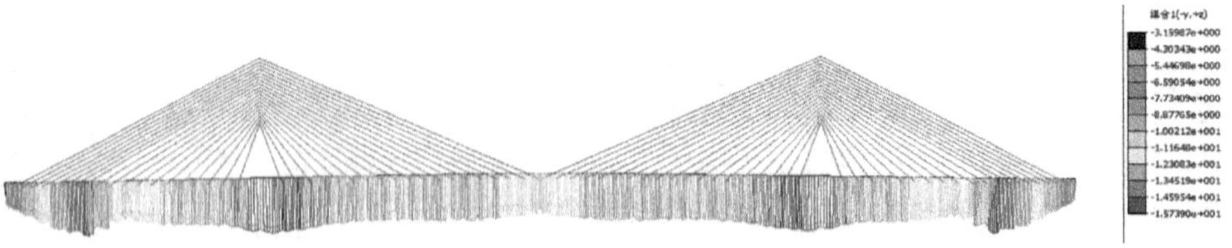

图 3-55　抗裂验算组合作用下梁体上缘应力图(MPa)

主梁上缘均受压，最大压应力为 15.7MPa，出现在主塔附近，最小压应力 7.8MPa，出现在中跨跨中区域。

b. 主梁下缘应力(见图 3-56)。

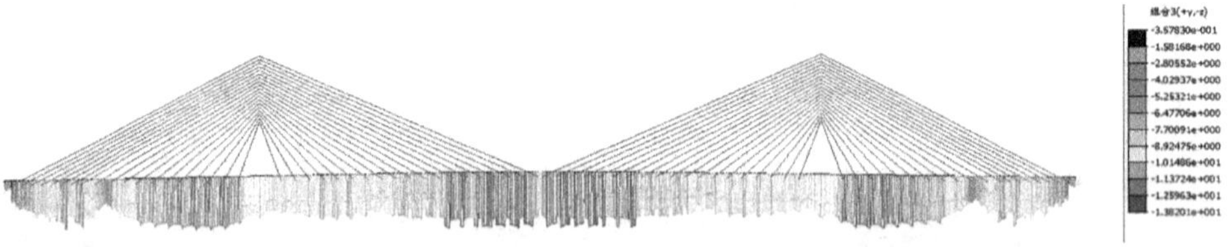

图 3-56　抗裂验算组合作用下梁体下缘应力图(MPa)

主梁下缘均受压，最大压应力为 13.8MPa，出现在中跨跨中区域，最小压应力 3.3MPa，出现在边跨跨中区域；中跨跨中最小压应力为 5.8MPa。如图 3-57 所示。

图 3-57　抗裂验算组合作用下主塔上横梁应力图(MPa)

上横梁截面上缘均受压，最大压应力 3.5MPa 上横梁截面下缘均受压，最小压应力 1.1MPa。如图 3-58 所示。

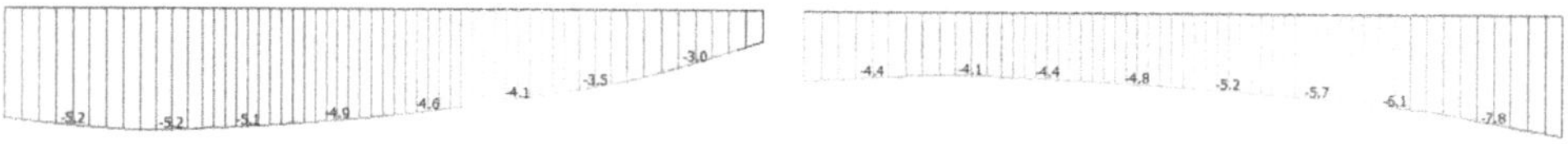

图 3-58 抗裂验算组合作用下主塔下横梁应力图(MPa)

下横梁截面上缘均受压，最大压应力 5.2MPa 下横梁截面下缘均受压，最小压应力 4.4MPa。如图 3-59 和图 3-60 所示。

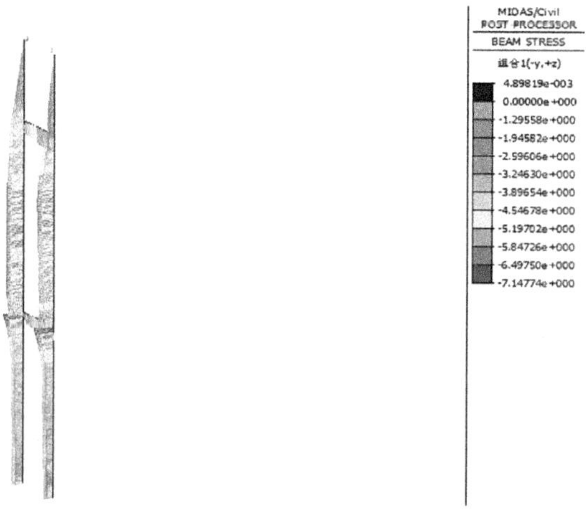

图 3-59 抗裂验算组合作用下主塔柱截面中跨侧应力图(MPa)

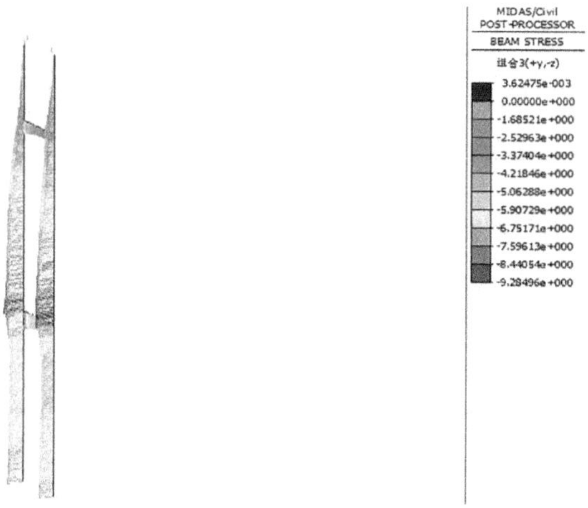

图 3-60 抗裂验算组合作用下主塔柱截面边跨侧应力图(MPa)

可以看出，该工况下主塔全截面受压，未出现拉应力。

②主拉应力(见图3-61)。

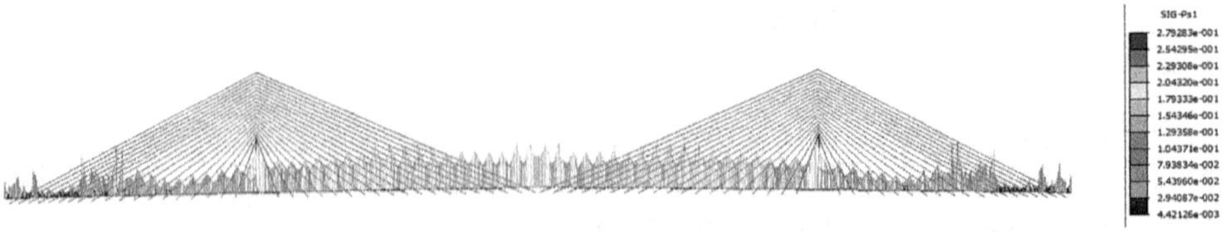

图3-61　抗裂验算组合作用下主梁主拉应力图(MPa)

最大主拉应力为0.28MPa≤0.4ftk=1.096MPa，出现在主塔附近。

(3)压应力验算：1.0＊自重+1.0＊预应力+1.0＊收缩徐变+1.0＊沉降+1.0＊汽车荷载(计冲击力)+1.0＊人群荷载+1.0＊升温组合+1.0＊制动力+1.0＊横向有车风

①正应力。

a. 主梁上缘应力(见图3-62)。

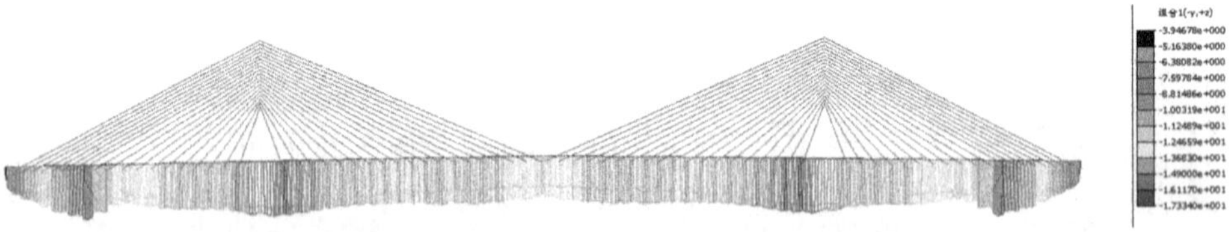

图3-62　压应力验算组合作用下梁体上缘应力图(MPa)

主梁上缘均受压，最大压应力为17.3MPa≤0.5fck=17.75MPa，出现在辅助墩附近。

b. 主梁下缘应力(见图3-63)。

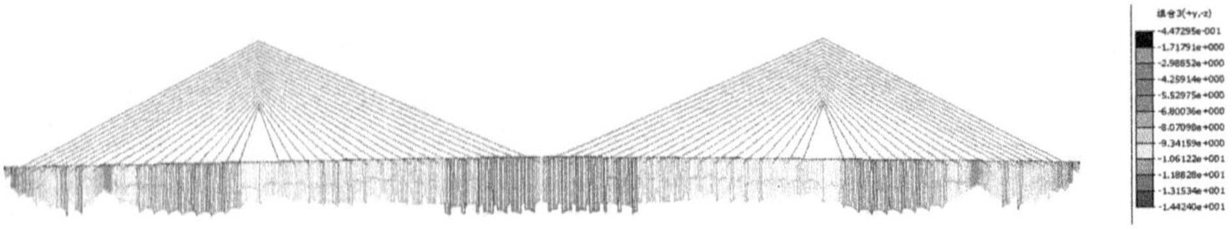

图3-63　压应力验算组合作用下梁体下缘应力图(MPa)

主梁下缘均受压，最大压应力为 14.4MPa，出现在中跨跨中区域。如图 3-64 所示。

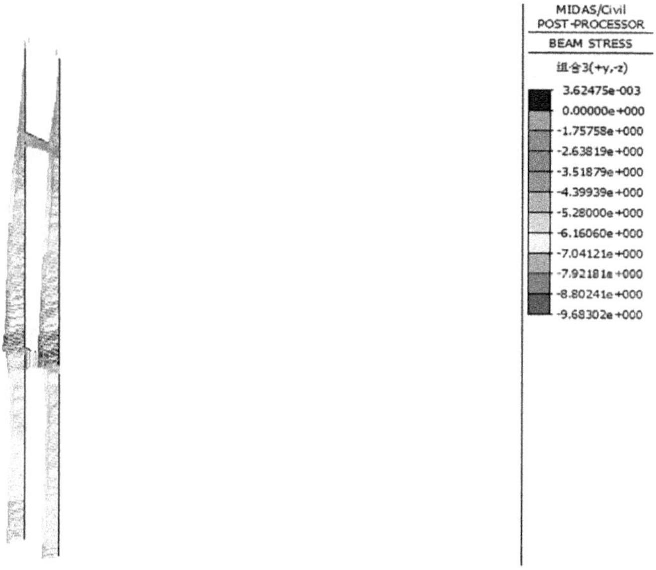

图 3-64 压应力验算组合作用下主塔塔柱应力图(MPa)

主塔截面最大压应力为 9.68MPa，出现在下横梁附近。

②主压应力(见图 3-65)。

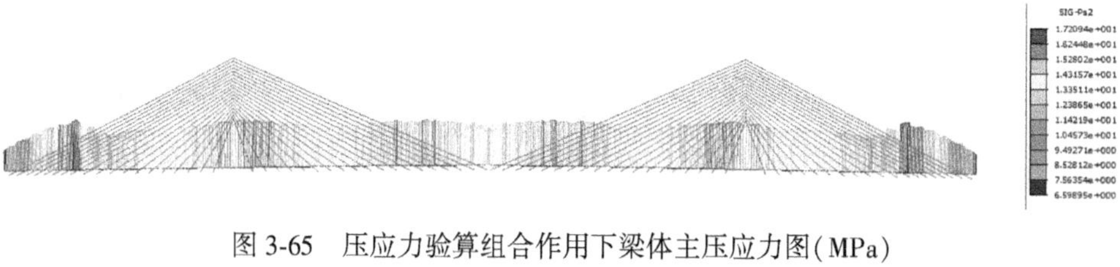

图 3-65 压应力验算组合作用下梁体主压应力图(MPa)

最大主压应力为 17.2MPa≤0.6fck=21.3MPa，出现在辅助墩附近。

5. 组合五：恒载+沉降+活载+降温组合+制动力+横向有车风力

(1)验算承载能力：1.1 * (1.2 * 自重+1.0 * 预应力+1.0 * 收缩徐变+0.5 * 沉降+1.4 * 汽车荷载(计冲击力)+1.4 * 0.5 * 人群荷载+1.4 * 0.5 * 降温组合+

1.4＊制动力+1.1＊0.5＊横向有车风)。如图 3-66 和图 3-67 所示。

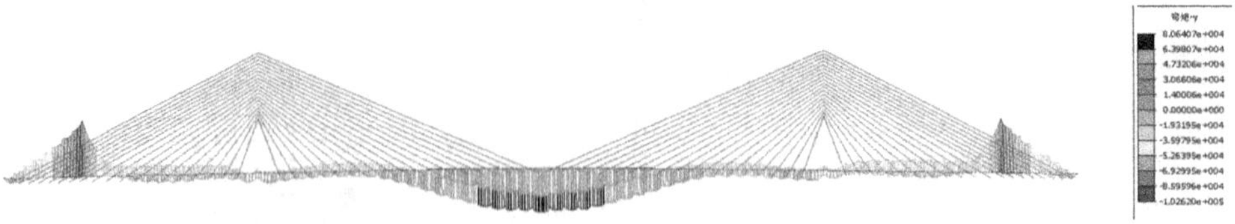

图 3-66　组合五作用下梁体竖向弯矩图(kN · m)

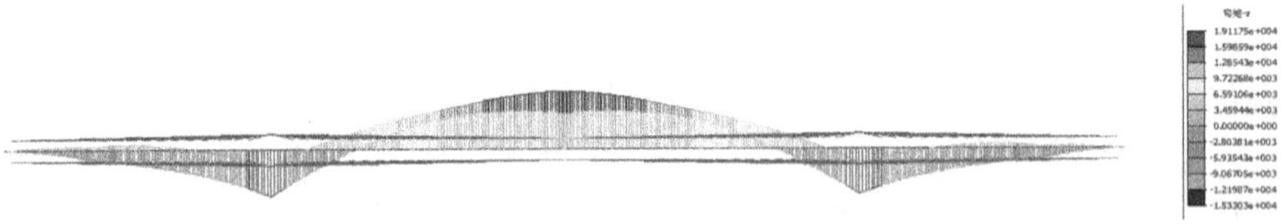

图 3-67　组合五作用下梁体横向弯矩图(kN · m)

(2)抗裂验算(全预应力)：1.0＊自重+1.0＊预应力+1.0＊收缩徐变+1.0＊沉降+0.7＊汽车荷载+1.0＊人群荷载+1.0＊降温组合(不包括温度梯度)+0.8＊温度梯度+0.7＊制动力+0.75＊横向有车风。

①正应力。

a. 主梁上缘应力(见图 3-68)。

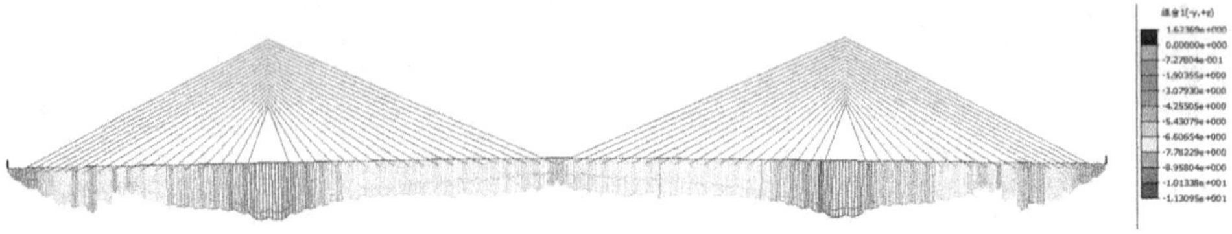

图 3-68　抗裂验算组合作用下梁体上缘应力图(MPa)

主梁上缘均受压，最大压应力为 11.3MPa，出现在主塔附近，最小压应力 2.1MPa，出现在中跨跨中区域。

b. 主梁下缘应力(见图 3-69)。

主梁下缘均受压，最大压应力为 15.2MPa，出现在中跨跨中区域，最小压应力 4.5MPa，出现在边跨跨中区域；中跨跨中最小压应力为 7.2MPa。如图 3-66 所示。

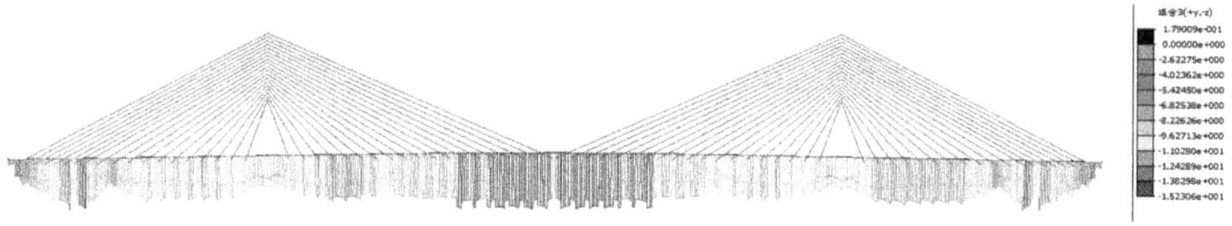

图 3-69 抗裂验算组合作用下梁体下缘应力图(MPa)

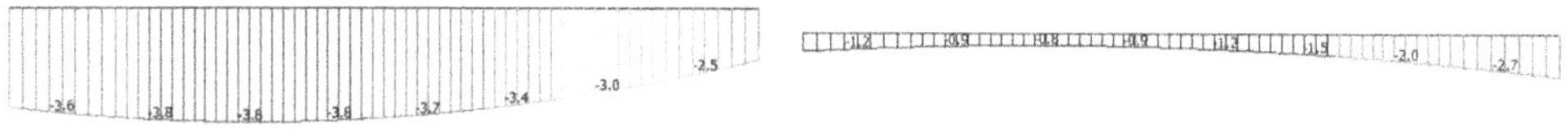

图 3-70 抗裂验算组合作用下主塔上横梁应力图(MPa)

上横梁截面上缘均受压，最大压应力 3.8MPa 上横梁截面下缘均受压，最小压应力 0.8MPa。如图 3-71 所示。

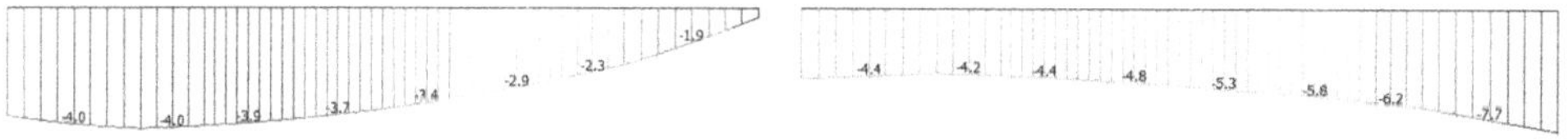

图 3-71 抗裂验算组合作用下主塔下横梁应力图(MPa)

下横梁截面上缘均受压，最大压应力 4.0MPa 下横梁截面下缘均受压，最小压应力 4.2MPa。如图 3-72 和图 3-73 所示。

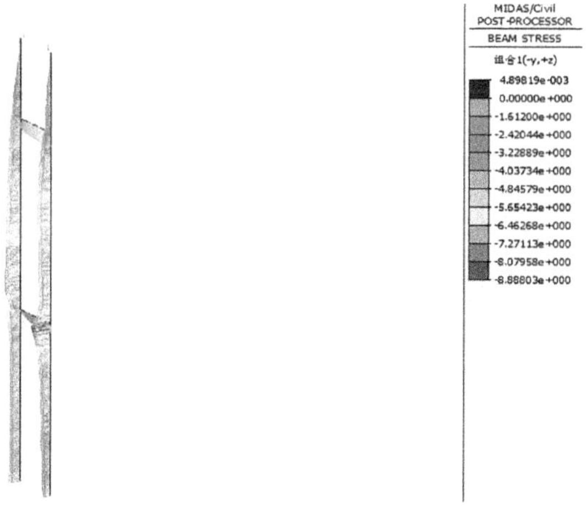

图 3-72 抗裂验算组合作用下主塔柱截面中跨侧应力图(MPa)

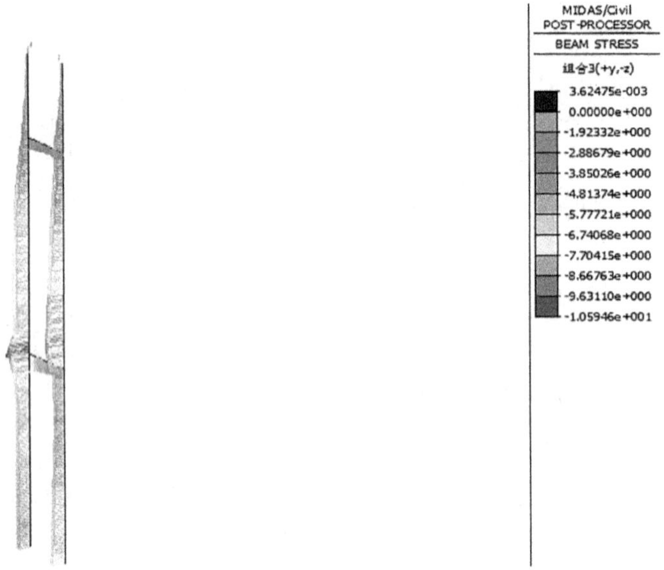

图 3-73　抗裂验算组合作用下主塔柱截面边跨侧应力图(MPa)

可以看出，该工况下主塔全截面受压，未出现拉应力。

②主拉应力(见图 3-74)。

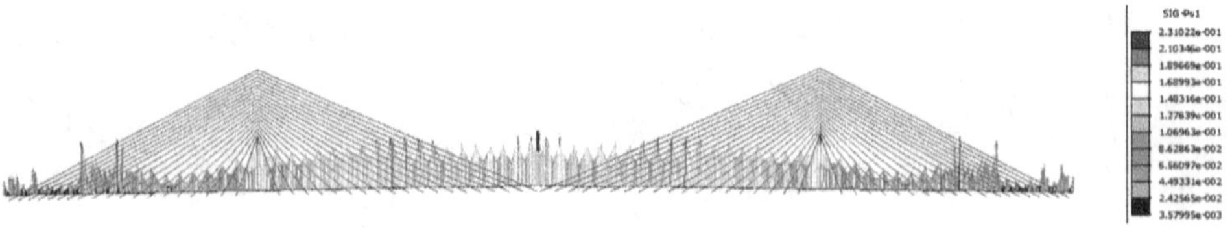

图 3-74　抗裂验算组合作用下主梁体主拉应力图(MPa)

最大主拉应力为 0.23MPa≤0.4ftk = 1.096MPa，出现在中跨跨中区域。

(3)压应力验算：1.0 * 自重+1.0 * 预应力+1.0 * 收缩徐变+1.0 * 沉降+1.0 * 汽车荷

载(计冲击力)+1.0 * 人群荷载+1.0 * 降温组合+1.0 * 制动力+1.0 * 横向有车风

①正应力。

a. 主梁上缘应力(见图 3-75)。

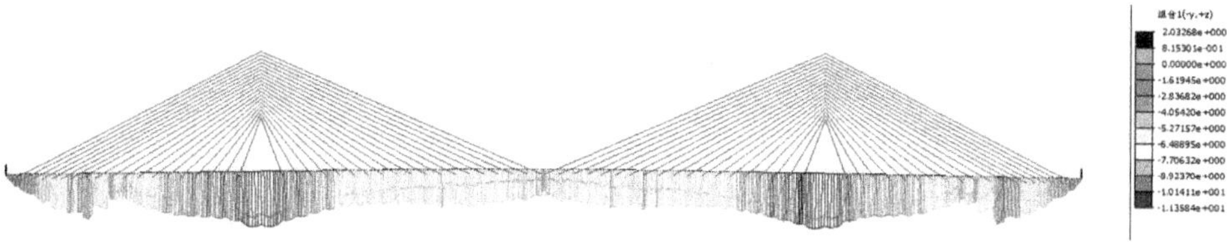

图 3-75　压应力验算组合作用下梁体上缘应力图(MPa)

主梁上缘均受压，最大压应力为 11.4MPa，出现在主塔附近。

b. 主梁下缘应力(见图 3-76)。

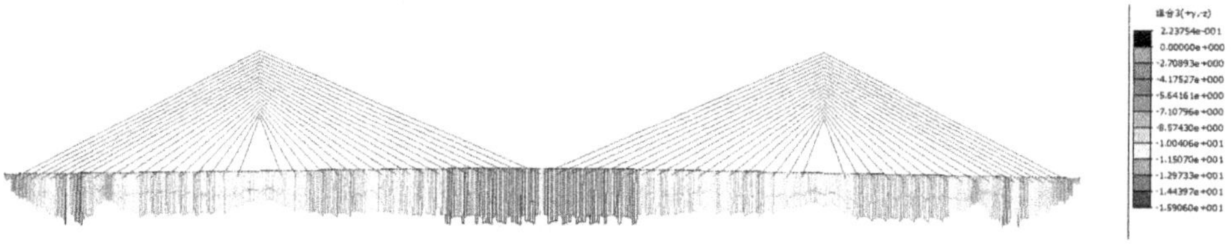

图 3-76　压应力验算组合作用下梁体下缘应力图(MPa)

主梁下缘均受压，最大压应力为 15.9MPa≤0.5fck = 17.75MPa，出现在中跨跨中区域。如图 3-77 所示。

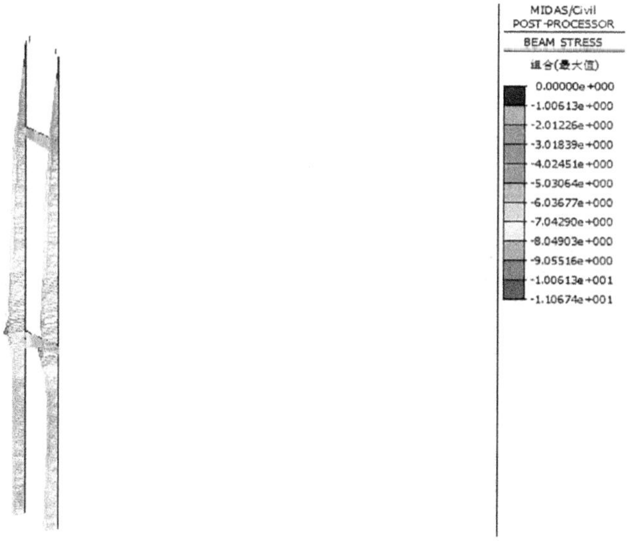

图 3-77　压应力验算组合作用下主塔塔柱应力图(MPa)

主塔截面最大压应力为 11.07MPa，出现在下横梁附近。

②主压应力(见图 3-78)。

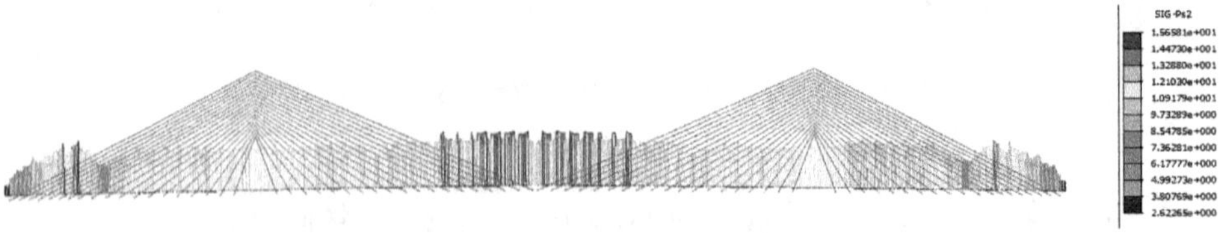

图 3-78　压应力验算组合下梁体主压应力图(MPa)

最大主压应力为 15.7MPa≤0.6fck=21.3MPa，出现在中跨跨中区域。

6. 组合六：恒载+沉降+纵向极限风

(1)验算承载能力：1.1＊(1.2＊自重+1.0＊预应力+1.0＊收缩徐变+0.5＊沉降+1.4＊纵向极限风)。如图 3-79 所示。

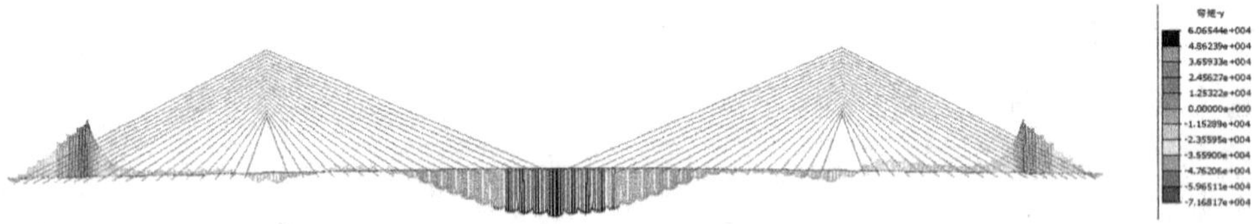

图 3-79　组合六作用下梁体弯矩图(kN·m)

(2)抗裂验算(全预应力)：1.0＊自重+1.0＊预应力+1.0＊收缩徐变+1.0＊沉降+0.75＊纵向极限风。

①正应力。

a. 主梁上缘应力(见图 3-80)。

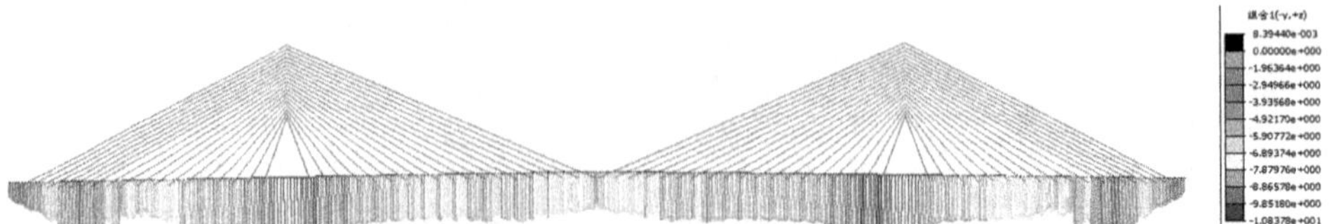

图 3-80　抗裂验算组合作用下梁体上缘应力图(MPa)

主梁上缘均受压，最大压应力为 10.8MPa，出现在主塔附近，最小压应力 5.0MPa，出现在边跨跨中区域；中跨跨中最小压应力为 5.4MPa。

b. 主梁下缘应力(见图 3-81)。

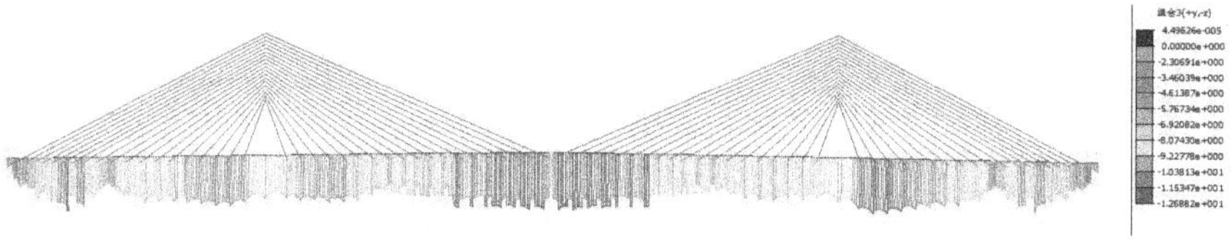

图 3-81　抗裂验算组合作用下梁体下缘应力图(MPa)

主梁下缘均受压，最大压应力为 12.7MPa，出现在中跨跨中附近区域，最小压应力 5.1MPa，出现在边跨跨中区域；中跨跨中最小压应力为 8.1MPa。如图 3-82所示。

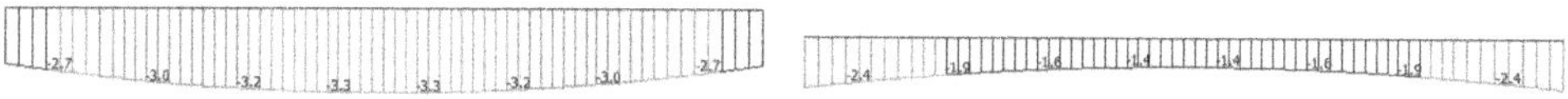

图 3-82　抗裂验算组合作用下主塔上横梁应力图(MPa)

上横梁截面上缘均受压，最大压应力 3.3MPa 上横梁截面下缘均受压，最小压应力 1.4MPa。如图 3-83 所示。

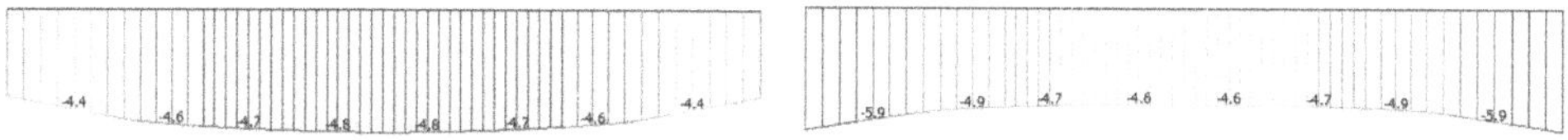

图 3-83　抗裂验算组合作用下主塔下横梁应力图(MPa)

下横梁截面上缘均受压，最大压应力 4.8MPa 下横梁截面下缘均受压，最小压应力 4.6MPa。如图 3-84 和图 3-85 所示。

可以看出，该工况下主塔全截面受压，未出现拉应力。

②主拉应力(见图 3-86)。

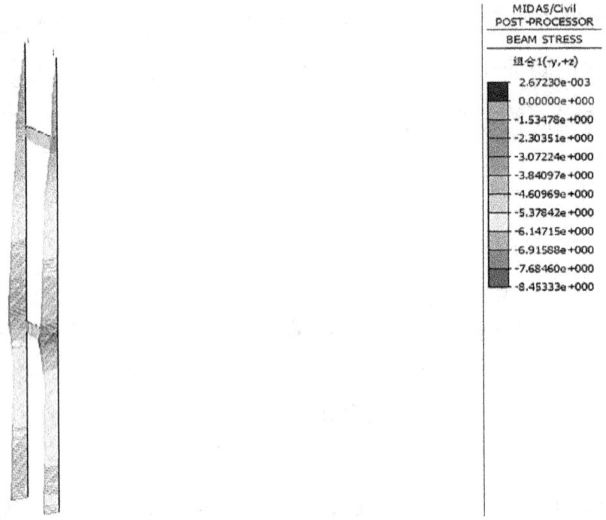

图 3-84　抗裂验算组合作用下主塔柱截面中跨侧应力图(MPa)

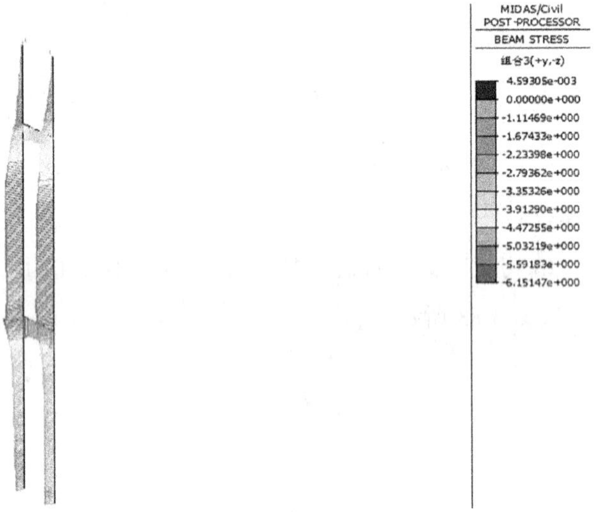

图 3-85　抗裂验算组合作用下主塔柱截面边跨侧应力图(MPa)

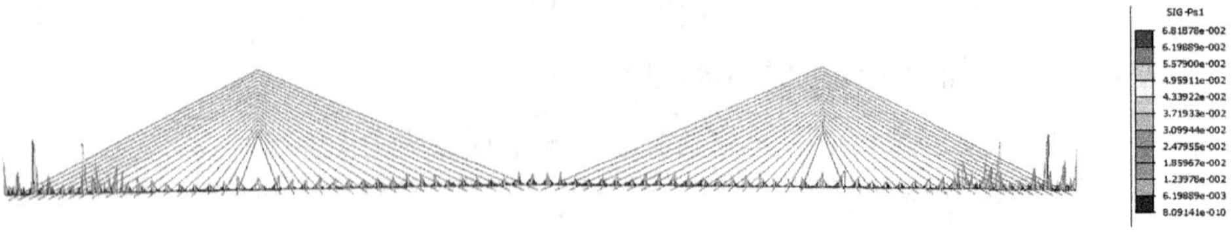

图 3-86　汽车荷载下梁体竖向位移图(m)

最大主拉应力为 0.07MPa≤0.4ftk=1.096MPa。

(3)压应力验算：1.0＊自重+1.0＊预应力+1.0＊收缩徐变+1.0＊沉降++1.0＊纵向极限风。

①正应力。

a. 主梁上缘应力(见图 3-87)。

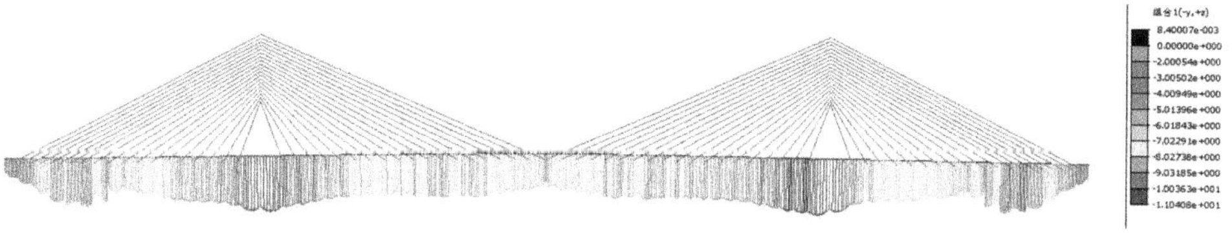

图 3-87 压应力验算组合作用下梁体上缘应力图(MPa)

主梁上缘均受压，最大压应力为 11.0MPa，出现在主塔附近。

b. 主梁下缘应力(见图 3-88)。

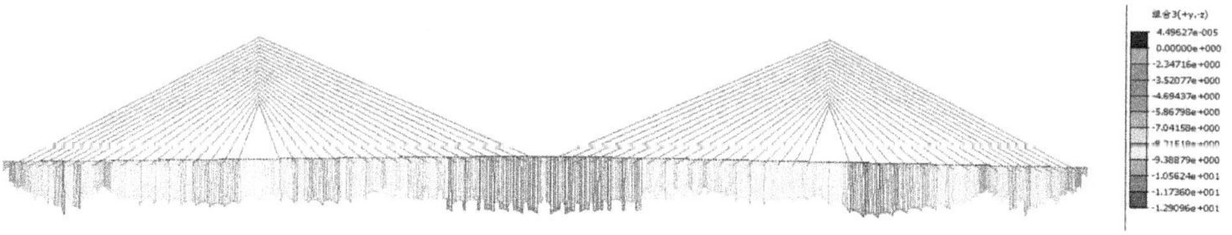

图 3-88 压应力验算组合作用下梁体下缘应力图(MPa)

主梁下缘均受压，最大压应力为 12.9MPa≤0.5fck=17.75MPa，出现在中跨跨中区域。如图 3-89 所示。

主塔截面最大压应力为 9.04MPa，出现在下横梁附近。

②主压应力(见图 3-90)。

最大主压应力为 12.9MPa≤0.6fck=21.3MPa，出现在中跨跨中区域。

7. 组合七：恒载+沉降+横向极限风荷载

(1)验算承载能力：1.1＊(1.2＊自重+1.0＊预应力+1.0＊收缩徐变+0.5＊沉降+1.4＊横向极限风)。如图 3-91 和图 3-92 所示。

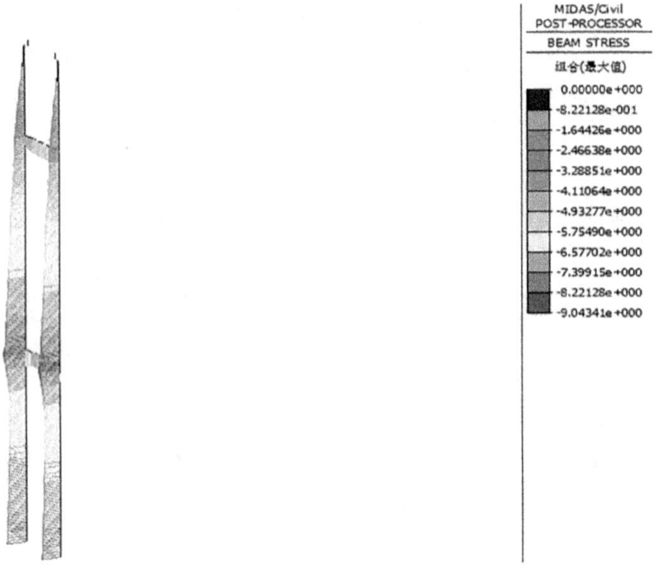

图 3-89 压应力验算组合作用下主塔塔柱应力图(MPa)

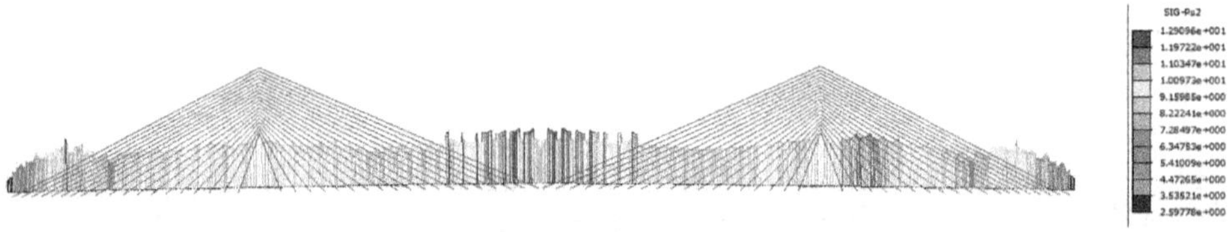

图 3-90 压应力验算组合作用下梁体主压应力图(MPa)

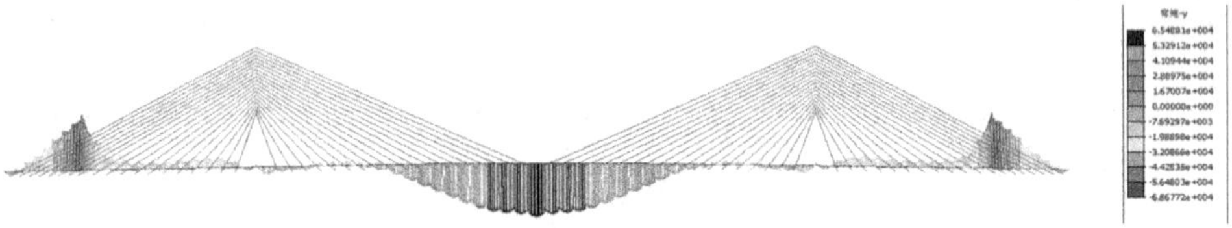

图 3-91 组合七作用下梁体竖向弯矩图(kN · m)

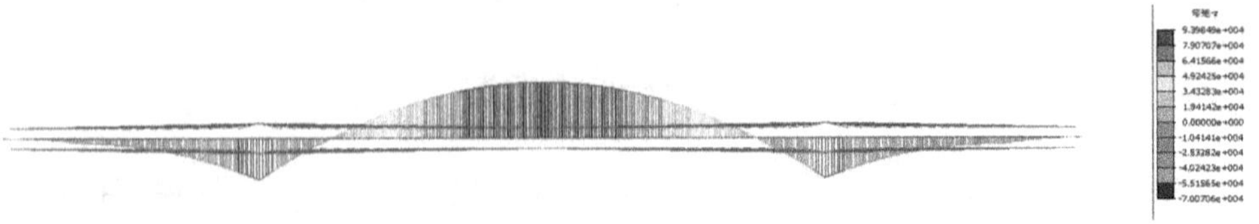

图 3-92 组合七作用下梁体横向弯矩图(kN · m)

(2)抗裂验算(全预应力)：1.0＊自重+1.0＊预应力+1.0＊收缩徐变+1.0＊沉降+0.75＊横向极限风。

①正应力。

a. 主梁上缘应力(见图 3-93)。

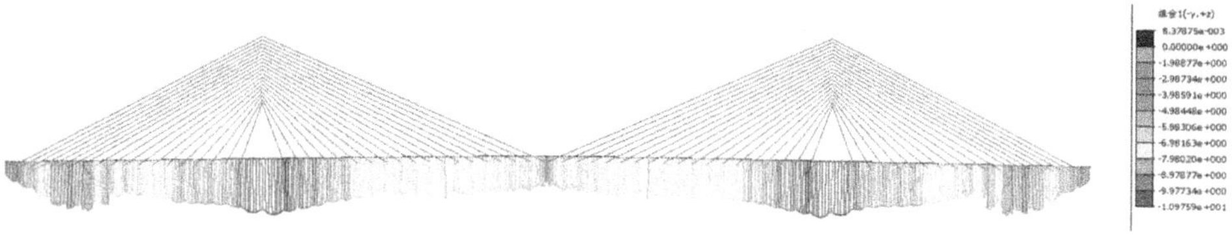

图 3-93 抗裂验算组合作用下梁体上缘应力图(MPa)

主梁上缘均受压，最大压应力为 11.0MPa，出现在辅助墩附近，最小压应力 4.7MPa，出现在中跨跨中区域。

b. 主梁下缘应力(见图 3-94)。

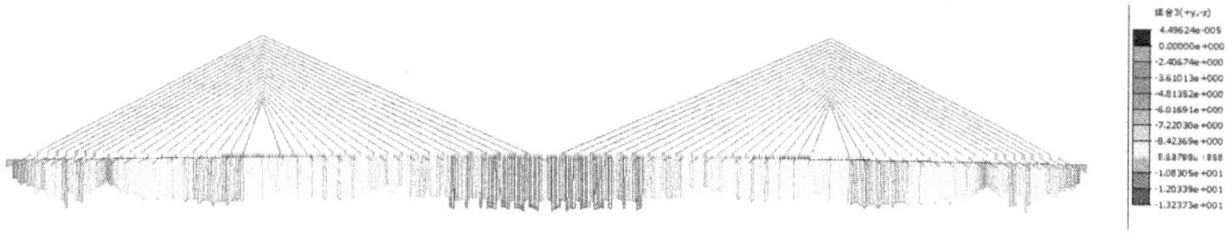

图 3-94 抗裂验算组合作用下梁体下缘应力图(MPa)

主梁下缘均受压，最大压应力为 13.2MPa，出现在主塔靠边跨侧附近，最小压应力 4.8MPa，出现在边跨跨中区域；中跨跨中最小压应力为 8.7MPa。如图 3-95所示。

图 3-95 抗裂验算组合作用下主塔上横梁应力图(MPa)

上横梁截面上缘均受压，最大压应力 4.0MPa 上横梁截面下缘均受压，最小压应力 0.7MPa。如图 3-96 所示。

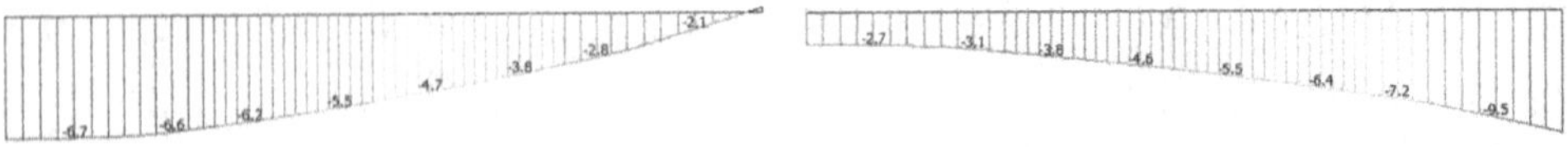

图 3-96　抗裂验算组合作用下主塔下横梁应力图(MPa)

下横梁截面上缘端部小范围出现拉应力 0.27MPa，最大压应力 6.7MPa，下横梁截面下缘均受压，最小压应力 2.7MPa，如图 3-97 和图 3-98 所示。

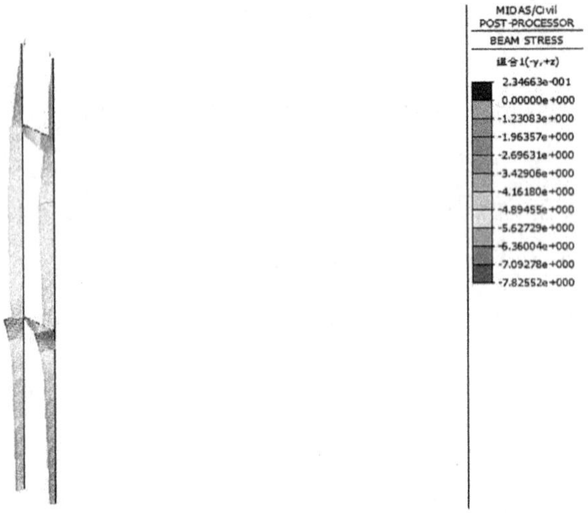

图 3-97　抗裂验算组合作用下主塔柱截面中跨侧应力图(MPa)

图 3-98　抗裂验算组合作用下主塔柱截面边跨侧应力图(MPa)

从图 3-97 和图 3-98 可以看出，该工况下主塔全截面受压，未出现拉应力。

②主拉应力(见图 3-99)。

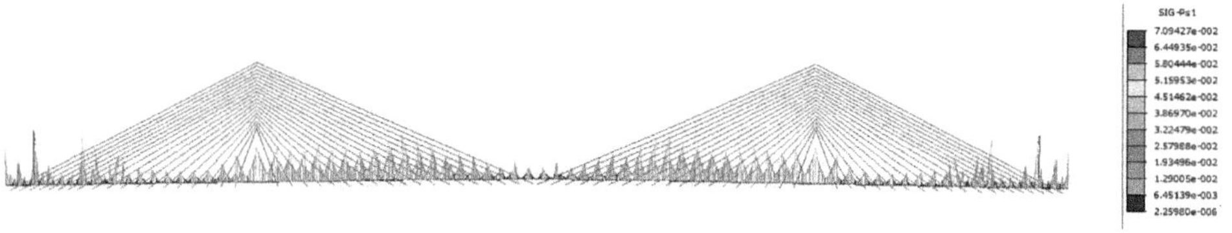

图 3-99　抗裂验算组合作用下主梁主拉应力图(MPa)

最大主拉应力为 0.07MPa≤0.4ftk = 1.096MPa。

(3)压应力验算：1.0 * 自重+1.0 * 预应力+1.0 * 收缩徐变+1.0 * 沉降++1.0 * 横向极限风。

①正应力。

a. 主梁上缘应力(见图 3-100)。

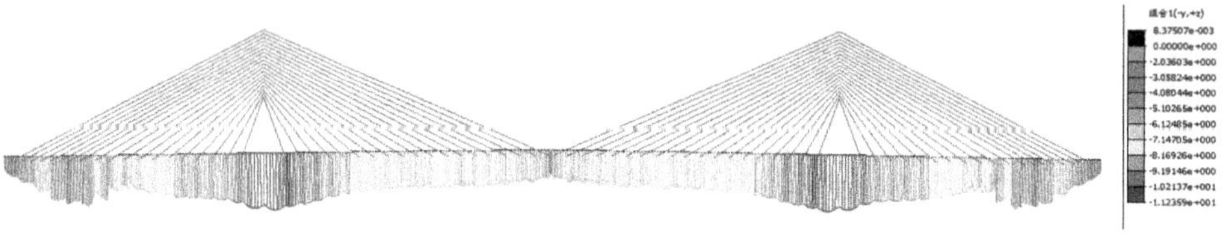

图 3-100　压应力验算组合作用下梁体上缘应力图(MPa)

主梁上缘均受压，最大压应力为 11.2MPa，出现在主塔附近。

b. 主梁下缘应力(见图 3-101)。

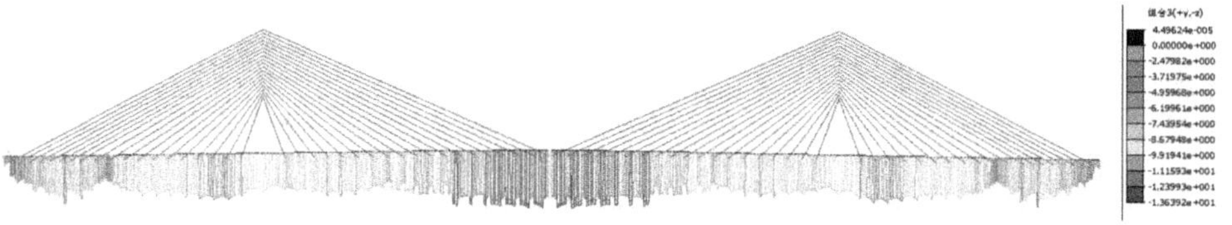

图 3-101　压应力验算组合作用下梁体下缘应力图(MPa)

主梁下缘均受压，最大压应力为 13. 6MPa≤0. 5fck = 17. 75MPa，出现在中跨跨中区域。如图 3-102 所示。

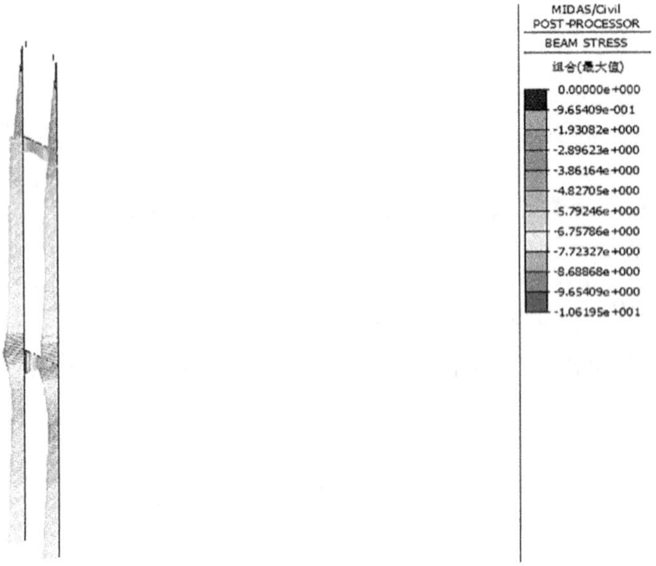

图 3-102　压应力验算组合作用下主塔塔柱应力图(MPa)

主塔截面最大压应力为 10. 62MPa，出现在下横梁附近。

②主压应力(见图 3-103)。

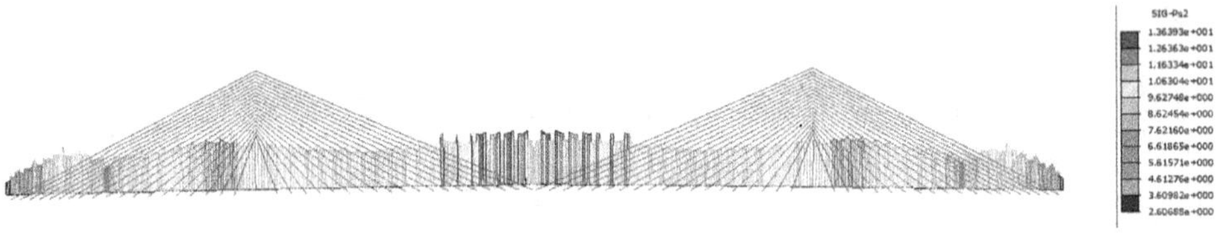

图 3-103　压应力验算组合作用下梁体主压应力图(MPa)

最大主压应力为 13. 6MPa≤0. 6fck = 21. 3MPa，出现在中跨跨中区域。

8. 组合一至组合七包络结果

(1)验算承载能力：组合一至组合七包络。如图 3-104 和图 3-105 所示。

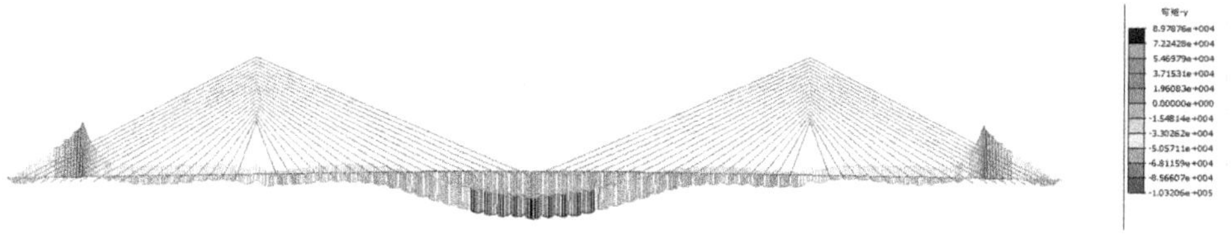

图 3-104　组合一至组合七包络作用下梁体竖向弯矩图(kN·m)

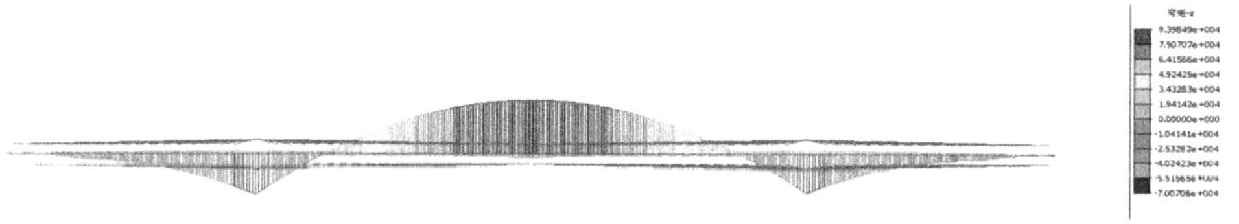

图 3-105　组合一至组合七包络作用下梁体横向弯矩图(kN·m)

(2)抗裂验算(全预应力)：组合一至组合七包络。

①正应力。

a. 主梁上缘应力(见图 3-106)。

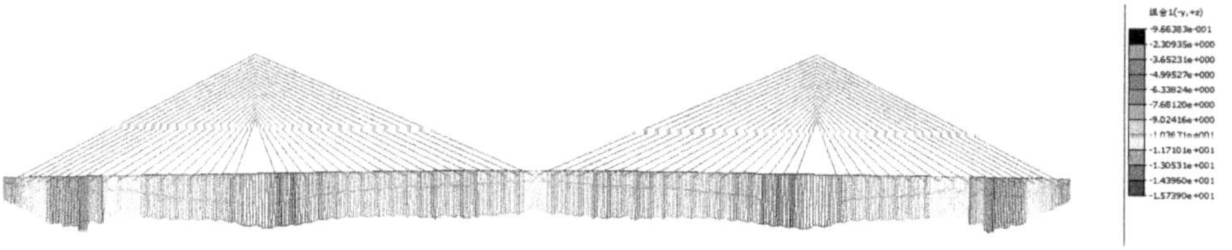

图 3-106　抗裂验算组合作用下梁体上缘应力图(MPa)

主梁上缘均受压，最大压应力为 15.7MPa，出现在主塔及辅助墩附近，最小压应力 2.1MPa，出现在中跨中区域。

b. 主梁下缘应力(见图 3-107)。

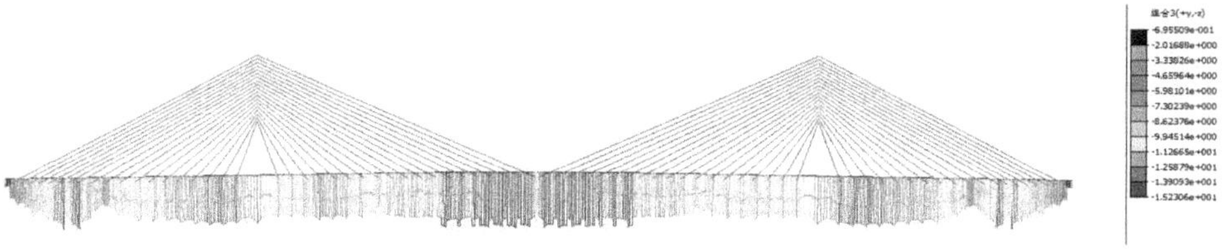

图 3-107　抗裂验算组合作用下梁体下缘应力图(MPa)

主梁下缘均受压，最大压应力为 15. 2MPa，出现在中跨跨中附近区域，最小压应力 3. 3MPa，出现在边跨跨中区域；中跨跨中最小压应力为 4. 7MPa。如图 3-108所示。

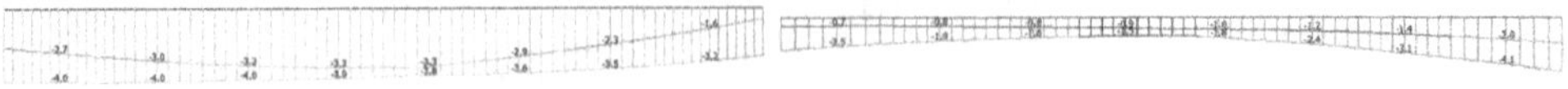

图 3-108　抗裂验算组合作用下主塔上横梁应力图(MPa)

上横梁截面上缘均受压，最大压应力 4. 0MPa 上横梁截面下缘均受压，最小压应力 0. 7MPa。如图 3-109 所示。

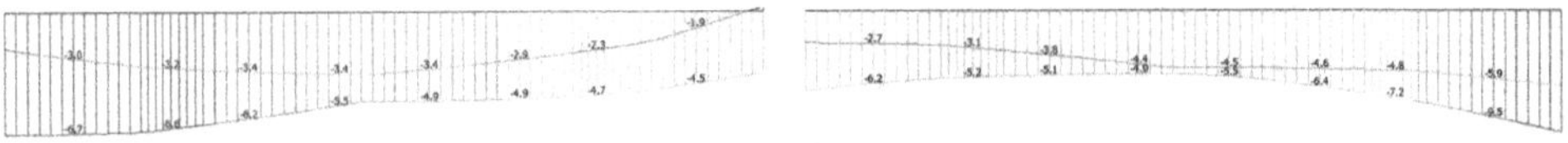

图 3-109　抗裂验算组合作用下主塔下横梁应力图(MPa)

下横梁截面上缘端部小范围出现拉应力 0. 27MPa，最大压应力 6. 7MPa，下横梁截面下缘均受压，最小压应力 2. 7MPa，最大压应力 9. 5MPa，如图 3-110 和图 3-111 所示。

图 3-110　抗裂验算组合作用下主塔柱截面中跨侧应力图(MPa)

图 3-111 抗裂验算组合作用下主塔柱截面边跨侧应力图(MPa)

从图 3-110 和图 3-111 可以看出，该工况下主塔全截面受压，未出现拉应力。

②主拉应力(见图 3-112)。

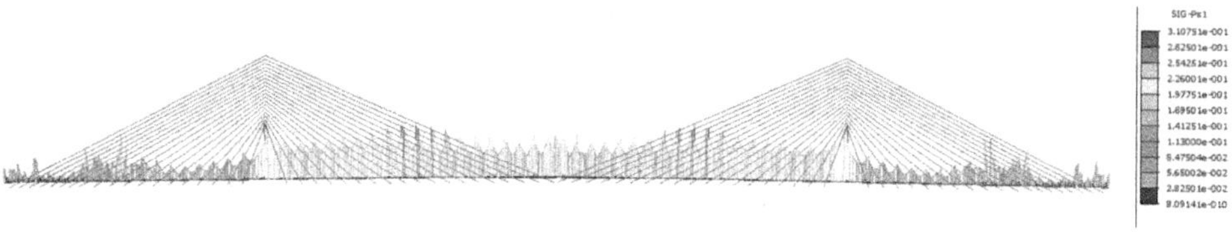

图 3-112 抗裂验算组合作用下主梁主拉应力图(MPa)

最大主拉应力为 0.31MPa≤0.4ftk=1.096MPa，出现在主塔附近。

(3)压应力验算(标准组合)：组合一至组合七包络

①正应力。

a. 主梁上缘应力(见图 3-113)。

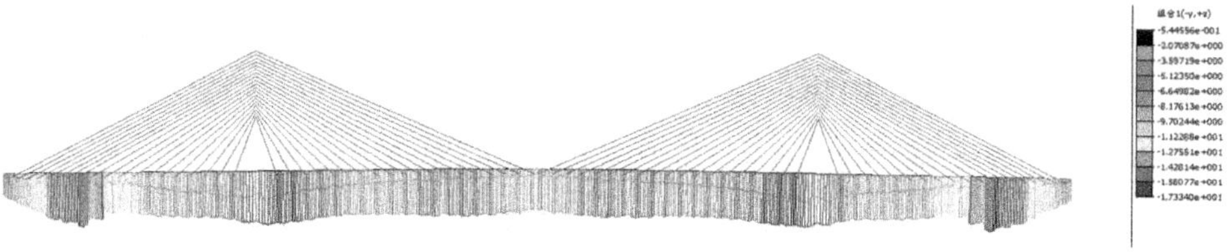

图 3-113 压应力验算组合作用下梁体上缘应力图(MPa)

主梁上缘均受压，最大压应力为 17.3MPa≤0.5fck = 17.75MPa，出现在辅助墩附近。

b. 主梁下缘应力(见图 3-114)。

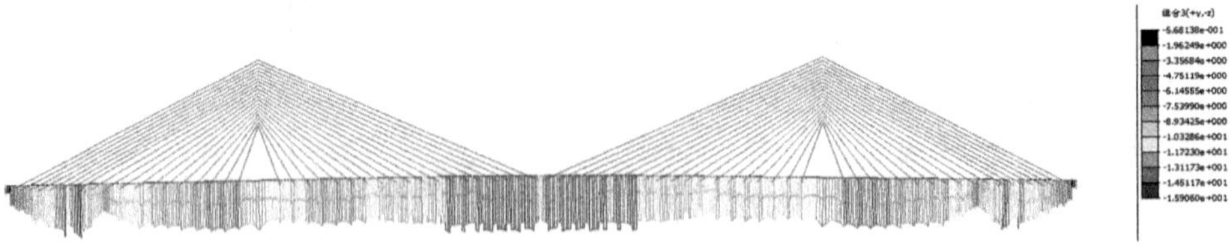

图 3-114　压应力验算组合作用下梁体下缘应力图(MPa)

主梁下缘均受压，最大压应力为 15.9MPa，出现在中跨跨中区域(见图 3-115)。

图 3-115　压应力验算组合作用下主塔塔柱应力图(MPa)

主塔截面最大压应力为 11.2MPa，出现在下横梁附近。

②主压应力(见图 3-116)。

最大主压应力为 17.2MPa≤0.6fck = 21.3MPa，出现在辅助墩附近。

根据《公路钢筋混凝土及预应力混凝土桥涵设计规范》(JTG D62—2004)第 7.1.5 节规定：在持久状况下，受弯构件正截面混凝土的压应力应满足下列规

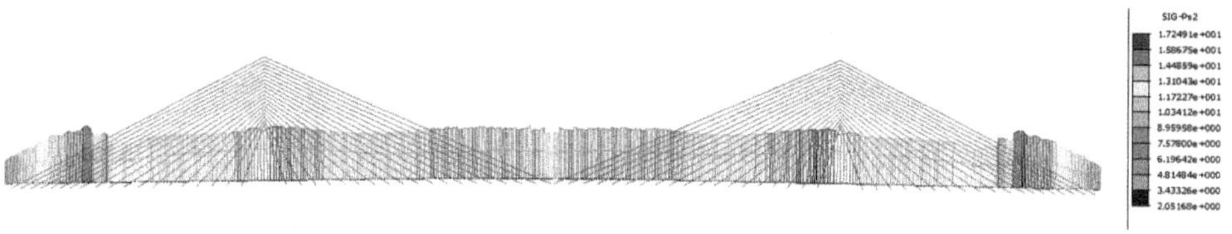

图 3-116 压应力验算组合作用下梁体主压应力图(MPa)

定：受压区混凝土的最大压应力 $\sigma_{kc}+\sigma_{pt}\leqslant 0.5f_{ck}$，主桥主梁混凝土强度等级为C55，桥塔上塔柱混凝土强度等级为C50，桥塔下塔柱混凝土强度等级为C40。主桥主梁的最大容许压应力为17.75MPa，桥塔上塔柱最大容许压应力为16.2MPa，桥塔下塔柱的最大容许压应力为13.4MPa。根据《公路钢筋混凝土及预应力混凝土桥涵设计规范》(JTG D62—2004)第7.1.6节规定：在标准组合下，受弯矩构件混凝土的主压应力应满足下列规定：最大主压应力 $\sigma_{cp}\leqslant 0.6f_{ck}$，主桥主梁的最大容许压应力为21.3MPa，桥塔上塔柱最大容许压应力为19.44MPa桥塔下塔柱的最大容许压应力为16.08MPa。

根据《公路钢筋混凝土及预应力混凝土桥涵设计规范》(JTG D62—2004)第6.4节规定：在正常使用极限状态下的裂缝宽度，应按作用(或荷载)短期效应组合并考虑长期效应影响进行验算。钢筋混凝土构件计算的最大裂缝宽度不应超过0.2mm，预应力混凝土构件最大裂缝宽度不应超过0.1mm。

9. 组合八：恒载+沉降+活载+船撞力

(1)验算承载能力、抗裂验算、压应力验算：1.0＊自重+1.0＊预应力+1.0＊收缩徐变+1.0＊船撞力

①横向船撞(横向极限船撞力8000kN)。

a. 承载能力(见图3-117)。

恒载+横向船撞力作用下主塔塔底横向最大弯矩为1.18E+05kN＊m。

b. 正应力(见图3-118)。

可以看出，主塔塔身未出现拉应力，全截面受压，在横向极限船撞力作用下塔底截面一侧应力基本处于拉压平衡状态，另一侧最大压应力为6.8MPa。如图3-119所示。

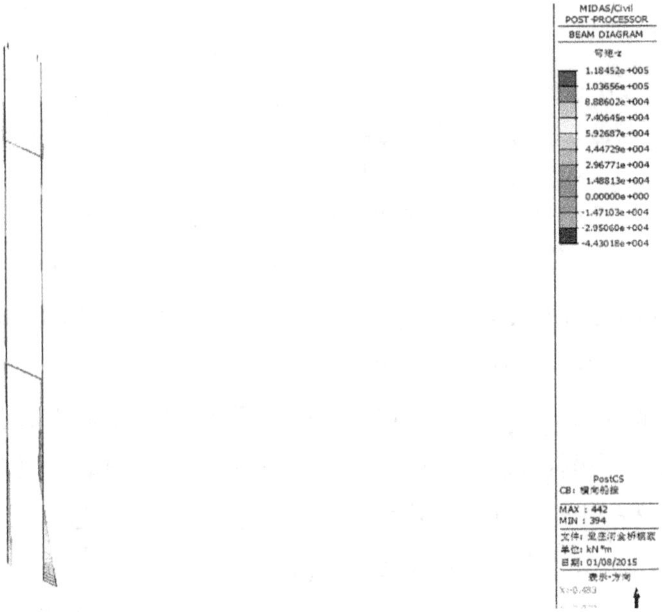

图 3-117　横向船撞作用下主塔弯矩图(kN · m)

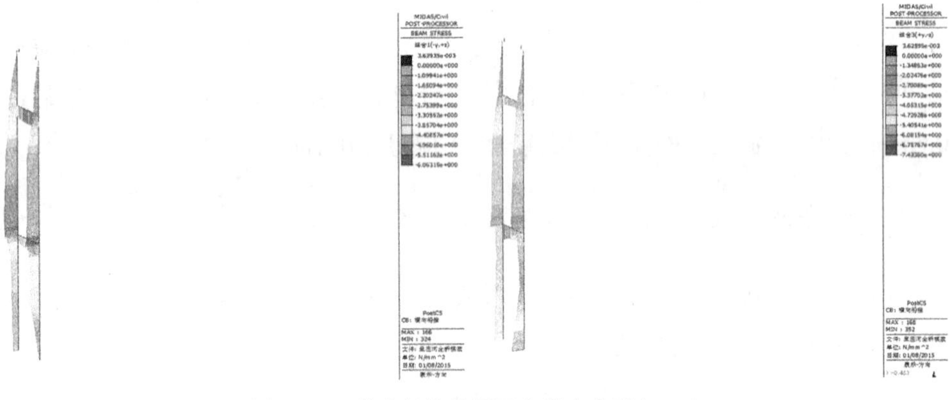

图 3-118　横向船撞作用下主塔应力图(MPa)

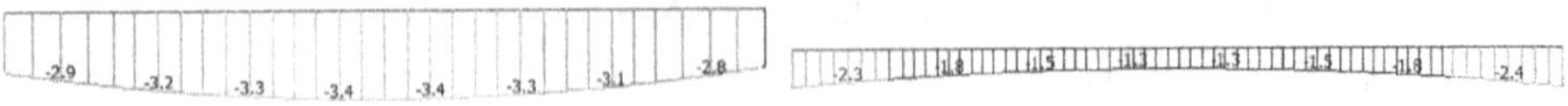

图 3-119　横向船撞作用下主塔上横梁应力图(MPa)

上横梁截面上缘均受压，最大压应力 3.4MPa 上横梁截面下缘均受压，最小压应力 1. 3MPa。如图 3-120 所示。

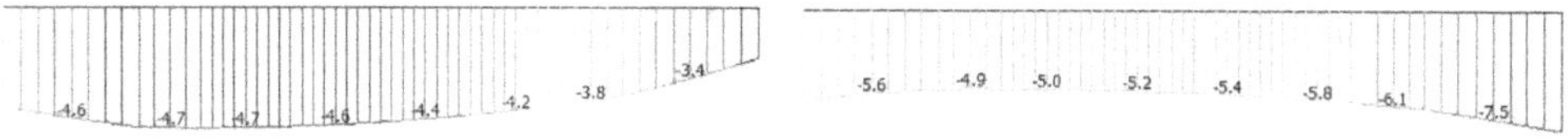

图 3-120 横向船撞作用下主塔下横梁应力图(MPa)

下横梁截面上缘均受压，最大压应力 4. 7MPa 下横梁截面下缘均受压，最小压应力 4. 9MPa。

②纵向船撞。

a. 承载能力(纵向极限船撞力 13000kN)。如图 3-121 所示。

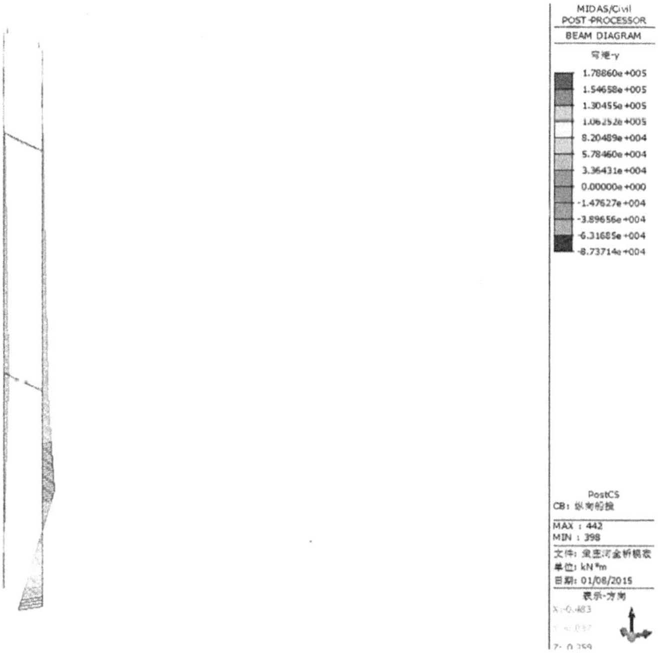

图 3-121 纵向船撞作用下主塔弯矩图(kN · m)

恒载+横向船撞力作用下主塔塔底横向最大弯矩为 1. 79E+05kN * m。

b. 正应力(见图 3-122)。

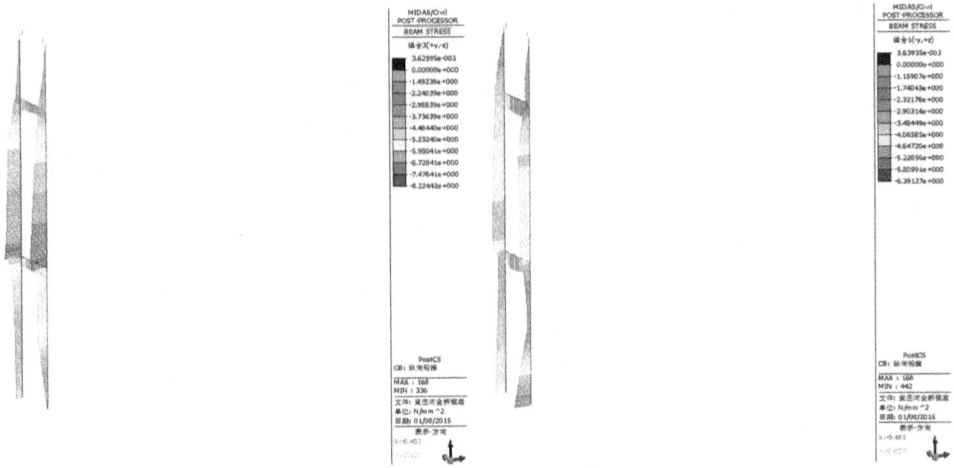

图 3-122　纵向船撞作用下主塔应力图(MPa)

可以看出，主塔塔身未出现拉应力，全截面受压，在纵向极限船撞力作用下塔底截面一侧应力基本处于拉压平衡状态，另一侧最大压应力为 6. 39MPa。如图 3-123 所示。

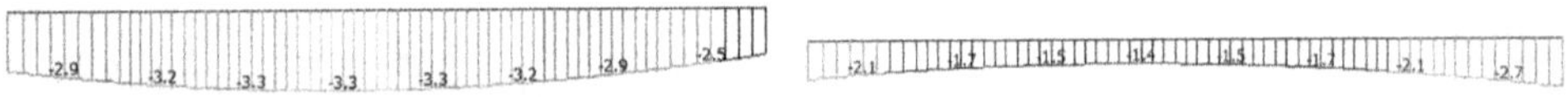

图 3-123　纵向船撞作用下主塔上横梁应力图(MPa)

上横梁截面上缘均受压，最大压应力 3. 3MPa 上横梁截面下缘均受压，最小压应力 1. 4MPa。如图 3-124 所示。

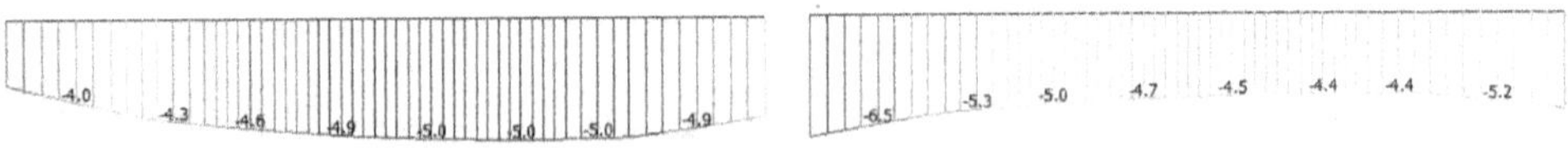

图 3-124　纵向船撞作用下主塔下横梁应力图(MPa)

下横梁截面上缘均受压，最大压应力 5. 0MPa 下横梁截面下缘均受压，最小压应力 4. 4MPa。

3.5.6 斜拉索内力、应力及相关验算

按规范要求，平行钢丝斜拉索安全系数不得小于2.5，其疲劳应力幅不得大于200MPa。斜拉索的计算结果如表3-6所示。

表3-6　　平行钢丝斜拉索内力及应力计算结果表(kN，MPa)

拉索号	最大索力	最小索力	拉索规格	拉索最大应力	拉索最小应力	安全系数	疲劳活载应力幅
S19	3655	3115	PESC7-151	629.0	536.0	2.81	92.9
S18	4385	3790	PESC7-187	609.3	526.6	2.90	82.7
S17	4370	3790	PESC7-187	607.2	526.6	2.91	80.6
S16	4400	3775	PESC7-187	611.4	524.6	2.89	86.8
S15	4570	3890	PESC7-187	635.0	540.5	2.79	94.5
S14	4665	3930	PESC7-187	648.2	546.1	2.73	102.1
S13	3790	3115	PESC7-151	652.2	536.0	2.71	116.2
S12	3725	3025	PESC7-151	641.0	520.6	2.76	120.5
S11	3615	2925	PESC7-139	675.8	546.8	2.62	129.0
S10	3535	2975	PESC7-139	660.8	556.1	2.68	104.7
S9	3290	2780	PESC7-139	615.0	519.7	2.88	95.3
S8	3035	2555	PESC7-121	651.8	548.7	2.72	103.1
S7	2865	2400	PESC7-121	615.3	515.4	2.88	99.9
S6	2610	2260	PESC7-109	622.2	538.8	2.84	83.4
S5	2450	2110	PESC7-109	584.1	503.0	3.03	81.1
S4	2355	2000	PESC7-109	561.4	476.8	3.15	84.6
S3	2230	1890	PESC7-91	636.8	539.7	2.78	97.1
S2	2205	1815	PESC7-91	629.6	518.3	2.81	111.4
S1	2130	1725	PESC7-91	608.2	492.6	2.91	115.6
C1	1930	1465	PESC7-91	551.1	418.3	3.21	132.8
C2	2055	1670	PESC7-91	586.8	476.9	3.02	109.9
C3	1980	1685	PESC7-91	565.4	481.1	3.13	84.2

续表

拉索号	最大索力	最小索力	拉索规格	拉索最大应力	拉索最小应力	安全系数	疲劳活载应力幅
C4	2565	2195	PESC7-109	611.5	523.3	2.89	88.2
C5	2585	2240	PESC7-109	616.2	534.0	2.87	82.2
C6	2790	2455	PESC7-109	665.1	585.2	2.66	79.9
C7	3035	2600	PESC7-121	651.8	558.3	2.72	93.4
C8	3285	2835	PESC7-139	614.1	530.0	2.88	84.1
C9	3500	3050	PESC7-139	654.3	570.2	2.71	84.1
C10	3525	3080	PESC7-139	659.0	575.8	2.69	83.2
C11	3480	3045	PESC7-139	650.5	569.2	2.72	81.3
C12	3535	3120	PESC7-139	660.8	583.2	2.68	77.6
C13	3720	3260	PESC7-151	640.1	561.0	2.76	79.2
C14	3945	3495	PESC7-151	678.9	601.4	2.61	77.4
C15	3925	3480	PESC7-151	675.4	598.8	2.62	76.6
C16	3860	3420	PESC7-151	664.2	588.5	2.66	75.7
C17	3540	3085	PESC7-151	609.2	530.9	2.91	78.3
C18	4550	3950	PESC7-187	632.2	548.9	2.80	83.4
C19	4705	4045	PESC7-187	653.8	562.1	2.71	91.7

从表 3-6 可知，运营阶段最大拉索应力为 601.4MPa，安全系数为 2.61，满足规范要求，其他均满足规范要求；拉索在 2 车道偏载活载作用下应力幅最大为 132.8MPa，满足耐疲劳要求。

第4章 稳定分析

4.1 稳定分析研究内容

童庄河大桥跨径达640m，跨径组合为30m+45m+100m+320m+100m+45m，桥塔高124.2m，具有大长柔的结构特点，因此对童庄河大桥在施工中的控制状态以及成桥运营状态进行稳定分析十分必要。

参考国内外众多文献的研究以及规范，并结合童庄河大桥的设计和施工特点，本次稳定分析共分三个状态：最大双悬臂状态、最大单悬臂状态和成桥运营状态。本次稳定分析主要过程为：首先对最大双悬臂状态、最大单悬臂状态以及成桥状态分别建立线弹性有限元分析模型进行线弹性稳定分析；其次基于线弹性分析结果，对比三个状态下第一类失稳特征值，并结合参考文献的研究结果分析确定最不利状态；最后针对最不利状态建立非线性模型进行考虑几何非线性与材料非线性的双重非线性稳定分析。

通过线弹性以及非线性模型对童庄河大桥进行的第一类以及第二类稳定分析的结果进行对比分析总结，评价童庄河大桥的整体稳定性能，并为设计提供参考。

4.2 稳定分析模型的建立

基于众多文献在进行斜拉桥的稳定分析时所采用的软件主要为ANSYS，并且基于ANSYS的稳定分析结果的可靠性，确定此次采用大型通用有限元软件ANSYS对童庄河大桥进行稳定分析。

4.2.1 线弹性稳定分析有限元模型

童庄河大桥线弹性稳定分析模型采用脊梁模型(单主梁模型)。主梁、桥塔、辅助墩采用BEAM4单元模拟；拉索采用LINK10单元；支座用COMBIN14单元模拟；附加质量用MASS21单元模拟；主梁与拉索之间通过CERIG命令进行节点主从耦合连接；为准确考虑主梁的扭转效应和质量分布，主梁横隔板通过附加质量的形式添加到主梁节点上。

线弹性模型共有三种模型，分别对应为最大双悬臂、最大单悬臂和成桥运营状态下的有限元模型。最大双悬臂状态为主梁悬臂浇筑段与边跨支架现浇段合龙之前的状态，主梁在桥塔两侧最大悬臂长度为86m，在此状态主梁与桥塔之间固结，且通过10对拉索相连接。最大单悬臂状态为边跨合龙之后，中跨合龙之前的状态，主梁中跨最大悬臂长度为159m。各状态线弹性有限元模型如图4-1至图4-3所示。

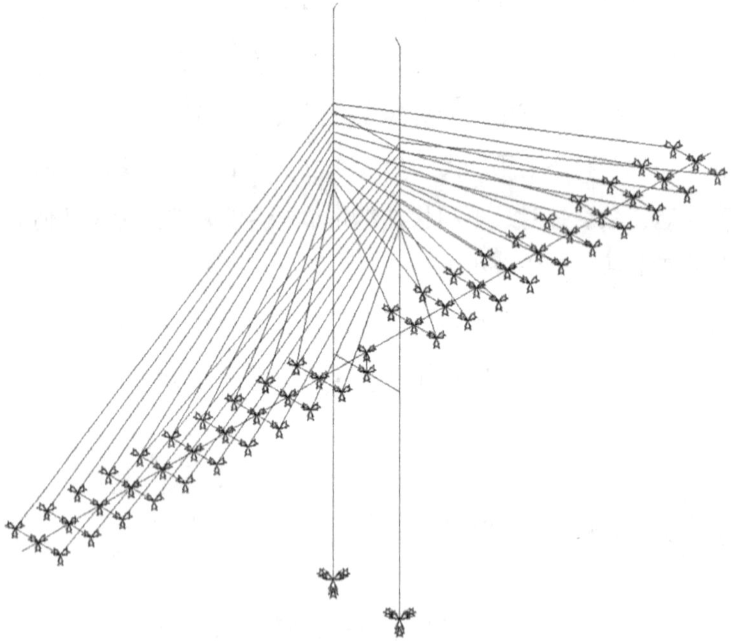

图4-1 最大双悬臂状态线弹性有限元模型图

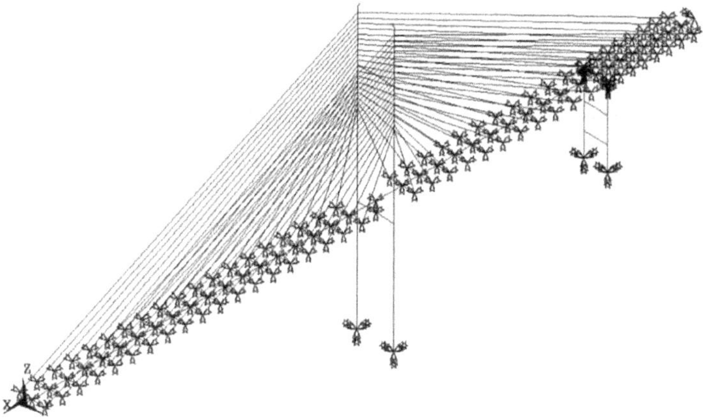

图 4-2 最大单悬臂状态线弹性有限元模型图

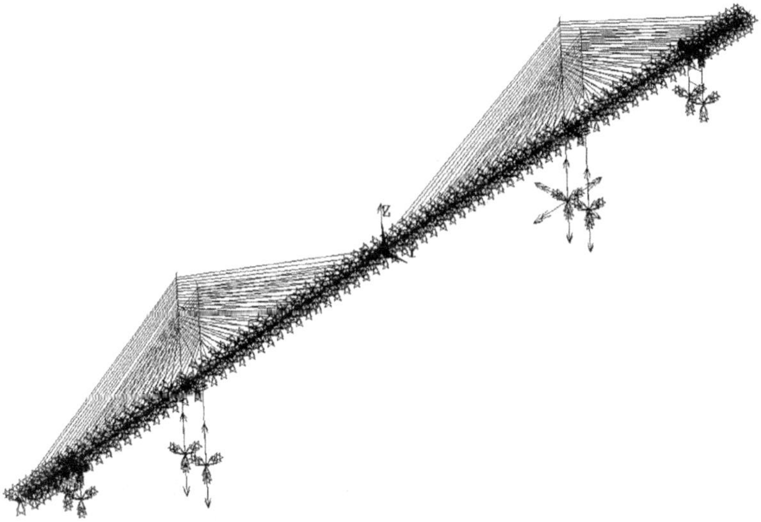

图 4-3 成桥运营状态线弹性有限元模型图

4.2.2 双重非线性有限元模型

通过分析线弹性稳定分析的结果确定童庄河大桥的最不利状态为成桥运营状态；鉴于施工中具有众多不确定因素以及稳定在斜拉桥施工中的重要性，本次分析选取了童庄河大桥的最大双悬臂状态与成桥运营状态进行双重非线性稳定分析。童庄河大桥双重非线性稳定分析仍然采用脊梁模型。主梁、桥塔、辅助墩采用弹塑性梁单元 BEAM188 单元模拟，采用多线性等向强化(MISO)非线性材料模型；拉索采用可以考虑弹塑性行为的 LINK10 单元；支座用 COMBIN14 单元模拟；附加质量用 MASS21 单元模拟；主梁与拉索之间通过 CERIG 命令进行节点主从耦合连接；为准确考虑主梁的扭转和质量分布，在成桥状态时主梁横隔板以及栏杆、人行道、桥面铺装、人群荷载等其他二期恒载通过附加质量的形式添加到主梁节点上。在非线性分析模型中利用恩斯特公式(式 4. 2. 1)进行弹模折减考虑拉索的垂度效应。分析时同时考虑几何非线性和材料非线性。非线性温差造成的墩顶位移以及施工过程中墩体线型控制造成的微小偏差以初始缺陷考虑。最大双悬臂状态与成桥状态非线性有限元模型如图 4-4 和图 4-5 所示。

斜拉索换算弹性模量公式：

$$E=\frac{E_0}{1+\frac{(\gamma S\cos\alpha)^2}{12\sigma^3}E_0} \tag{4.2.1}$$

式中：E——考虑垂度影响的确定工况斜拉索换算弹性模量(kPa)；E_0——斜拉索刚才弹性模量(kPa)；γ——斜拉索单位体积重力(kN/m^3)；S——斜拉索长度(m)；α——斜拉索与水平线的夹角(°)；σ——确定工况斜拉索应力(kPa)。

图 4-4　最大双悬臂状态双重非线性有限元模型图

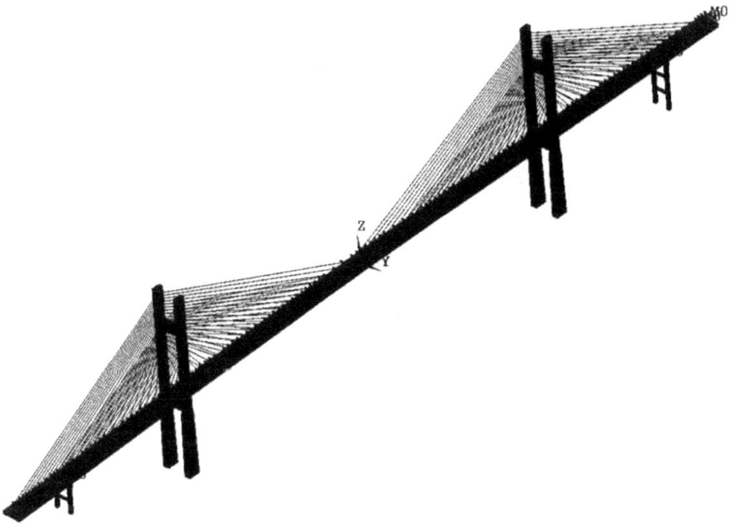

图 4-5　成桥运营状态双重非线性有限元模型图

建立 BEAM188 单元时使用了考虑钢筋和混凝土材料的复合截面。钢筋材料应力应变曲线如图 4-6 所示，C50 混凝土材料本构关系采用考虑箍筋作用的核心混凝土的 MANDER 本构模型，应力应变曲线如图 4-7 所示。

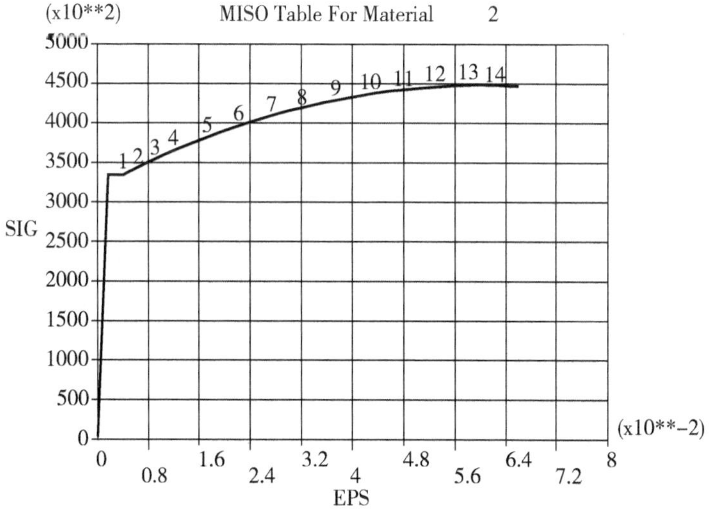

图 4-6　钢筋材料本构关系曲线

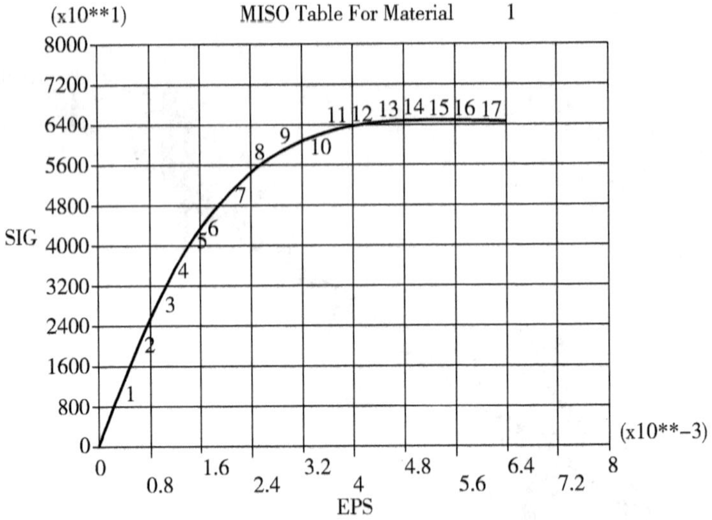

图4-7　混凝土材料本构关系曲线

4.3　稳定分析计算工况

4.3.1　最大双悬臂状态稳定分析工况

1. 最大双悬臂状态稳定分析工况所采用荷载的计算

参考《公路桥涵设计通用规范》(JTG D60—2004)、《公路桥梁抗风设计规范》(JTG/TD60-01—2004)、《公路斜拉桥设计细则》(JTG/T D65-01—2007)对斜拉桥稳定分析的规定以及国内外相关文献对斜拉桥稳定分析的规定。在斜拉桥最大双悬臂状态主要考虑施工荷载以及风荷载，并考虑不平衡风载以及各种施工因素所产生的不平衡施工荷载。

(1)结构自重。结构自重以惯性力的方式施加，本次分析在结构竖向即沿塔高方向施加9.81m/s^{2}的惯性力。

(2)预应力。施工预应力的施加以等效荷载的方式施加到主梁单元上，并考虑预应力的损失。

(3)施工堆载。为了便于施工，施工期梁体上会堆放一些工具材料，计算时8.5kN/m的均布荷载模拟，并在其端头设200kN的集中力。考虑不平衡施工荷载时，取一悬臂满载一悬臂空载。

(4)挂篮。挂篮设计为150t，参考相关文献并考虑挂篮其他辅助设施，本次分析取170t，分别施加于两侧悬臂端。

(5)不同步施工。出于各种原因，施工时可能会出现两端悬臂浇筑不同步施工。本次分析中以在边跨端悬臂施加一个节段自重的竖向荷载模拟。

(6)风荷载。桥位处基本风速按《童庄河大桥主桥结构抗风性能数值模拟研究(新)》中所提供的数值33m/s取值。按照《公路桥涵设计通用规范》(JTG D60—2004)4.3.7条规定计算童庄河大桥纵向和横向风荷载。分析中在主梁一悬臂长度范围内作用0.5倍横向风荷载，另一悬臂范围内作用1倍横向风荷载考虑横向风荷载的不平衡加载。

2. 最大双悬臂状态稳定分析荷载工况

参考《公路桥涵设计通用规范》(JTG/D60—2004)、《公路桥梁抗风设计规范》(JTG/T D60-01—2004)、《公路斜拉桥设计细则》(JTG/T D65-01—2007)对斜拉桥稳定分析的规定以及国内外相关文献对斜拉桥在成桥状态稳定分析的规定。对于童庄河大桥在最大双悬臂状态下，本次分析通过对以上所分析的荷载进行组合并参考相关文献，最终采用如表4-1所列8种荷载工况。

表4-1 **童庄河大桥在最大双悬臂状态下稳定分析时采用的荷载工况**

工况	荷载组合
工况一	结构自重+预应力+施工堆载(包括除挂篮外的施工机具等)+挂篮
工况二	结构自重+预应力+施工堆载(包括除挂篮外的施工机具等)+挂篮+最后悬臂梁段不同步施工
工况三	结构自重+预应力+施工堆载(包括除挂篮外的施工机具等)+挂篮+最后悬臂梁段不同步施工+纵向风荷载
工况四	结构自重+预应力+施工堆载(包括除挂篮外的施工机具等)+挂篮+最后悬臂梁段不同步施工+横向风荷载
工况五	结构自重+预应力+施工堆载(包括除挂篮外的施工机具等)+挂篮+最后悬臂梁段不同步施工+不对称的横向风荷载

续表

工况	荷载组合
工况六	结构自重+预应力+施工堆载(包括除挂篮外的施工机具等)+一端挂篮跌落+最后悬臂梁段不同步施工+纵向风荷载
工况七	结构自重+预应力+不平衡施工堆载(包括除挂篮外的施工机具等)+挂篮+最后悬臂梁段不同步施工+横向风载
工况八	结构自重+预应力+不平衡施工堆载(包括除挂篮外的施工机具等)+挂篮+最后悬臂梁段不同步施工+不对称的横向风载

4.3.2 最大单悬臂状态稳定分析工况

参考《公路桥涵设计通用规范》(JTG D60—2004)、《公路桥梁抗风设计规范》(JTG/T D60-01—2004)、《公路斜拉桥设计细则》(JTG/T D65-01—2007)对斜拉桥稳定分析的规定以及国内外相关文献对斜拉桥在成桥状态稳定分析的规定。对于童庄河大桥在最大单悬臂状态下，本次分析通过对以上所分析的荷载进行组合并参考相关文献，最终采用如表4-2所列的8种荷载工况。

表4-2 **童庄河大桥在最大单悬臂状态下稳定分析时采用的荷载工况**

工况	荷载组合
工况一	结构自重+预应力+施工堆载(包括除挂篮外的施工机具等)+挂篮
工况二	结构自重+预应力+施工堆载(包括除挂篮外的施工机具等)+挂篮+最后一段悬臂自重
工况三	结构自重+预应力+不平衡施工堆载(包括除挂篮外的施工机具等)+挂篮+最后一段悬臂自重
工况四	结构自重+预应力+施工堆载(包括除挂篮外的施工机具等)+挂篮+最后一段悬臂自重+纵向风荷载
工况五	结构自重+预应力+不平衡施工堆载(包括除挂篮外的施工机具等)+挂篮+最后一段悬臂自重+纵向风荷载
工况六	结构自重+预应力+施工堆载(包括除挂篮外的施工机具等)+挂篮+最后一段悬臂自重+横向风荷载

续表

工况	荷载组合
工况七	结构自重+预应力+不平衡施工堆载(包括除挂篮外的施工机具等)+挂篮+最后一段悬臂自重+横向风荷载
工况八	结构自重+预应力+不平衡施工堆载(包括除挂篮外的施工机具等)+挂篮+最后一段悬臂自重+不对称横向风载

4.3.3 成桥运营状态稳定分析工况

参考《公路桥涵设计通用规范》(JTG D60—2004)、《公路桥梁抗风设计规范》(JTG/T D60-01—2004)、《公路斜拉桥设计细则》(JTG/T D65-01—2007)对斜拉桥稳定分析的规定以及国内外相关文献对斜拉桥在成桥状态稳定分析的规定。在斜拉桥成桥运营状态主要考虑恒载、车道荷载、人群荷载以及风载。将以上荷载进行组合最终形成如表 4-3 所列的 8 种工况。

表 4-3　**童庄河大桥在成桥状态下稳定分析时采用的荷载工况**

工况	荷载组合
工况一	一期恒载+二期恒载
工况二	一期恒载+二期恒载+全桥满布人群荷载+全桥满布公路 I 级荷载
工况三	一期恒载+二期恒载+全桥满布人群荷载+全桥满布公路 I 级荷载+纵向风荷载
工况四	一期恒载+二期恒载+全桥满布人群荷载+全桥满布公路 I 级荷载+横向风荷载
工况五	一期恒载+二期恒载+中跨满布人群荷载+中跨满布公路 I 级荷载+纵向风荷载
工况六	一期恒载+二期恒载+中跨满布人群荷载+中跨满布公路 I 级荷载+横向风荷载
工况七	一期恒载+二期恒载+边跨满布人群荷载+边跨满布公路 I 级荷载+纵向风荷载
工况八	一期恒载+二期恒载+边跨满布人群荷载+边跨满布公路 I 级荷载+横向风荷载

4.4 线弹性稳定分析计算结果

4.4.1 最大双悬臂状态

童庄河大桥最大双悬臂状态线弹性稳定分析采用工况如表 4-4 所示，共 8 种分析工况，各个工况下线弹性稳定分析的特征值均列于表 4-4，一阶失稳模态均为桥塔纵桥向面内失稳，如表 4-4 所示。

表 4-4　**童庄河大桥成桥状态下线弹性稳定分析各工况失稳特征值**

工况	特征值	失稳模态
工况一	12. 197	面内失稳
工况二	12. 196	面内失稳
工况三	12. 195	面内失稳
工况四	12. 189	面内失稳
工况五	12. 189	面内失稳
工况六	12. 195	面内失稳
工况七	12. 211	面内失稳
工况八	12. 211	面内失稳

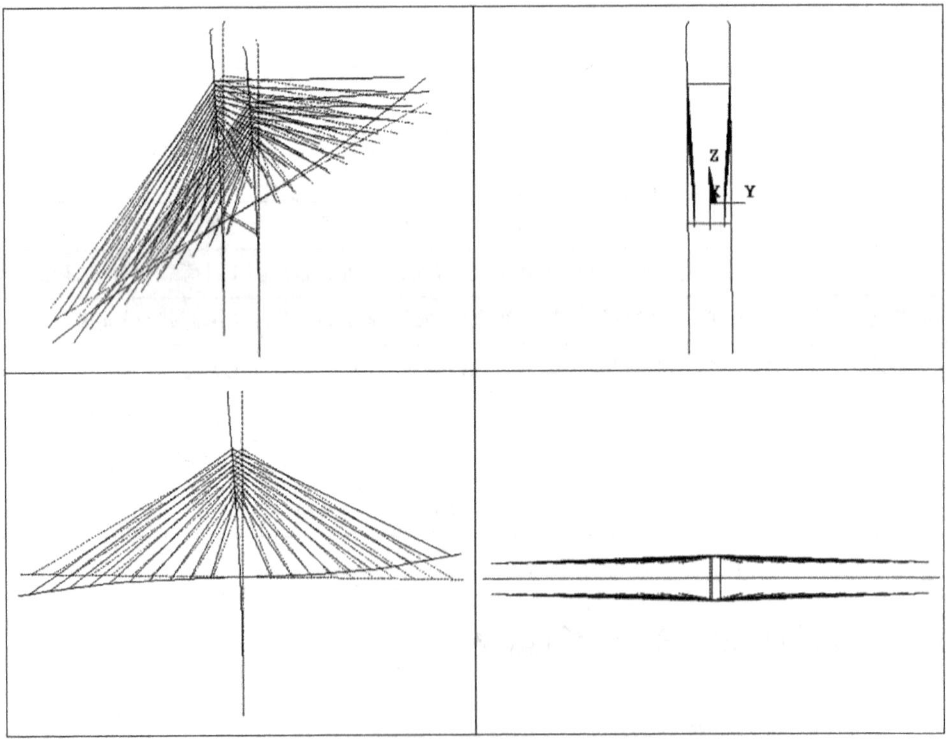

图 4-8　童庄河大桥线最大双悬臂状态弹性一阶失稳模态

根据以上童庄河大桥在最大双悬臂状态下第一类稳定分析计算结果以及第一类失稳模态，我们可以得出以下结论。

(1)童庄河大桥在最大双悬臂状态时，线弹性稳定分析特征值最小为12.189。此特征值大于《公路斜拉桥设计细则 JTG/T D65-01—2007》中6.2.9条“斜拉桥结构体系第一类稳定，即弹性屈曲的结构稳定安全系数应不小于4”的规定。因此童庄河大桥在最大双悬臂状态下满足斜拉桥第一类稳定性的要求。

(2)童庄河大桥在最大双悬臂状态时，最不利工况发生在工况四、五，其特征值为12.189，且各个工况下第一类稳定即线弹性稳定的特征值变化不大，最大差值为工况八与工况四之差0.022，占最不利工况四、五最小值的百分比为0.18%。可见在施工状态时恒载以及施工荷载是影响施工状态稳定性的主要因素。

(3)由图4-8童庄河大桥在最大双悬臂状态线弹性一阶失稳模态图中可以看出，一阶失稳模态为主塔纵桥向面内失稳。说明童庄河大桥在双悬臂施工阶段的稳定性主要是由承受较大竖向荷载的主塔决定。

4.4.2 最大单悬臂状态

童庄河大桥在最大单悬臂状态线弹性稳定分析采用工况如表4-5所示，共8种分析工况，各个工况下线弹性稳定分析的特征值均列于表4-5，一阶失稳模态均为主梁竖向面内失稳，如图4-9所示。

表4-5　**童庄河大桥成桥状态下线弹性稳定分析各工况失稳特征值**

工况	特征值	失稳模态
工况一	9.2997	面内失稳
工况二	9.2997	面内失稳
工况三	9.2939	面内失稳
工况四	9.2987	面内失稳
工况五	9.2929	面内失稳
工况六	9.2997	面内失稳
工况七	9.2969	面内失稳
工况八	9.2938	面内失稳

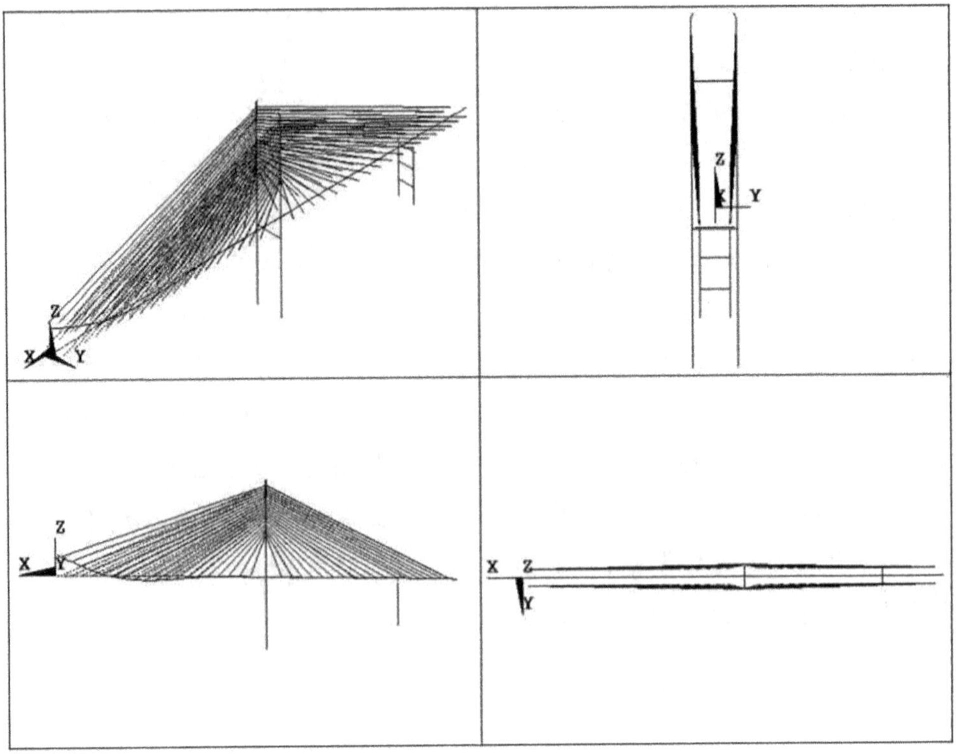

图 4-9　童庄河大桥最大单悬臂状态线弹性一阶失稳模态

根据以上童庄河大桥在最大单悬臂状态下第一类稳定分析计算结果以及第一类失稳模态，可以得出以下结论。

(1) 对比童庄河大桥在最大双悬臂状态与最大单悬臂状态线弹性稳定分析特征值，发现最大单悬臂状态的第一类稳定特征值随着中跨悬臂端长度的增加稳定系数比最大双悬臂状态减少约 2.9。

(2) 童庄河大桥在最大单悬臂状态的最小特征值为 9.2929。此特征值同样大于 4，可见童庄河大桥在最大单悬臂状态满足结构整体稳定性要求。

(3) 对比童庄河大桥在最大单悬臂状态时第一类稳定的特征值，可以发现特征值变化很小，最大差值 0.0068。可见在最大单悬臂状态时恒载与施工荷载仍然是影响施工状态稳定性的主要因素。

(4) 由图 4-10 童庄河大桥线弹性一阶失稳模态图中可以看出，一阶失稳模态为主梁竖向失稳。可见随着主梁悬臂端的伸长，童庄河大桥的失稳模态逐渐由桥塔的面内失稳转变为主梁的竖向面内失稳。

4.4.3 成桥状态

成桥状态线弹性稳定分析采用工况如表4-6所示，共8种分析工况，各个工况下线弹性稳定分析的特征值均列于表4-6，一阶失稳模态如图4-10所示。

表4-6　**童庄河大桥成桥状态下线弹性稳定分析各工况失稳特征值**

工况	特征值	失稳模态
工况一	10.1502	面内失稳
工况二	9.7899	面内失稳
工况三	9.7690	面内失稳
工况四	9.7305	面内失稳
工况五	9.8213	面内失稳
工况六	9.7261	面内失稳
工况七	10.149	面内失稳
工况八	10.141	面内失稳

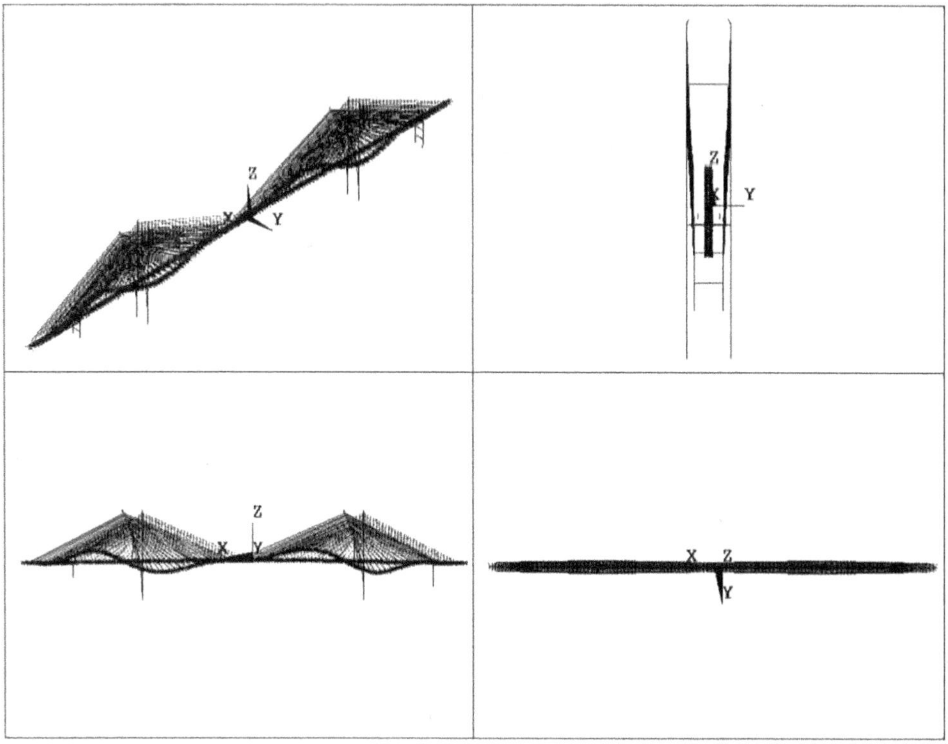

图4-10　童庄河大桥成桥状态线弹性一阶失稳模态

根据以上童庄河大桥在成桥状态下第一类稳定分析计算结果以及第一类失稳模态，可以得出以下结论。

(1)从表4-10中可以看出，童庄河大桥在成桥状态下，线弹性稳定性分析的失稳特征值在所列工况下最小的特征值为9.7261。此特征值大于《公路斜拉桥设计细则JTG/T D65-01—2007》中6.2.9条“斜拉桥结构体系第一类稳定，即弹性屈曲的结构稳定安全系数应不小于4”的规定。因此童庄河大桥在成桥状态下满足斜拉桥第一类稳定性的要求。

(2)从图4-10可以看出，童庄河大桥在成桥状态下，线弹性稳定分析的失稳模态以塔的顺桥向弯曲和主梁平面内的反对称弯曲失稳为主。分析其原因如下：在成桥运营状态时，由于斜拉索的水平分力是主梁产生了很大的轴向压力，桥塔作为斜拉桥体系中主要的竖向受力构件，同样受到很大的轴向压力，因此屈曲模态除了表现为主梁的平面内弯曲失稳，还表现为桥塔的顺桥向面内失稳。

(3)对比分析表4-10中工况二、工况三、工况四的特征值可以发现工况三比工况二的特征值减小了约0.21%；而工况四比工况二减小了约0.61%。可见横向风荷载对童庄河大桥的稳定性影响比纵向风荷载要大。

(4)从表4-10可以发现童庄河大桥最小的屈曲失稳特征值发生在工况六，即恒载+中跨满布人群荷载+中跨满布公路I级荷载+横向风荷载组合作用时。

(5)工况五、六为中跨布置活载，工况七、八为边跨布置活载，工况五、六较工况七、八稳定系数大，主要是由于边跨设置辅助墩使边跨刚度较大的原因。

4.5 双重非线性稳定性分析

由前4.2节所述，针对童庄河大桥在最大双悬臂以及成桥运营状态的双重非线性稳定性进行分析。

4.5.1 最大双悬臂状态

最大双悬臂状态双重非线性稳定分析采用工况如表4-7所示，共8种分析工况，各个工况下双重非线性稳定分析的特征值均列于表4-7。

表 4-7 **最大双悬臂状态双重非线性各工况稳定系数**

工况	稳定系数
工况一	3.7630
工况二	3.7730
工况三	3.7701
工况四	3.7562
工况五	3.7565
工况六	3.7702
工况七	3.7912
工况八	3.7913

最大双悬臂状态双重非线性稳定分析第二类失稳模态见图 4-11 至图 4-12。其中，工况一、二、三、六的失稳模态均为主塔及主梁的面内失稳，如图 4-11 所示。工况四、五、七、八的失稳模态均为主塔面外、主梁面内失稳的混合失稳形态，如图 4-12 所示。

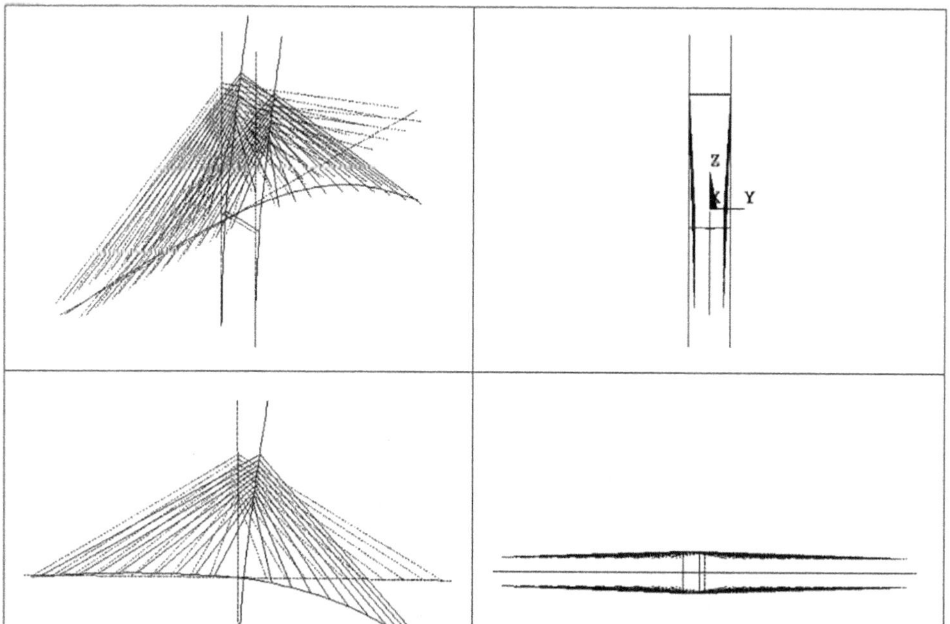

图 4-11 无横向风载时最大双悬臂状态双重非线性失稳模态

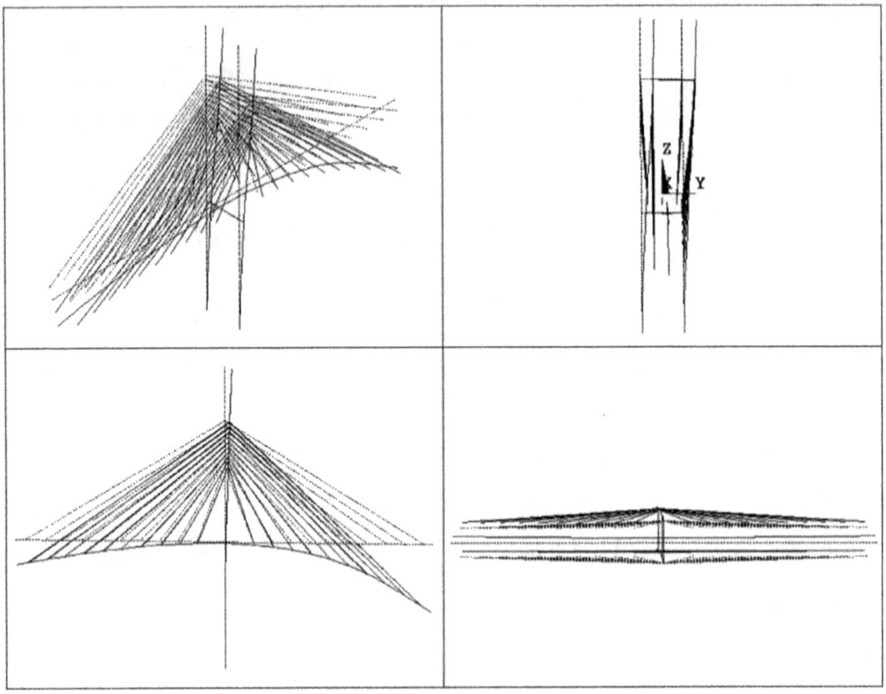

图 4-12　有横向风载时最大双悬臂状态双重非线性失稳模态

最大双悬臂状态双重非线性稳定分析各工况的相关荷载位移曲线见图 4-13 至图 4-44。由失稳模态图可以发现，结构失稳时呈现空间变形形态。因此，每一

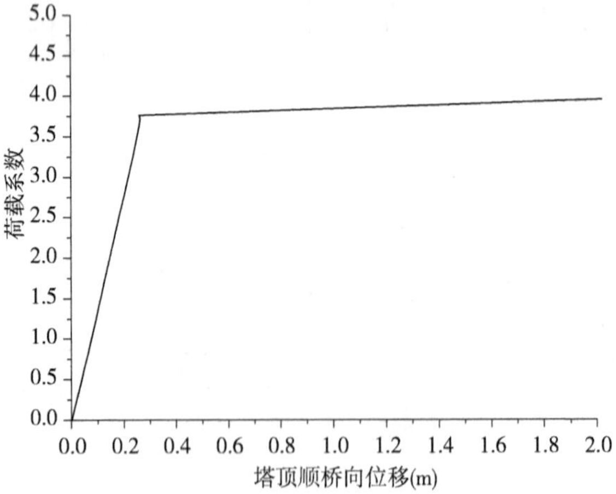

图 4-13　非线性最大双悬臂状态
工况 1 塔顶顺桥向荷载位移曲线

种工况下选取了塔顶节点以及悬臂端节点的顺桥向和竖向位移随着荷载的变化曲线。从这些曲线中可以看出，当荷载系数达到表4-7中对应工况下的稳定系数时，位移急剧增大，说明在此荷载下结构已经失稳。

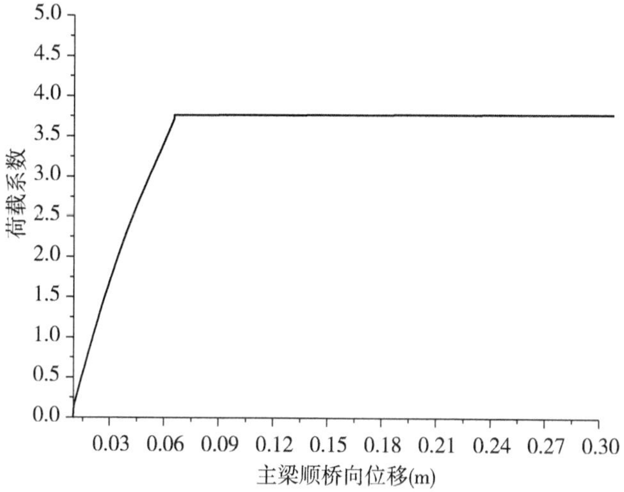

图4-14 非线性最大双悬臂状态

工况1悬臂端顺桥向荷载位移曲线

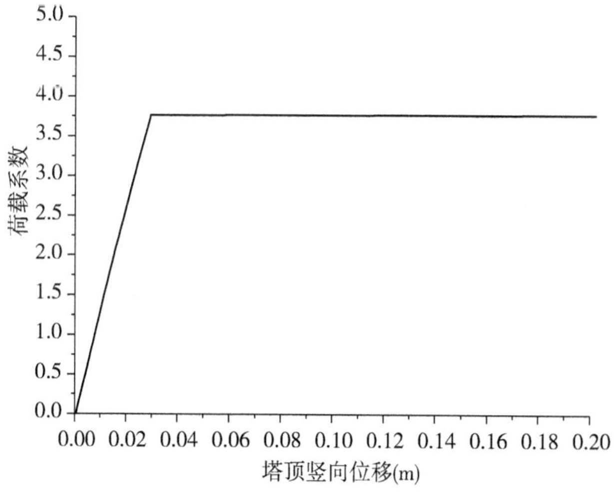

图4-15 非线性最大双悬臂状态

工况1塔顶竖向荷载位移曲线

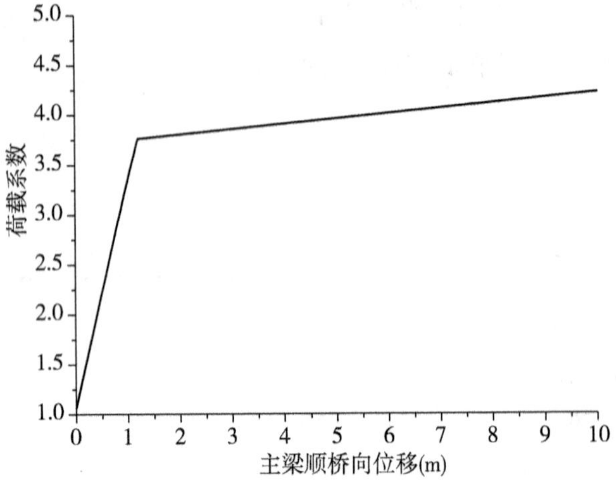

图 4-16 非线性最大双悬臂状态

工况 1 悬臂端竖向荷载位移曲线

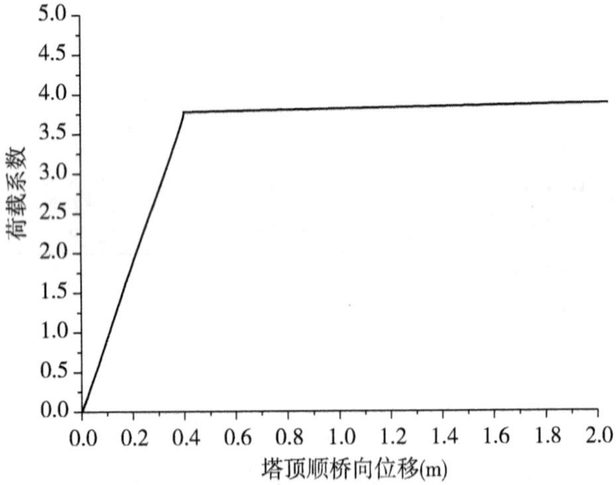

图 4-17 非线性最大双悬臂状态

工况 2 塔顶顺桥向荷载位移曲线

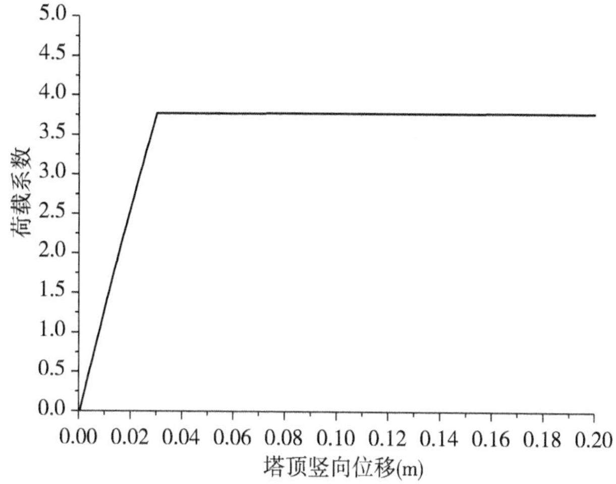

图 4-18　非线性最大双悬臂状态

工况 2 塔顶竖向荷载位移曲线

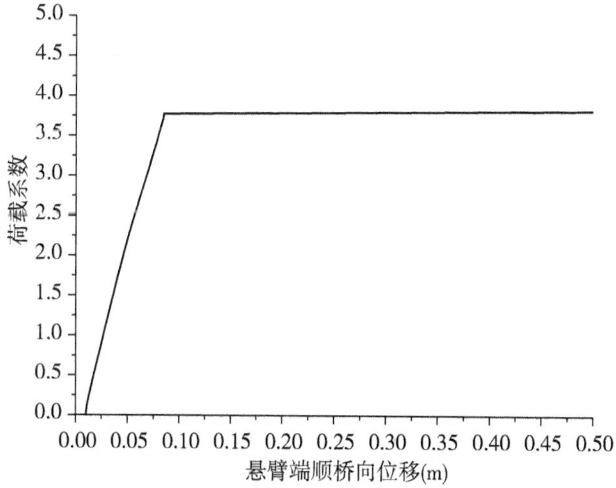

图 4-19　非线性最大双悬臂状态

工况 2 悬臂端顺桥向荷载位移曲线

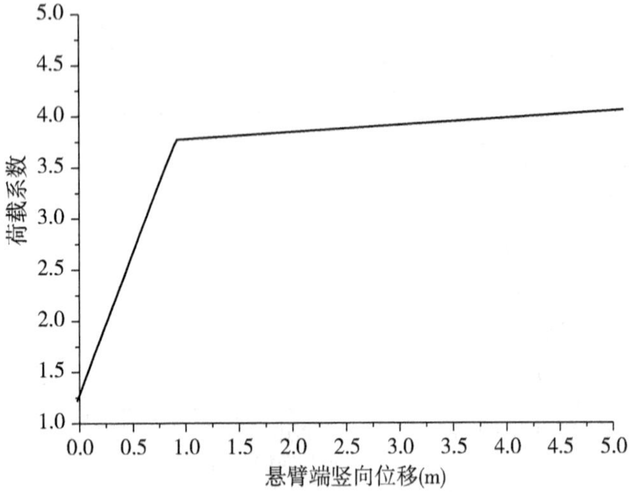

图 4-20　非线性最大双悬臂状态

工况 2 悬臂端竖向荷载位移曲线

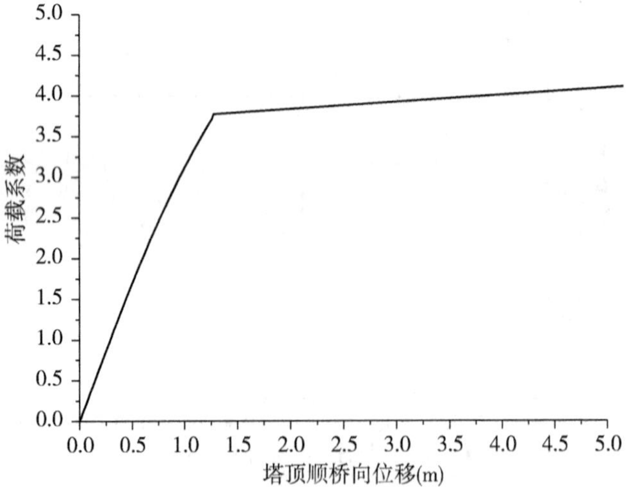

图 4-21　非线性最大双悬臂状态

工况 3 塔顶顺桥向荷载位移曲线

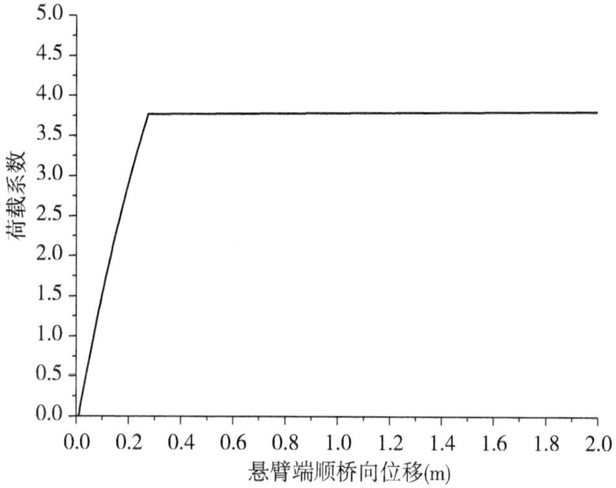

图 4-22　非线性最大双悬臂状态

工况 3 悬臂端顺桥向荷载位移曲线

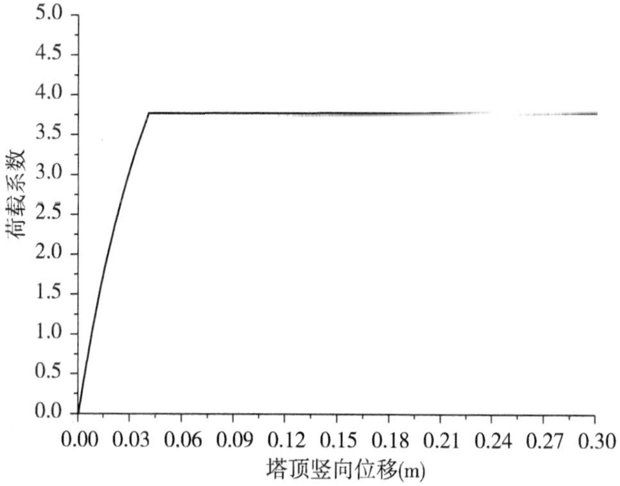

图 4-23　非线性最大双悬臂状态

工况 3 塔顶竖向荷载位移曲线

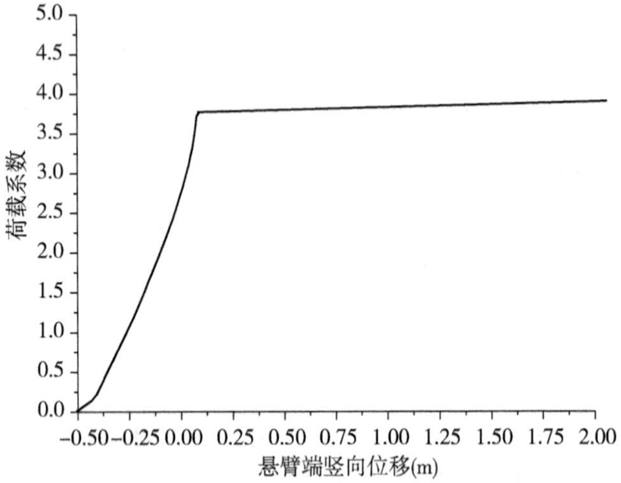

图 4-24　非线性最大双悬臂状态

工况 3 悬臂端竖向荷载位移曲线

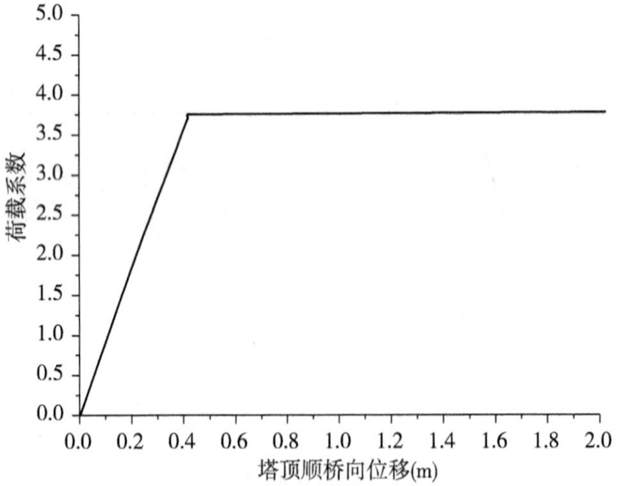

图 4-25　非线性最大双悬臂状态

工况 4 塔顶顺桥向荷载位移曲线

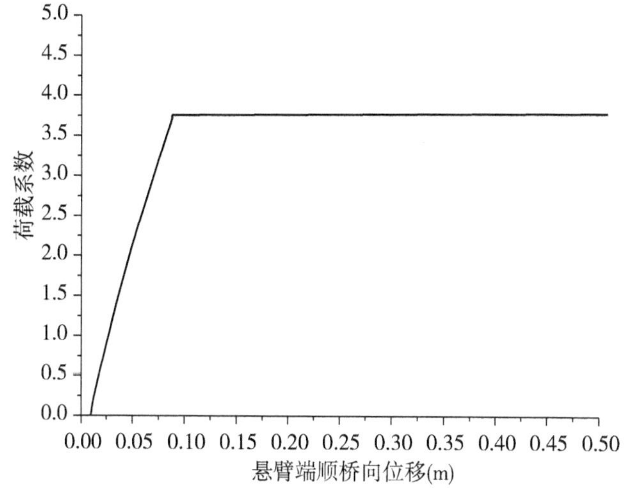

图 4-26　非线性最大双悬臂状态

工况 4 悬臂端顺桥向荷载位移曲线

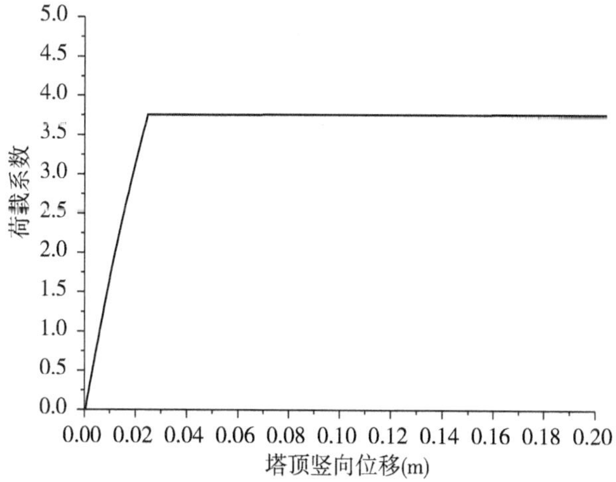

图 4-27　非线性最大双悬臂状态

工况 4 塔顶竖向荷载位移曲线

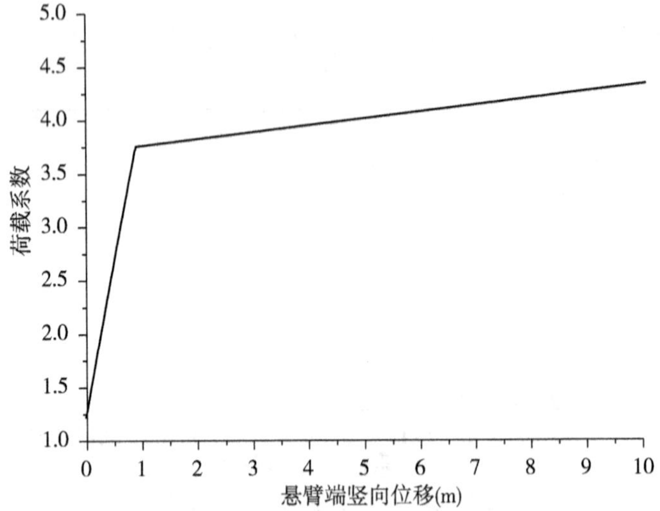

图 4-28　非线性最大双悬臂状态
工况 4 悬臂端竖向荷载位移曲线

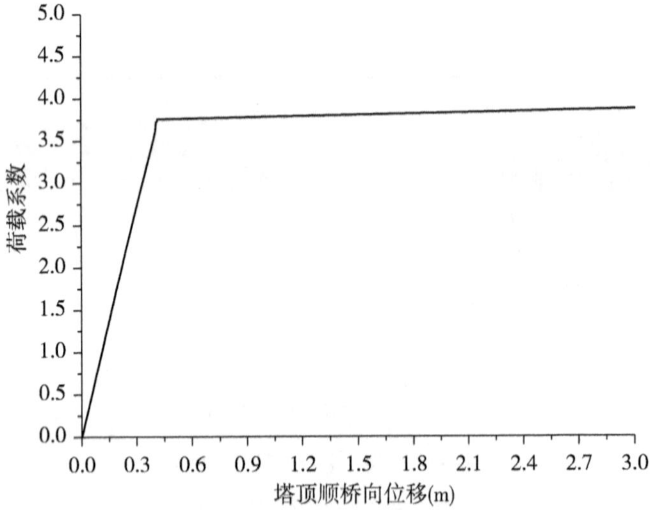

图 4-29　非线性最大双悬臂状态
工况 5 塔顶顺桥向荷载位移曲线

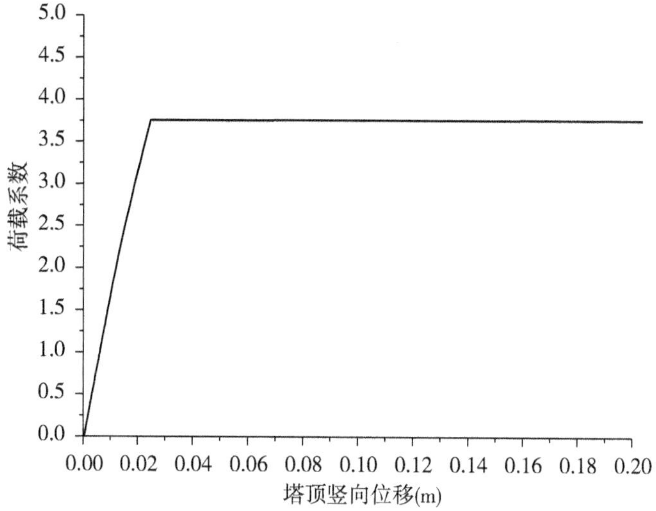

图 4-30 非线性最大双悬臂状态

工况 5 塔顶竖向荷载位移曲线

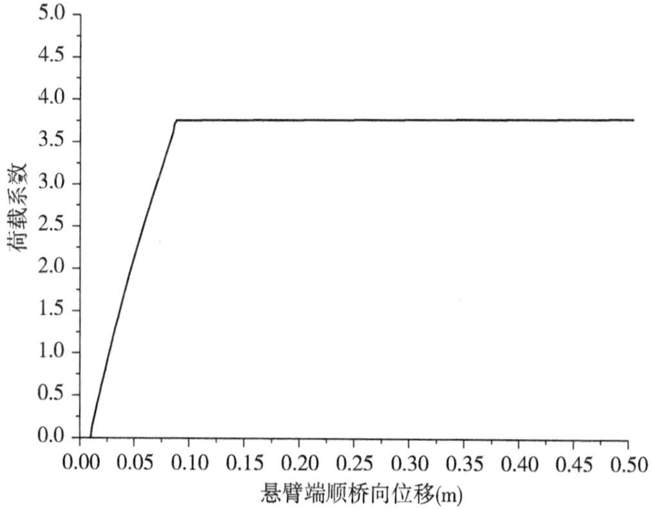

图 4-31 非线性最大双悬臂状态

工况 5 悬臂端顺桥向荷载位移曲线

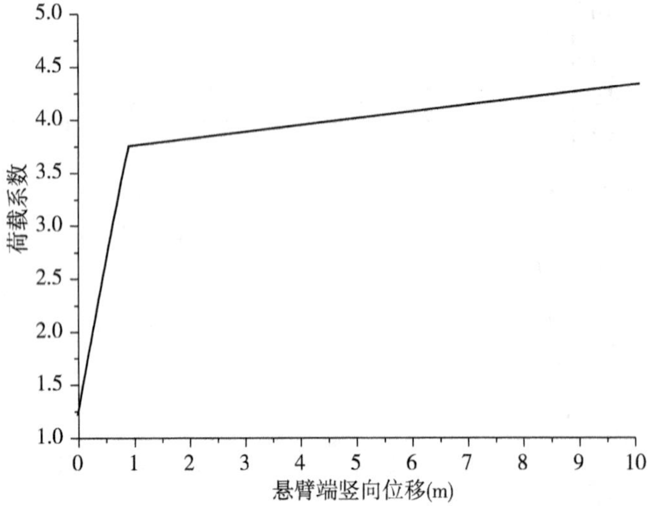

图 4-32 非线性最大双悬臂状态

工况 5 悬臂端竖向荷载位移曲线

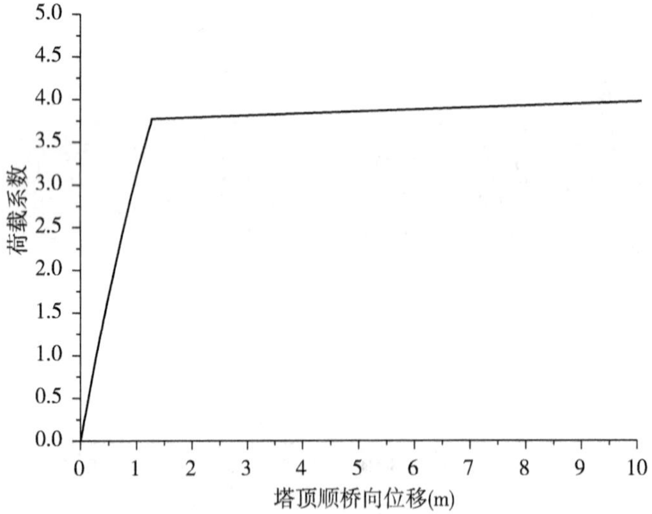

图 4-33 非线性最大双悬臂状态

工况 6 塔顶顺桥向荷载位移曲线

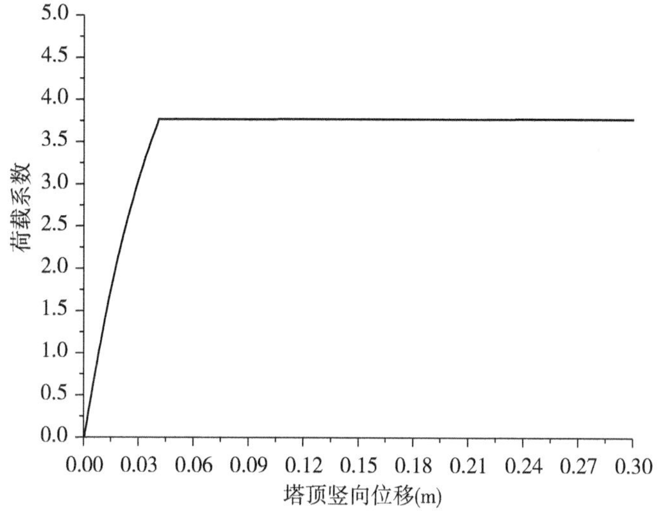

图 4-34 非线性最大双悬臂状态

工况 6 悬臂端顺桥向荷载位移曲线

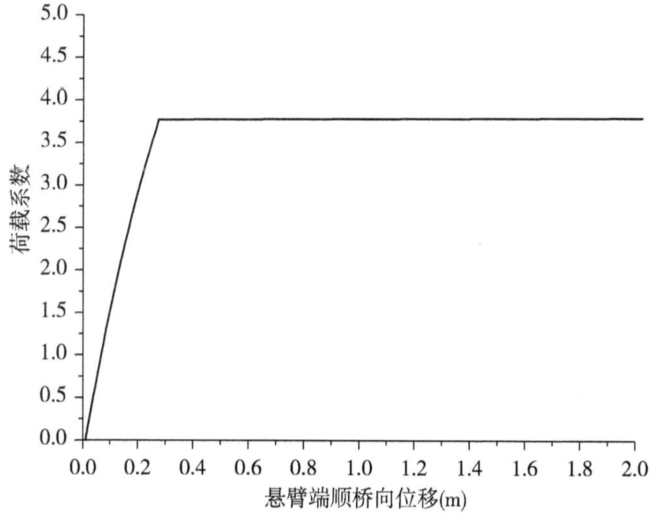

图 4-35 非线性最大双悬臂状态

工况 6 塔顶竖向荷载位移曲线

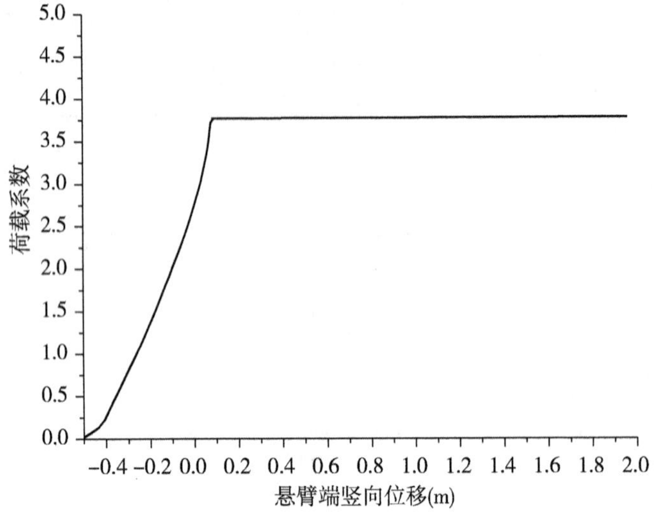

图 4-36　非线性最大双悬臂状态

工况 6 悬臂端竖向荷载位移曲线

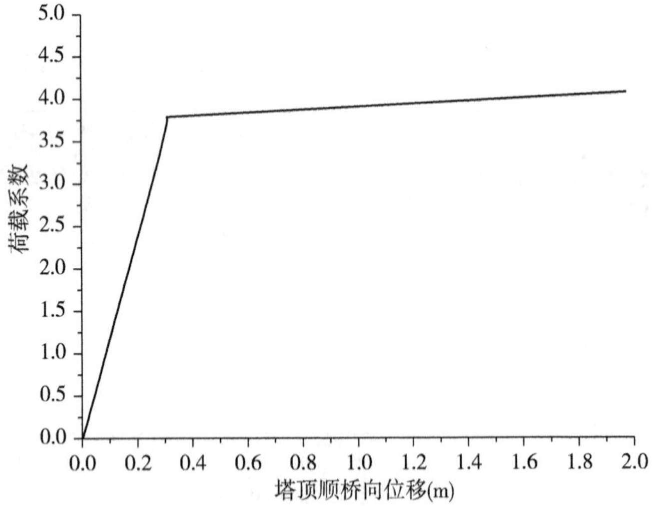

图 4-37　非线性最大双悬臂状态

工况 7 塔顶顺桥向荷载位移曲线

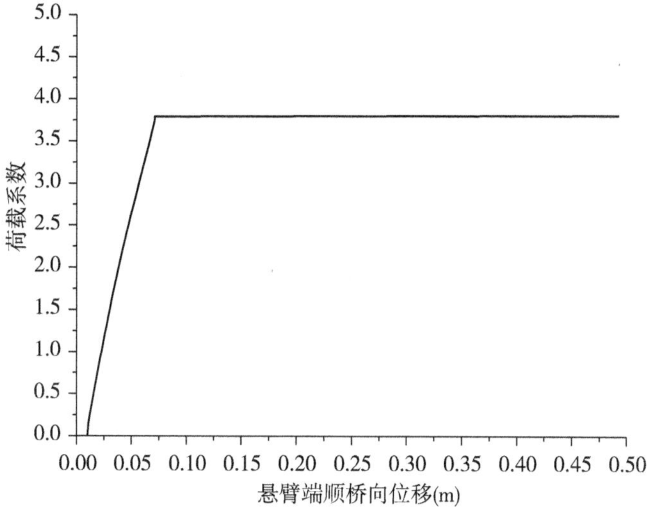

图 4-38 非线性最大双悬臂状态

工况 7 悬臂端顺桥向荷载位移曲线

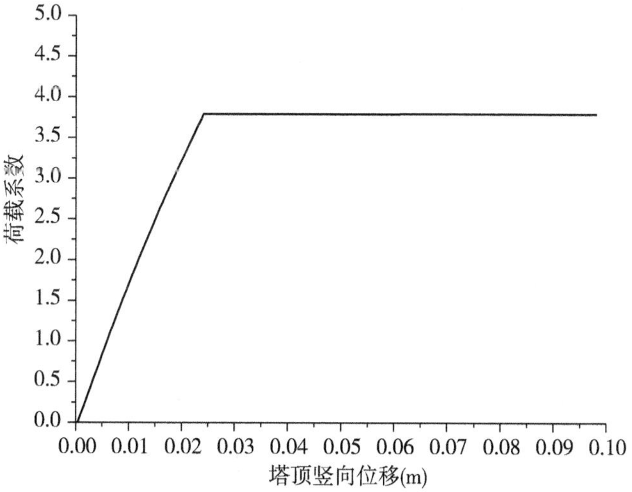

图 4-39 非线性最大双悬臂状态

工况 7 塔顶竖向荷载位移曲线

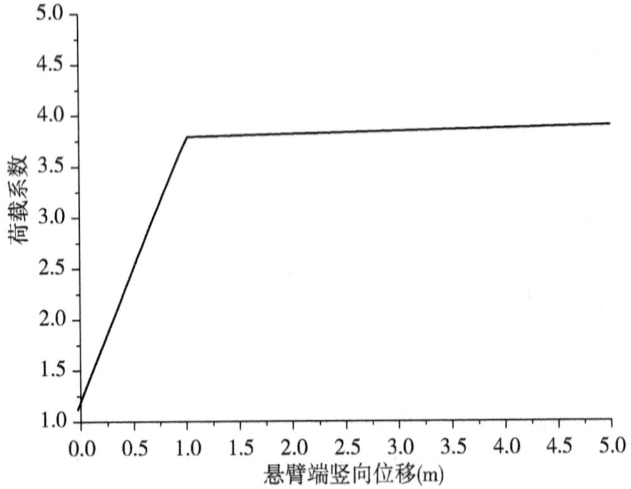

图 4-40　非线性最大双悬臂状态

工况 7 悬臂端竖向荷载位移曲线

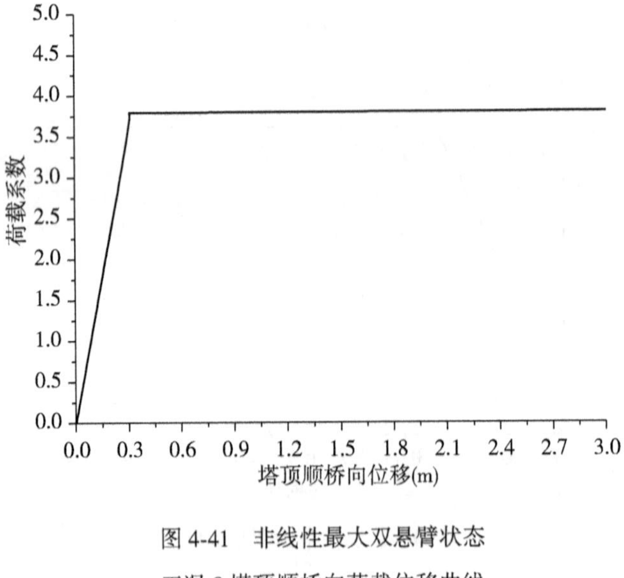

图 4-41　非线性最大双悬臂状态

工况 8 塔顶顺桥向荷载位移曲线

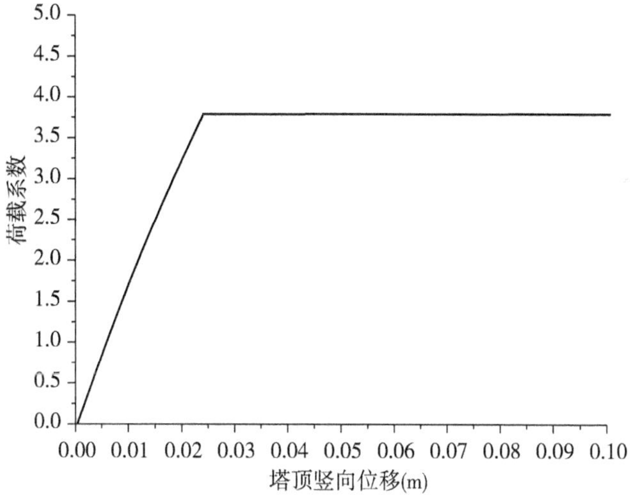

图 4-42 非线性最大双悬臂状态

工况 8 塔顶竖向荷载位移曲线

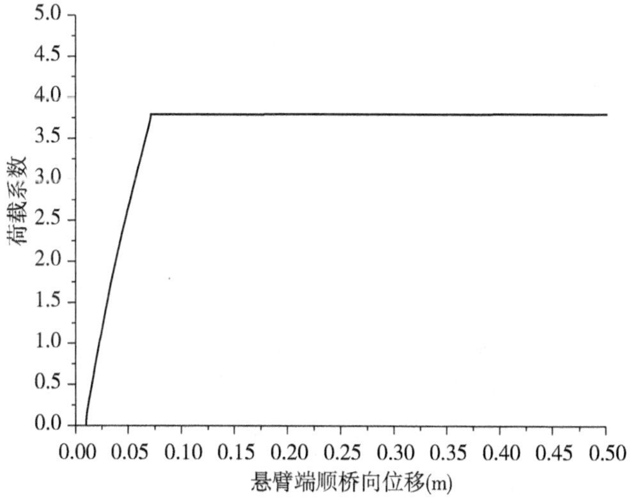

图 4-43 非线性最大双悬臂状态

工况 8 悬臂端顺桥向荷载位移曲线

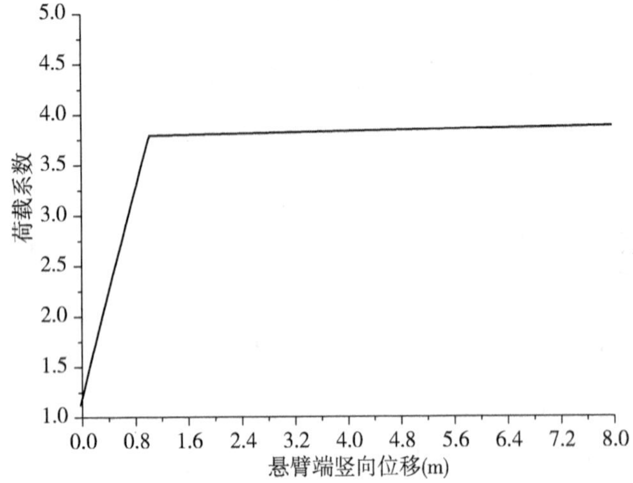

图 4-44　非线性最大双悬臂状态

工况 8 悬臂端竖向荷载位移曲线

根据童庄河大桥在最大双悬臂状态考虑双重非线性的稳定安全系数的计算结果，并对比同种工况下线弹性稳定安全系数可得出以下结论。

(1)对比童庄河大桥在最大双悬臂状态双重非线性稳定安全系数与此状态的线弹性稳定特征值可以发现，双重非线性的稳定系数约是线弹性失稳特征值的1/3。

(2)童庄河大桥在最大双悬臂的时候，考虑双重非线性的稳定安全系数最小为 3. 7562。大于《公路斜拉桥设计细则 JTG/T D65-01—2007》中 6. 2. 9 条“斜拉桥结构体系第二类稳定，即计入材料非线性影响的弹塑性强度稳定的安全系数，混凝土主梁应不小于 2. 5，钢主梁应不小于 1. 75”的规定。因此童庄河大桥在最大双悬臂状态下满足斜拉桥第二类稳定性的要求。

(3)童庄河大桥在最大双悬臂状态时，第二类稳定系数变化不大，最大差值为工况八与工况四之差 0. 0351，占最小值的百分比为 0. 93%。可见在施工状态时恒载以及施工荷载是影响施工状态稳定性的主要因素。

(4)由图 4-1 至图 4-2 童庄河大桥在最大双悬臂状态双重非线性失稳模态图中可以看出，与线弹性失稳模态均为主梁纵向失稳不同：在没有横向风载时，失稳模态为主塔纵向的面内失稳；在有横向风载作用时，失稳模态为主塔侧向的面外失稳以及主梁竖向的面内失稳的混合失稳形态，并且在横风作用时稳定系数比纵风作用时偏小。说明横风对童庄河大桥在施工阶段的稳定性影响大于纵风。

(5)童庄河大桥在最大双悬臂状态时，第二类稳定的最不利工况为工况四，其特征值为3.7562，可见在各种竖向荷载与横向风载的组合作用时对斜拉桥在施工阶段有一定影响。

4.5.2　成桥运营状态

成桥运营状态双重非线性稳定分析采用工况如表4-8所示，共8种分析工况，各个工况下双重非线性稳定分析的稳定安全系数列于表4-8。

表4-8　**成桥状态双重非线性各工况稳定系数**

工况	稳定系数
工况一	3.4105
工况二	3.1845
工况三	3.1098
工况四	3.0178
工况五	3.1421
工况六	3.0020
工况七	3.1904
工况八	3.1756

成桥运营状态双重非线性稳定分析第二类失稳模态见图4-45和图4-46。其中，工况一、二、三、五、七的失稳模态均为主塔及主梁的面内失稳，如图4-45所示。工况四、六、八的失稳模态均为主塔的面外失稳及主梁的面内失稳，如图4-46所示。

成桥运营状态双重非线性稳定分析各工况的相关荷载位移曲线见图4-47至图4-78。由失稳模态图可以发现，结构失稳时呈现空间变形形态。因此，每一种工况下选取了塔顶节点以及跨中节点的横桥向和竖向位移随着荷载的变化曲线。从这些曲线中可以看出，当荷载系数达到表4-8中对应工况下的稳定系数时，位移急剧增大，说明在此荷载下结构已经失稳。

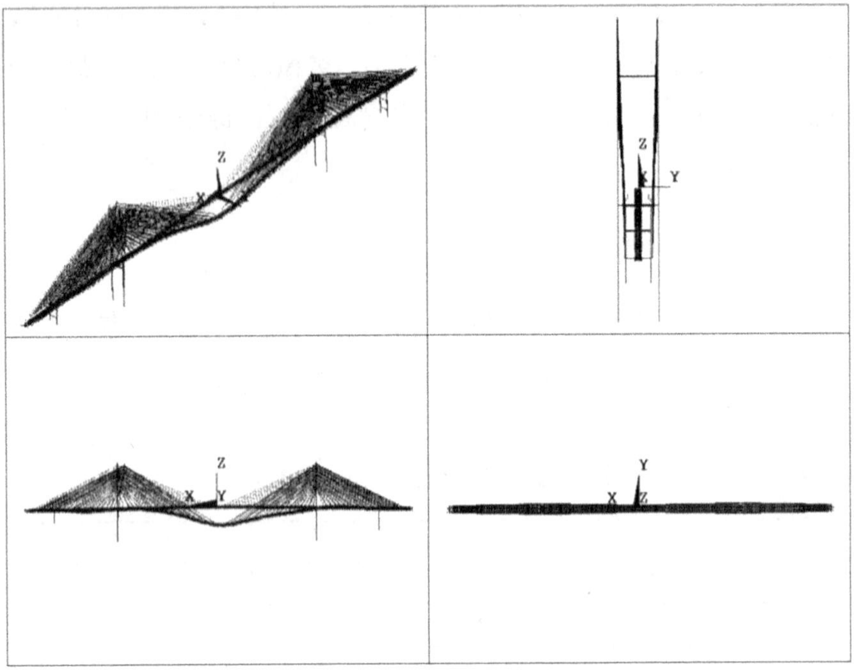

图 4-45　无横向风载时成桥运营状态双重非线性失稳模态

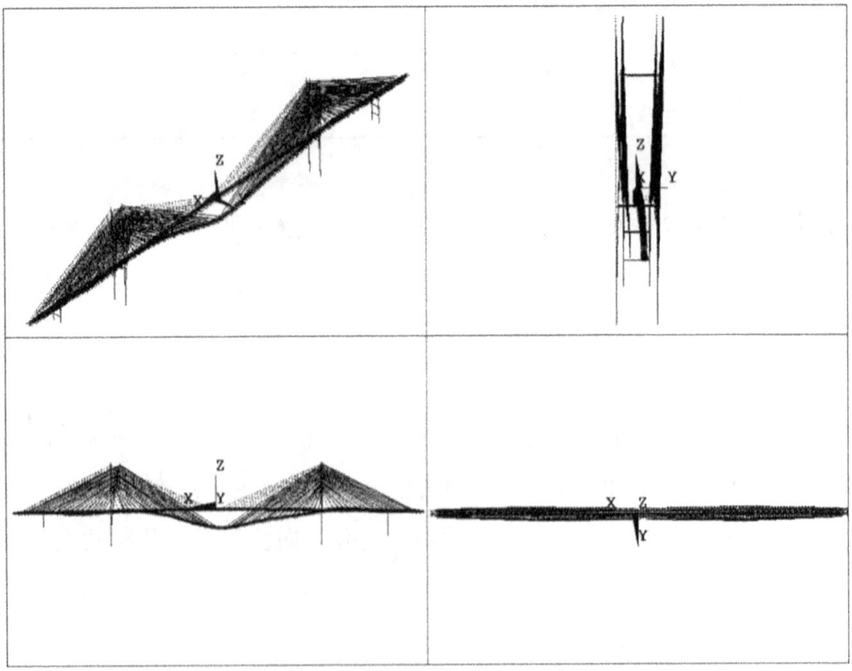

图 4-46　有横向风载时成桥运营状态双重非线性失稳模态

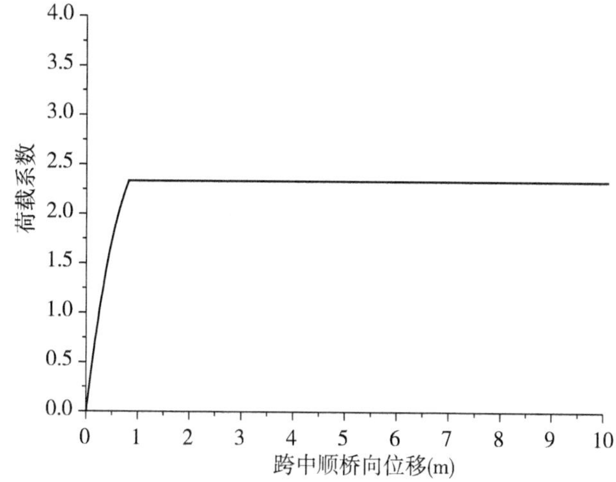

图 4-47 非线性成桥状态

工况 1 跨中顺桥向荷载位移曲线

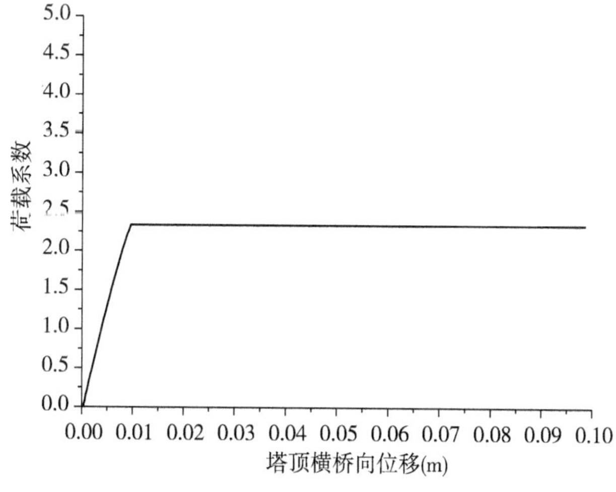

图 4-48 非线性成桥状态

工况 1 塔顶横桥向荷载位移曲线

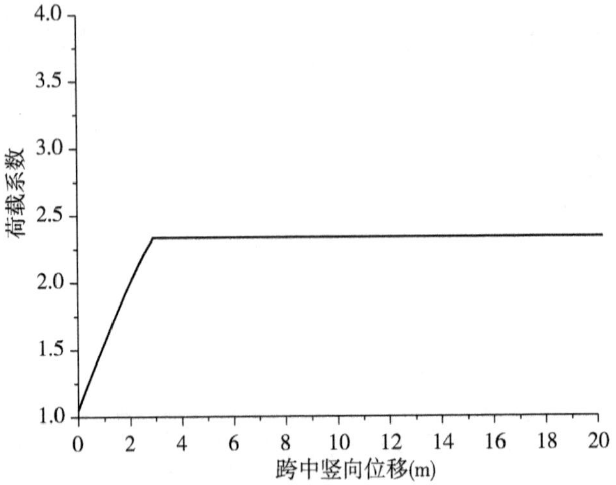

图 4-49　非线性成桥状态

工况 1 跨中竖向荷载位移曲线

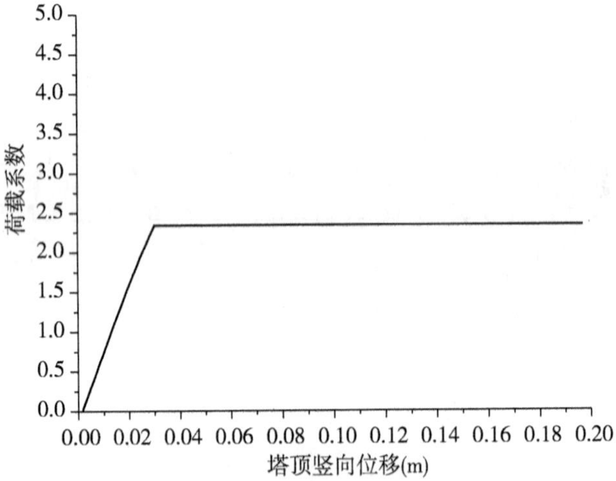

图 4-50　非线性成桥状态

工况 1 塔顶竖向荷载位移曲线

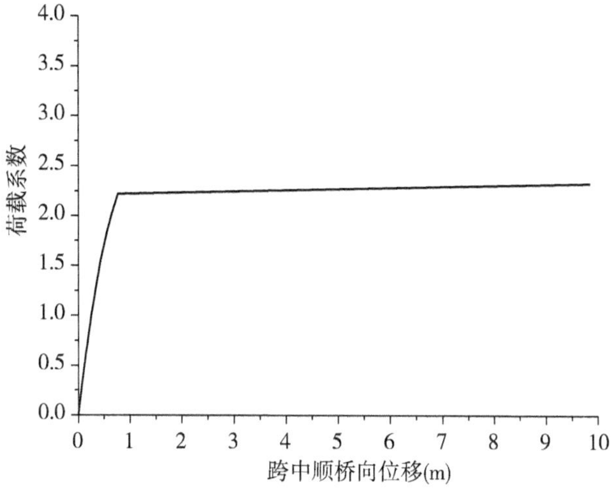

图 4-51　非线性成桥状态

工况 2 跨中顺桥向荷载位移曲线

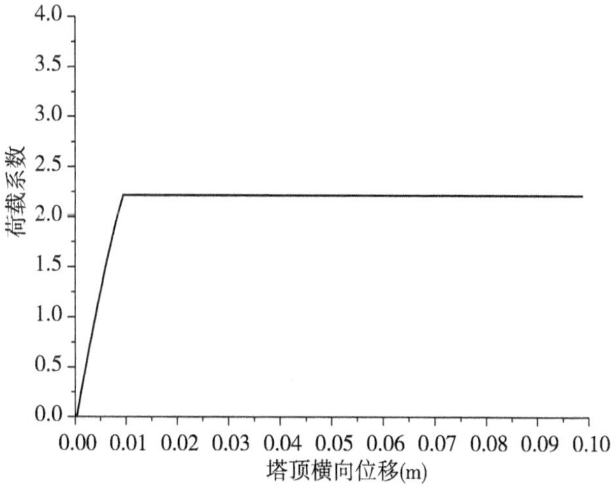

图 4-52　非线性成桥状态

工况 2 塔顶横向荷载位移曲线

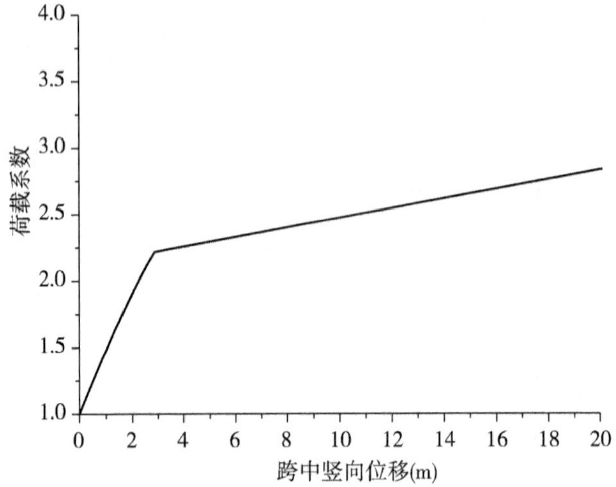

图 4-53　非线性成桥状态

工况 2 跨中竖向荷载位移曲线

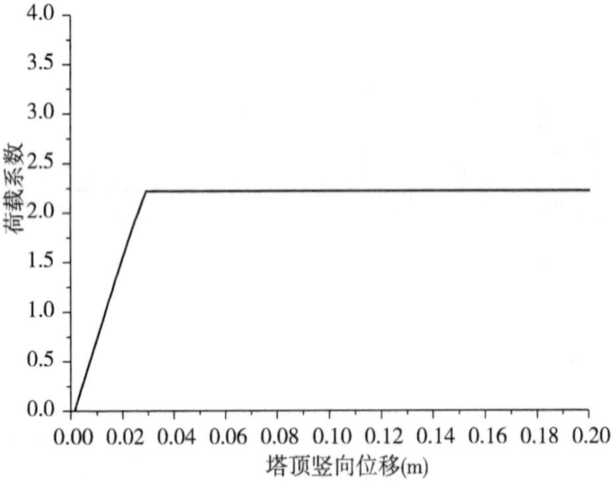

图 4-54　非线性成桥状态

工况 2 塔顶竖向荷载位移曲线

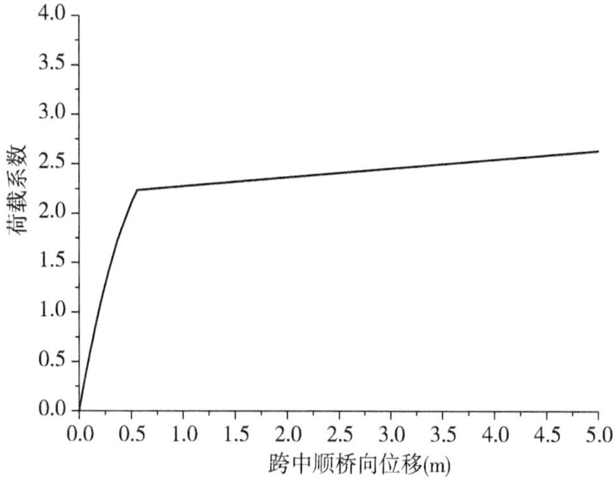

图 4-55 非线性成桥状态

工况 3 跨中顺桥向荷载位移曲线

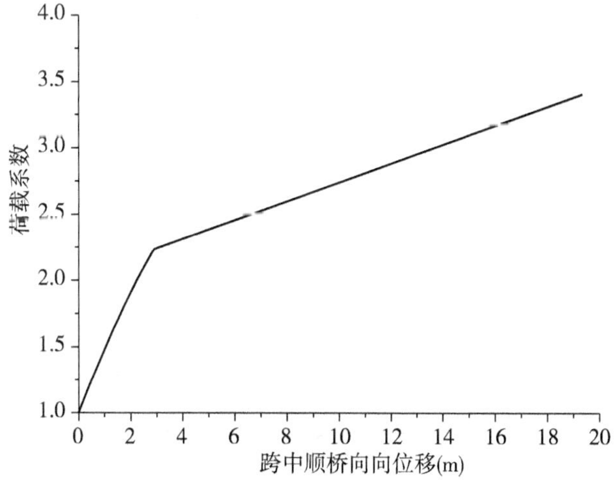

图 4-56 非线性成桥状态

工况 3 跨中竖向荷载位移曲线

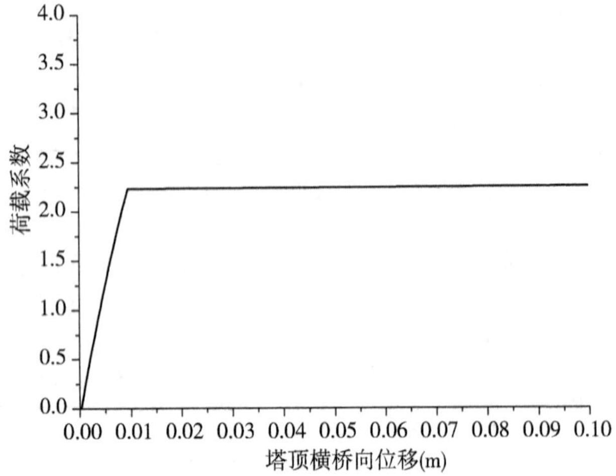

图 4-57 非线性成桥状态

工况 3 塔顶横桥向荷载位移曲线

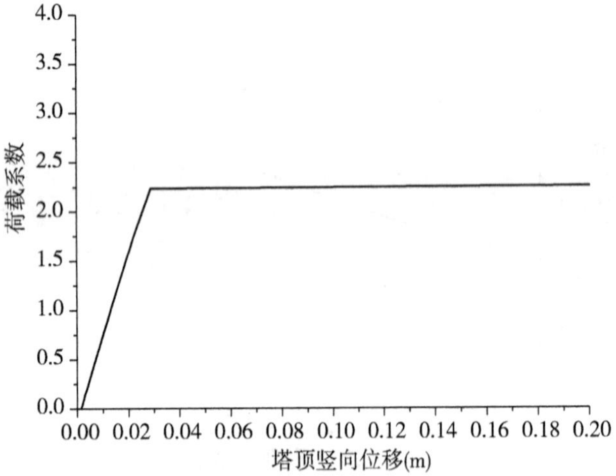

图 4-58 非线性成桥状态

工况 3 塔顶竖向荷载位移曲线

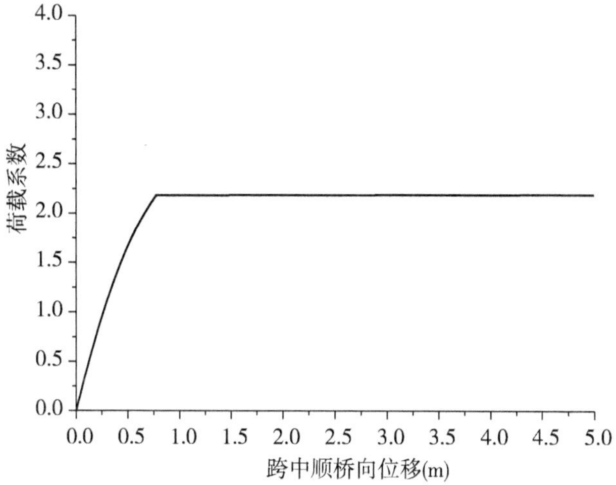

图 4-59　非线性成桥状态

工况 4 跨中顺桥向荷载位移曲线

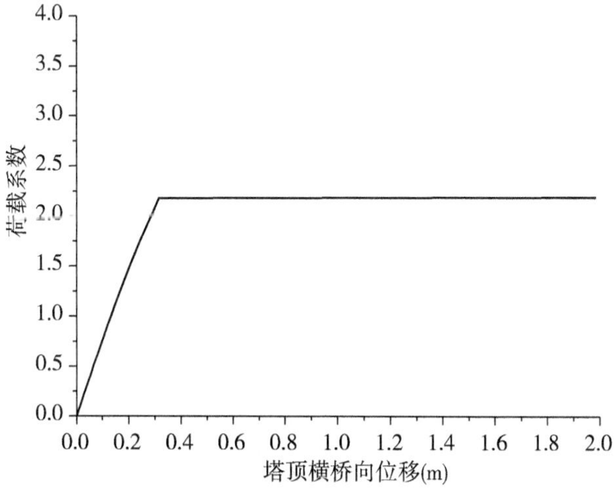

图 4-60　非线性成桥状态

工况 4 塔顶横桥向荷载位移曲线

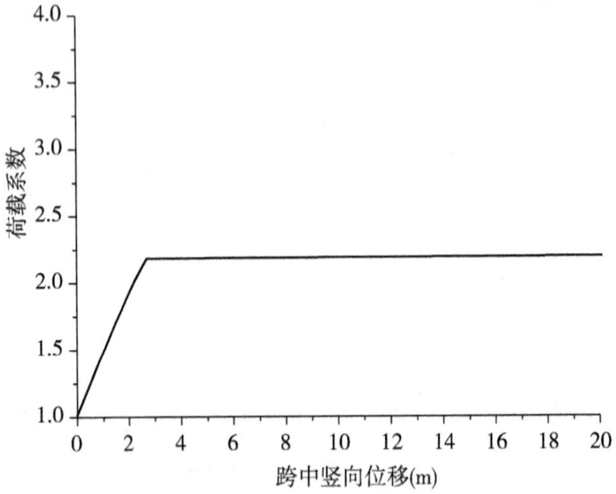

图 4-61　非线性成桥状态

工况 4 跨中竖向荷载位移曲线

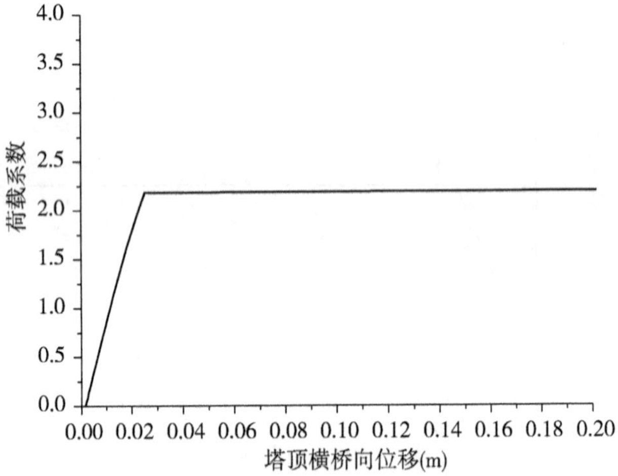

图 4-62　非线性成桥状态

工况 4 塔顶竖向荷载位移曲线

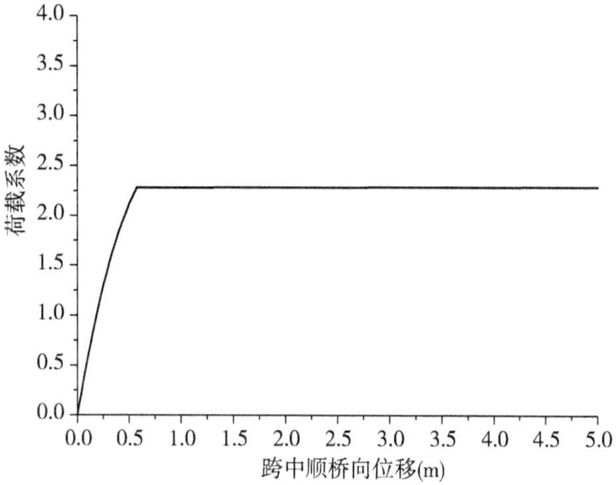

图 4-63 非线性成桥状态

工况 5 跨中顺桥向荷载位移曲线

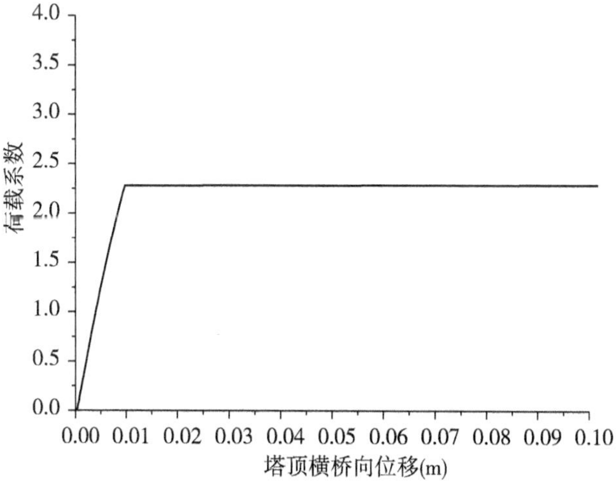

图 4-64 非线性成桥状态

工况 5 塔顶横桥向荷载位移曲线

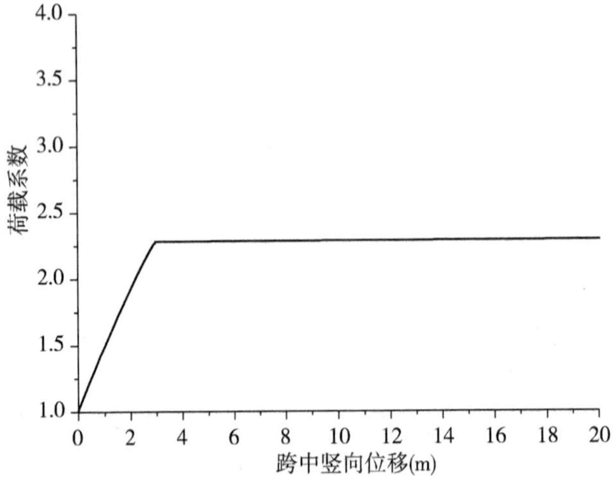

图 4-65　非线性成桥状态

工况 5 跨中竖向荷载位移曲线

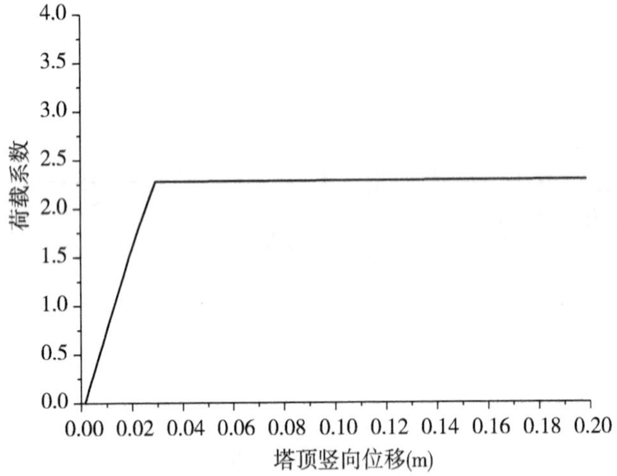

图 4-66　非线性成桥状态

工况 5 塔顶竖向荷载位移曲线

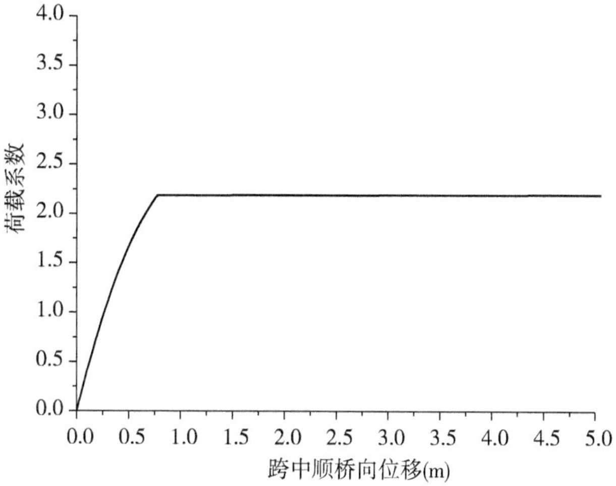

图 4-67 非线性成桥状态

工况 6 跨中顺桥向荷载位移曲线

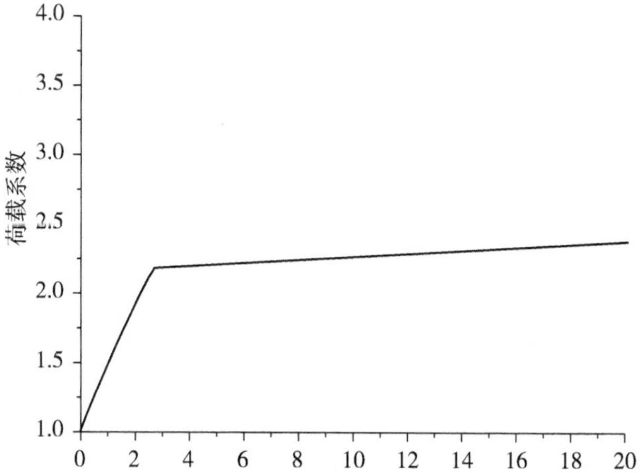

图 4-68 非线性成桥状态

工况 6 跨中竖向荷载位移曲线

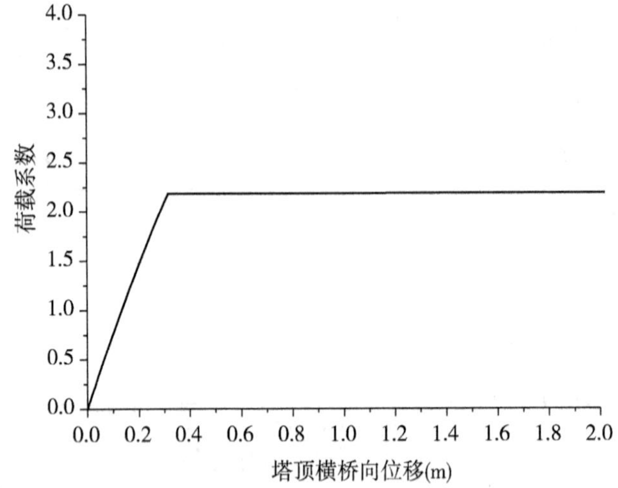

图 4-69　非线性成桥状态

工况 6 塔顶横桥向荷载位移曲线

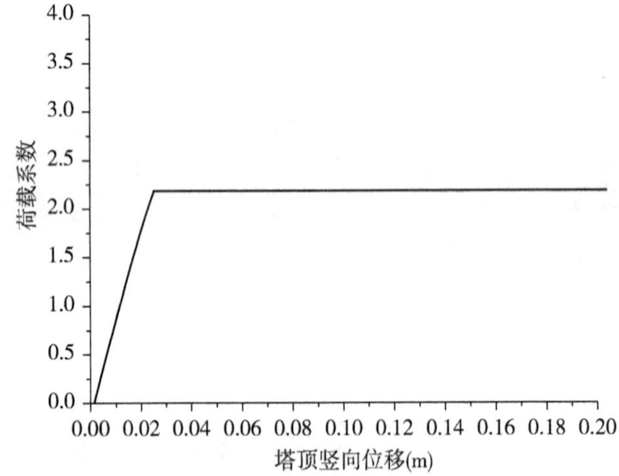

图 4-70　非线性成桥状态

工况 6 塔顶竖向荷载位移曲线

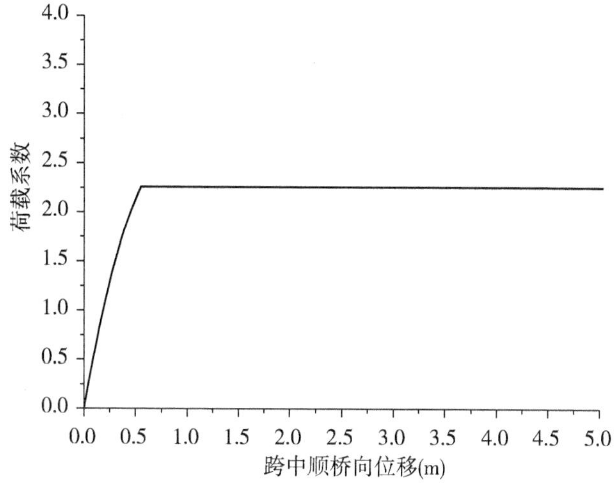

图 4-71 非线性成桥状态

工况 7 跨中顺桥向荷载位移曲线

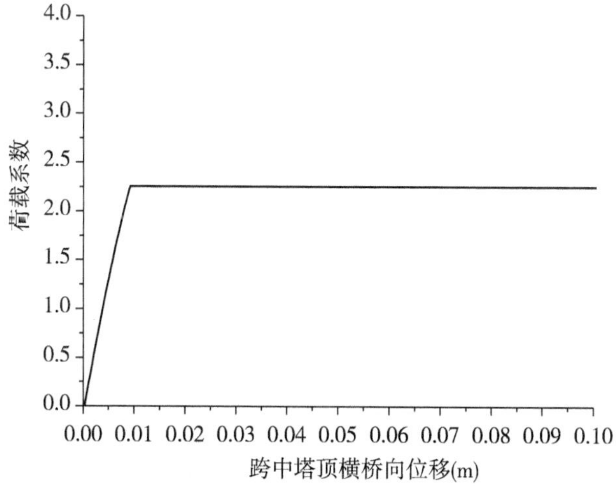

图 4-72 非线性成桥状态

工况 7 塔顶横桥向荷载位移曲线

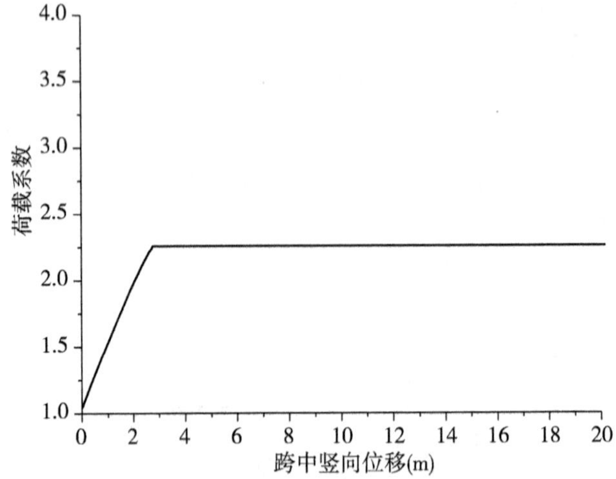

图 4-73　非线性成桥状态

工况 7 跨中竖向荷载位移曲线

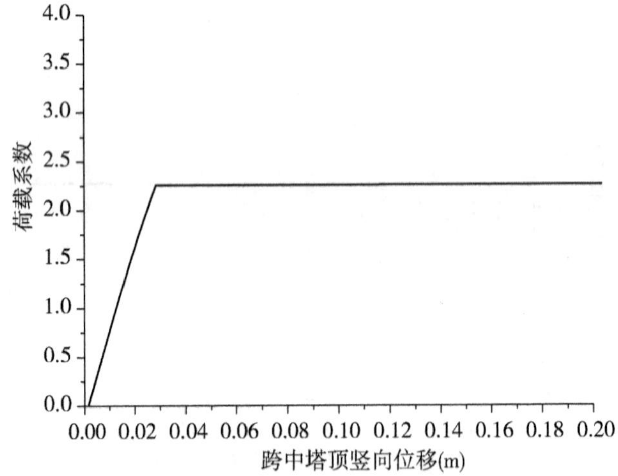

图 4-74　非线性成桥状态

工况 7 塔顶竖向荷载位移曲线

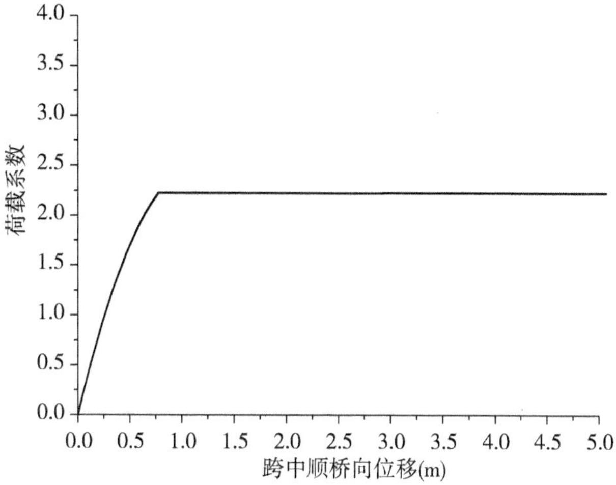

图 4-75　非线性成桥状态

工况 7 跨中顺桥向荷载位移曲线

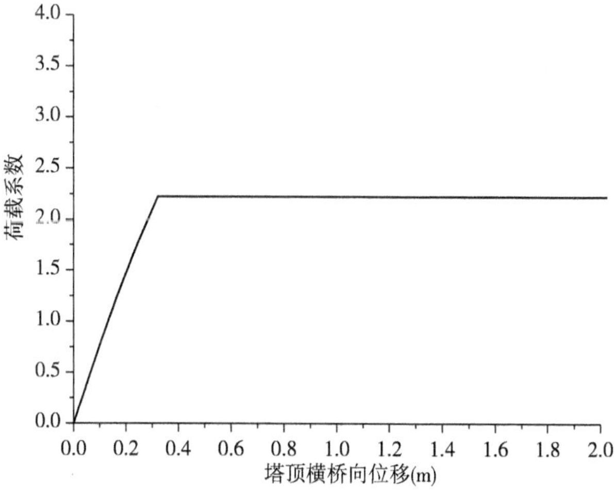

图 4-76　非线性成桥状态

工况 8 塔顶横桥向荷载位移曲线

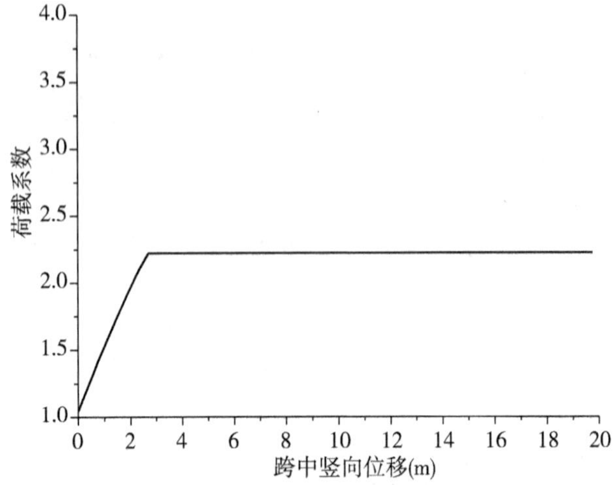

图 4-77 非线性成桥状态

工况 7 跨中竖向荷载位移曲线

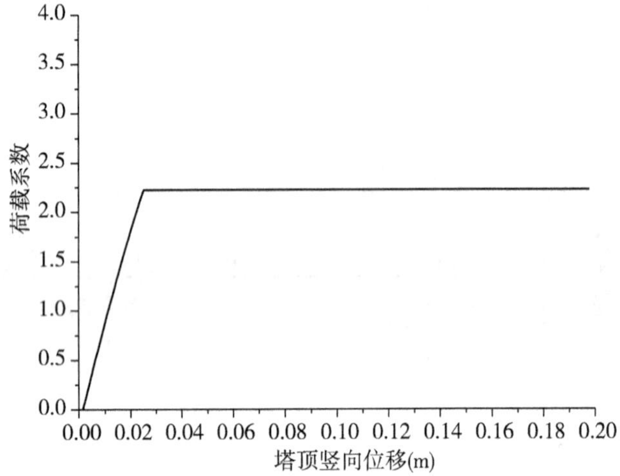

图 4-78 非线性成桥状态

工况 8 塔顶竖向荷载位移曲线

根据童庄河大桥在成桥运营状态考虑双重非线性的稳定安全系数的计算结果，并对比同种工况下线弹性稳定特征值可得出以下结论。

(1) 对比童庄河大桥在成桥运营状态双重非线性稳定安全系数与此状态的线弹性稳定特征值，可以发现双重非线性的稳定系数约是线弹性失稳特征值的

1/3。

(2)童庄河大桥在成桥运营状态，考虑双重非线性的稳定安全系数最小为3.0020。大于《公路斜拉桥设计细则 JTG/T D65-01—2007》中6.2.9条“斜拉桥结构体系第二类稳定，即计入材料非线性影响的弹塑性影响的弹塑性强度稳定的安全系数，混凝土主梁应不小于2.5，钢主梁应不小于1.75”的规定。由此可见，童庄河大桥满足《公路斜拉桥设计细则 JTG/T D65-01—2007》的要求。

(3)由图4-45至图4-46童庄河大桥在成桥运营状态双重非线性失稳模态图中可以看出，与线弹性失稳一阶模态均为主梁与桥塔的纵向失稳不同：在没有横向风载时，失稳模态为主塔纵向和主梁竖向的面内失稳；在有横向风载作用时，失稳模态为主塔侧向的面外失稳以及主梁竖向的面内失稳的混合失稳形态，并且在横风作用时稳定系数比纵风作用时偏小。说明横风对童庄河大桥在施工阶段的稳定性影响大于纵风。

双重非线性稳定分析中既考虑了结构的几何非线性影响，也考虑了材料的非线性影响。考虑了各种非线性因素影响的稳定分析将强度和稳定两方面联系起来考虑能够真实地反映出结构实际受力特性，其结果能够较为真实地反映结构的实际承载力，对桥梁设计也更加具有参考意义。

4.6 结论

1. 线弹性稳定分析

针对最大双悬臂施工状态、最大单悬臂施工状态、成桥状态分别建立了空间有限元模型，并进行了线弹性稳定分析。

(1)童庄河大桥在最大双悬臂状态时线弹性稳定分析特征值最小为12.189、最大单悬臂状态时最小特征值为9.2929、在成桥状态下，线弹性稳定性分析的失稳特征值在所列工况下最小的特征值为9.7261。三种状态下特征值均大于《公路斜拉桥设计细则 JTG/T D65-01—2007》中6.2.9条“斜拉桥结构体系第一类稳定，即弹性屈曲的结构稳定安全系数应不小于4”的规定。因此童庄河大桥在线弹性分析中满足斜拉桥第一类稳定性的要求。

(2)童庄河大桥在最大双悬臂状态、最大单悬臂状态时，各个工况下第一类稳定，即线弹性稳定的特征值变化不大。可见在施工状态时恒载以及施工荷载是影响施工状态稳定性的主要因素。

(3)童庄河大桥在最大双悬臂状态线弹性一阶失稳模态为主塔纵桥向面内失稳、最大单悬臂状态一阶失稳模态为主梁竖向失稳。可见施工状态，随着主梁悬臂端的延伸，童庄河大桥的失稳模态逐渐由桥塔的面内失稳转变为主梁的竖向面内失稳。在成桥状态下，线弹性稳定分析的失稳模态为以塔的顺桥向弯曲和主梁平面内的反对称弯曲失稳为主。

2. 双重非线性稳定性分析

针对最大双悬臂施工状态、成桥状态分别建立了非线性空间有限元模型，并进行了双重非线性稳定性分析。

(1)对比童庄河大桥在最大双悬臂状态、成桥状态的双重非线性稳定安全系数与相应状态的线弹性稳定特征值可以发现，双重非线性的稳定系数约是线弹性失稳特征值的1/3。

(2)最大双悬臂施工状态双重非线性的稳定分析安全系数最小值为3.7562。成桥状态双重非线性的稳定分析安全系数最小为3.0020。两种状态下的双重非线性稳定分析结果均大于《公路斜拉桥设计细则 JTG/T D65-01—2007》中6.2.9条“斜拉桥结构体系第二类稳定，即计入材料非线性影响的弹塑性强度稳定的安全系数，混凝土主梁应不小于2.5，钢主梁应不小于1.75”的规定。因此满足斜拉桥第二类稳定性的要求。

(3)最大双悬臂状态和成桥状态的双重非线性失稳模态图中可以看出，与线弹性失稳模态均为主梁纵向失稳不同：在没有横向风载时，失稳模态为主塔纵向的面内失稳；在有横向风载作用时，失稳模态为主塔侧向的面外失稳以及主梁竖向的面内失稳的混合失稳形态，并且在横风作用时稳定系数比纵风作用时偏小。说明横风对稳定性影响大于纵风。

第 5 章　抗风专题研究

5.1　概述

从结构抗风角度，必须考虑结构的颤振稳定性、非线性静风稳定性及涡激共振发生的可能性和涡激共振振幅的大小，以便采取相应的抗风措施。为确保大桥在施工和运营全过程的抗风安全，进行了该桥的抗风性能及模型试验专题研究，以检验大桥设计方案的动力和静力抗风稳定性，并采取措施保证非破坏性风致振动(涡激振动及抖振)在允许振幅范围内。采用主梁节段模型风洞试验的方法进行其抗风研究。

5.2　具体研究内容

(1)设计风速确定：基于《桥位气候背景和风参数研究技术报告》和《公路桥梁抗风设计规范》(JTG/T D60-01—2004)确定桥位处的设计基本风速和桥面高度的设计基准风速，并确定出桥梁结构的颤振检验风速及静风稳定检验风速。

(2)结构动力特性分析：采用有限元 ANSYS 分析软件，对童庄河大桥进行了成桥状态和施工最不利状态下的结构动力特性分析，并给出了竖弯模态、侧弯模态和扭转模态各前 2 阶振型的自振频率和模态质量/质量矩。

(3)主梁节段模型测振风洞试验：针对童庄河大桥主桥标准断面进行了节段模型测振风洞试验。1：40 主梁节段模型模拟了成桥状态和施工状态的断面形式。其中颤振风洞试验在均匀流场中进行，包括成桥状态和施工状态两种状态及-3°、0°和+3°三种风攻角，共 6 个试验工况。试验测试内容包括颤振临界风速、阻尼-风速曲线及气动导数识别；节段模型涡振风洞试验共完成了成桥和施工两种状态及-3°、0°和+3°三种风攻角下的 6 个试验工况，包括-3°、0°和+3°三种风攻角，所有涡振试验工况都在均匀流场中进行。试验测试内容为涡激共振风速及其响应。

(4)主梁节段模型测力风洞试验：针对童庄河大桥主桥标准断面进行了节段模型在各个不同风攻角下的测力风洞试验。1 : 40 主梁节段模型模拟了成桥状态和施工状态的断面形式。试验风攻角范围-12°至+12°，步长间隔 1°。试验结果包括成桥状态及施工状态主梁静风阻力系数、升力系数和升力矩系数。

(5)等效静阵风荷载计算：基于主梁标准断面静气动力系数的测力结果，给出斜拉桥方案在成桥状态和施工最不利状态等效静阵风荷载作用下关键位置处的内力及位移。

5.3　桥位边界层风特性分析

5.3.1　设计基准风速

由于郭家坝自动站所在位置毗邻童庄河大桥桥位所在处，根据《桥位气候背景和风参数研究技术报告》，根据郭家坝自动站的日最大风速与同期秭归气象站日最大风速序列，按月取最大值，得到桥位区气象站与秭归气象站最大风速的比值：K=1.657。

将秭归气象站不同重现期的基本风速乘上桥位区到秭归老气象站的风速放大系数 K，最终便可得到童庄河大桥位区不同重现期的设计风速。如表 5-1 所示，推算童庄河大桥桥位区设计风速为 33.0m/s。

表 5-1　**童庄河大桥主桥桥位区不同重现期的设计风速(m/s)**

重现期	百年一遇	50 年一遇	30 年一遇	10 年一遇
设计风速-极值 I 型 Gumble	31.8	29.5	27.7	24.2
设计风速-极值 I 型矩法	31.8	29.5	27.8	24.2
设计风速-广义极值分布	33.0	30.3	28.3	24.2

根据规范，将岸边的风速向河谷中央推算时可以乘以 1.1~1.2 的订正系数，此处取 1.1 的订正系数，结果如表 5-2 所示。

表 5-2 **桥位区不同高度不同重现期 10min 平均最大风速(m/s)**

重现期	百年一遇	50 年一遇	30 年一遇	10 年一遇
设计风速-广义极值分布	36.3	33.4	31.2	26.6

选取郭家坝自动站小时最大风速≥10.8m/s(6 级以上)的样本及其对应的极大风速计算得阵风系数为 1.56，由此推算得到桥位区百年一遇极大风速为 56.6m/s，如表 5-3 所示。

表 5-3 **桥位区不同高度不同重现期极大风速(m/s)**

重现期	百年一遇	50 年一遇	30 年一遇	10 年一遇
设计风速-广义极值分布	56.6	52.0	48.6	41.5

童庄河大桥主桥桥面不同重现期下的设计基准风速如表 5-4 所示。

表 5-4 **童庄河大桥主桥桥面不同重现期下的设计基准风速(m/s)**

结构状态	成桥状态	施工状态
桥位设计基本风速(m/s)	33.0	27.7
桥面设计基准风速(m/s)	36.3	30.5
桥面设计静阵风风速(m/s)	56.6	47.5

注：童庄河桥位的静阵风系数为 1.56。

5.3.2 颤振检验风速、静力扭转发散检验风速

根据《公路桥梁抗风设计规范》中的规定，颤振检验风速可以按下式计算：

$$[V_{cr}] = 1.2\mu_f V_d \tag{5-3-1}$$

式中，V_d 表示桥面高度设计基准风速；μ_f 表示考虑风速的脉动影响及水平相

关特性的无量纲修正系数，按桥梁跨度经内插得 $\mu_f=1.298$。

根据《公路桥梁抗风设计规范》中的规定，静力扭转发散检验风速可以按 $2V_d$ 计算，驰振临界风速可按 $1.2V_d$ 计算。

童庄河大桥桥面不同重现期下的颤振检验风速、静力扭转发散检验风速如表 5-5 所示。

表 5-5　　童庄河大桥主桥结构颤振检验风速、静力扭转发散检验风速

状态	成桥运营状态(m/s)	施工状态(m/s)
颤振检验风速 [V_{cr}]	56.5	47.5
静力扭转发散检验风速 [V_{td}]	72.6	61.0

5.4 童庄河大桥结构动力特性分析计算

桥梁结构动力特性分析是研究桥梁振动问题的基础，为了进行风荷载作用下的结构抖振响应分析、节段模型测振风洞试验及全桥气弹模型风洞试验，必须首先计算成桥状态和施工最不利状态下桥梁结构的动力特性。为此，采用 ANSYS 有限元分析软件对童庄河大桥主桥成桥状态和施工最不利状态下结构的动力特性进行分析。

5.4.1 有限元计算模型

童庄河大桥主桥成桥状态以及施工最不利状态下的结构动力特性分析采用离散结构的有限元方法。有限元计算模型的总体坐标系以顺桥向为 X 轴，以横桥向为 Z 轴，以竖向为 Y 轴。计算程序采用美国 ANSYS 公司授权的 ANSYS 通用有限元分析软件。其中主梁、桥塔及桥墩采用空间梁单元；拉索采用空间杆单元模拟。主梁采用三主梁力学计算模型，桥面系假设均匀分布于主梁上，并考虑其平动质量和质量惯矩。桥塔与主梁采用半漂浮体系的结构形式，即约束其竖向、横桥向和横桥向扭转；表 5-6 列示了边界条件的处理情况。动力特性分析使用的有限元计算模型如图 5-6 所示。

表 5-6　　**动力特性分析边界条件的处理**

	节点	UX	UY	UZ	ROTX	ROTY	ROTZ
成桥状态	塔底、墩底	×	×	×	×	×	×
	塔梁交接处	⊕	×	×	×	⊕	⊕
	墩梁交接处	⊕	×	×	×	⊕	⊕
	台梁交接处	⊕	×	×	×	⊕	⊕
最大双悬臂状态	塔底	×	×	×	×	×	×
	塔梁交接处	×	×	×	×	×	×
最大单悬臂状态	塔底、墩底	×	×	×	×	×	×
	塔梁交接处	×	×	×	×	×	×
	墩梁交接处	⊕	×	×	×	⊕	⊕
	支架部分	⊕	×	⊕	⊕	⊕	⊕

注：⊕表示该自由度放松；×表示该自由度约束。

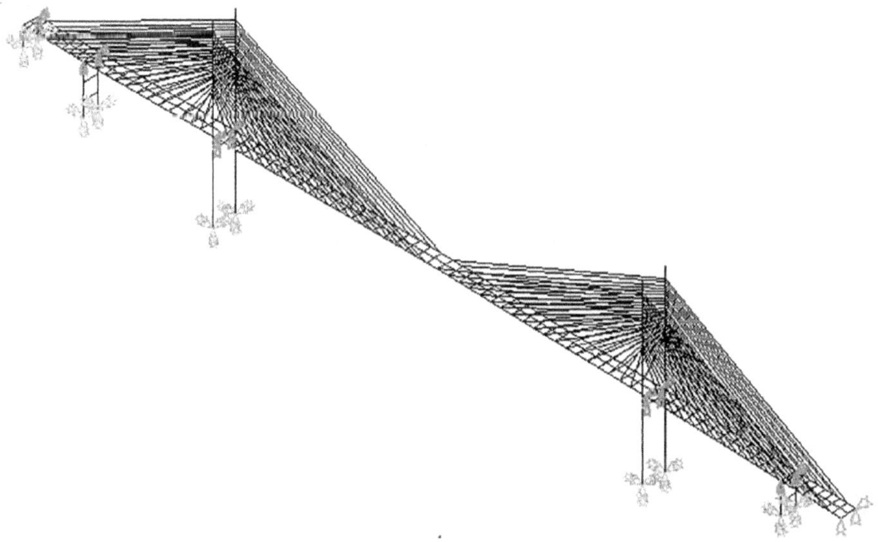

图 5-1(a)　成桥状态动力特性分析有限元模型

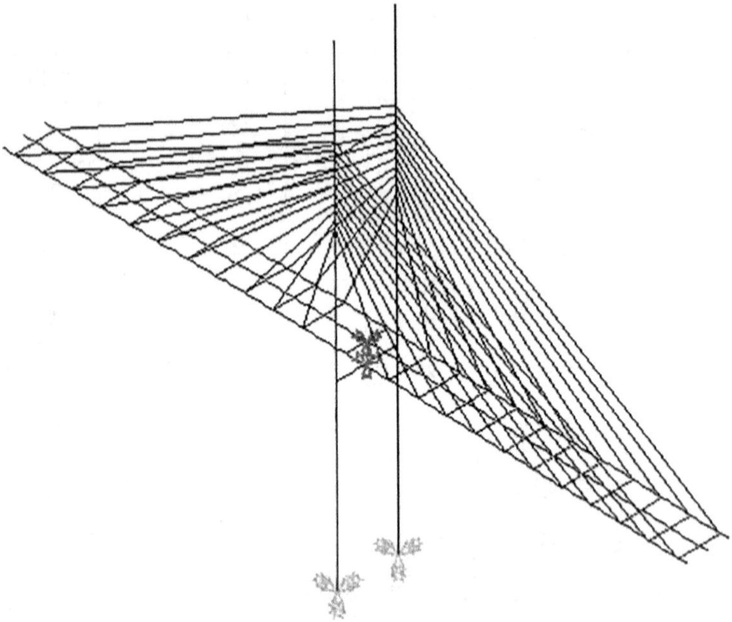

图 5-1(b)　最大双悬臂状态动力特性分析有限元模型

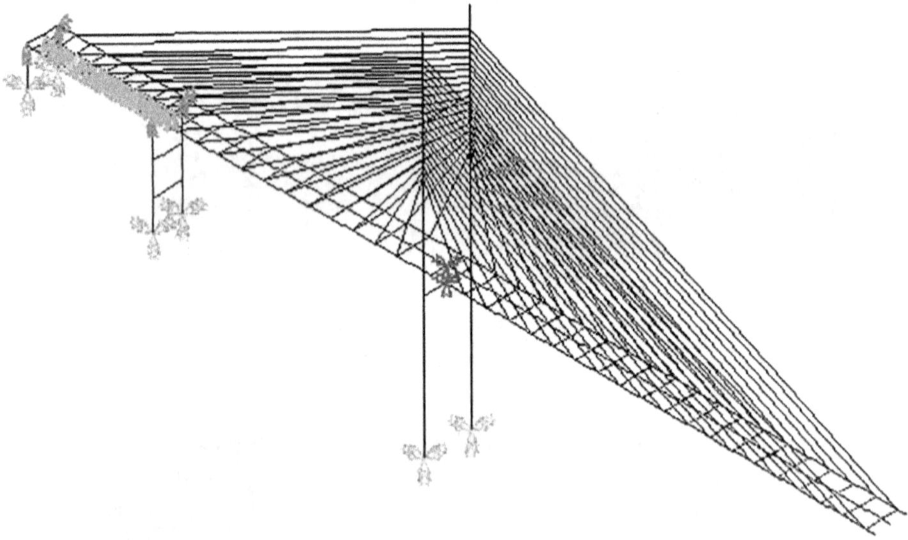

图 5-1(c)　最大单悬臂状态动力特性分析有限元模型

图 5-1　童庄河大桥动力特性分析有限元模型

5.4.2 动力特性计算结果

童庄河大桥主桥成桥状态和施工最不利状态下动力特性分析结果如表 5-7 所示，主要的模态如图 5-2、图 5-3、图 5-4 所示。

表 5-7 成桥状态和施工状态下动力特性分析结果

状态	模态	频率(Hz)	等效质量(T/m)	等效质量惯矩(Tm^2/m)
成桥状态	一阶竖弯	0.3642	40.9772	—
	二阶竖弯	0.4916	42.6982	—
	一阶侧弯	0.3417	45.9237	—
	二阶侧弯	0.5347	177.349	—
	一阶扭转	0.7266	—	989.063
	二阶扭转	1.1477	—	1029.10
最大双悬臂状态	一阶竖弯	0.6659	51.9342	—
	二阶竖弯	0.7106	82.1255	—
	一阶侧弯	0.8528	55.7757	—
	二阶侧弯	1.6029	94.6611	—
	一阶扭转	1.0763	—	1022.62
	二阶扭转	1.2765	—	914.260
最大单悬臂状态	一阶竖弯	0.3793	40.5691	—
	二阶竖弯	0.5672	106.337	—
	一阶侧弯	0.2795	32.9741	—
	二阶侧弯	1.4490	47.1688	—
	一阶扭转	0.7903	—	821.667
	二阶扭转	1.7723	—	832.251

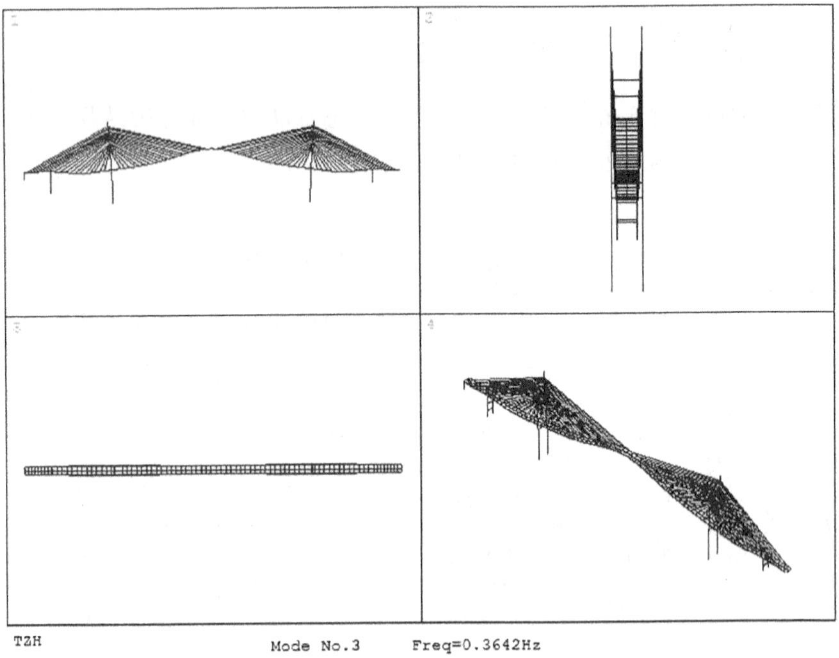

图 5-2(a) 成桥状态一阶竖弯振型图

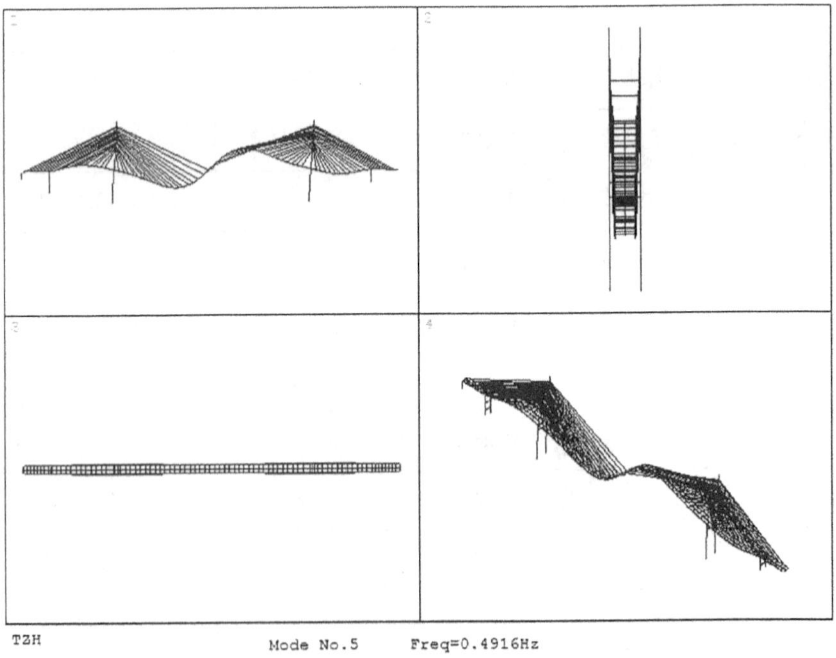

图 5-2(b) 成桥状态二阶竖弯振型图

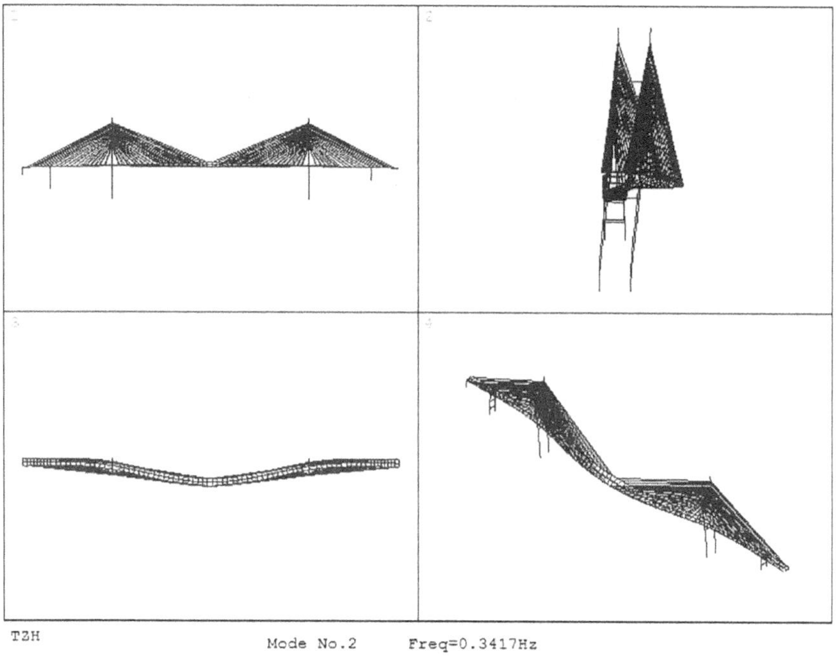

图 5-2(c) 成桥状态一阶侧弯振型图

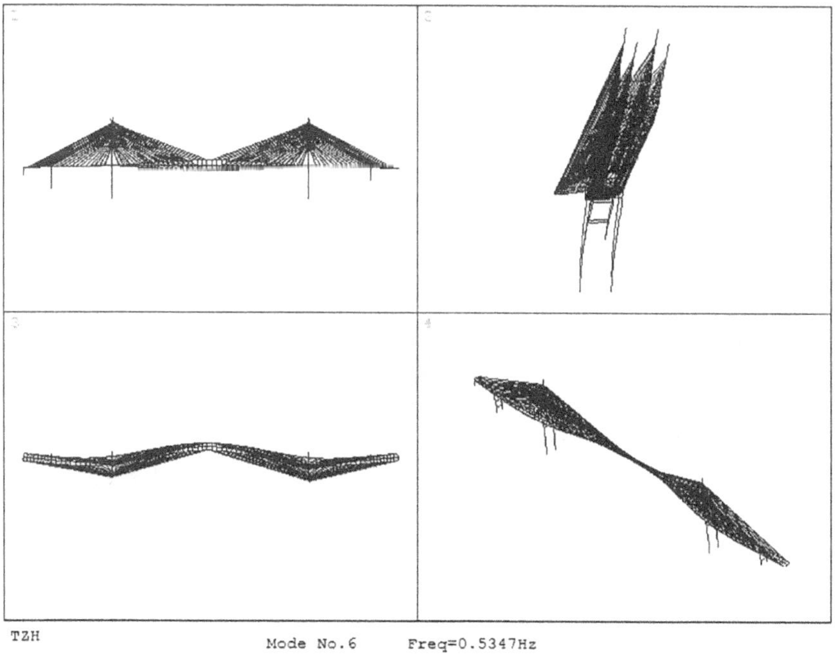

图 5-2(d) 成桥状态二阶侧弯振型图

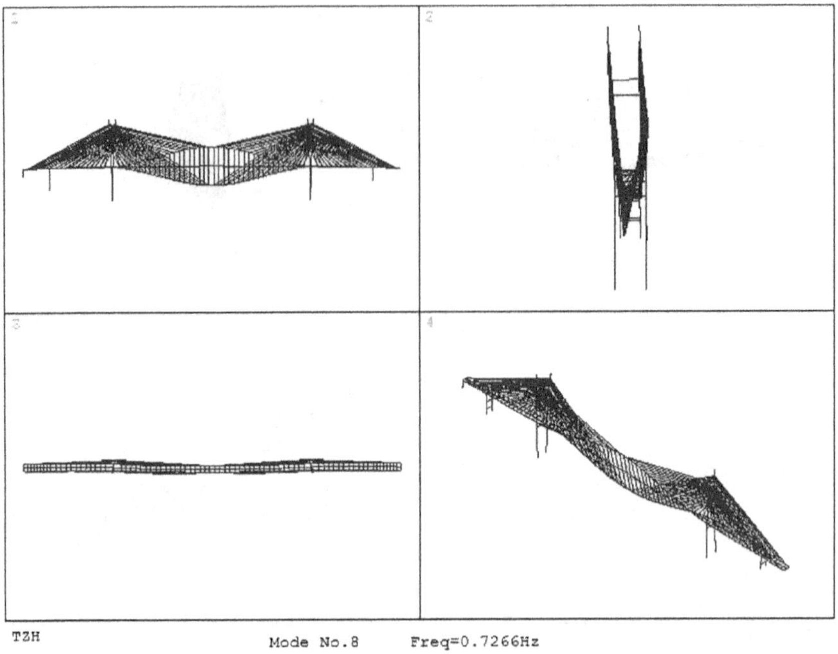

图 5-2(e)　成桥状态一阶扭转振型图

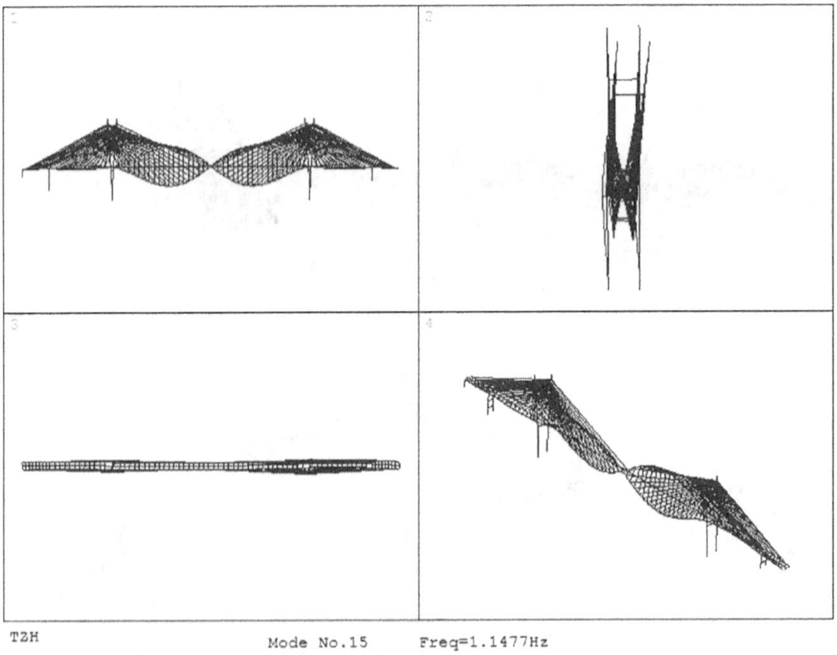

图 5-2(f)　成桥状态二阶扭转振型图

图 5-2　成桥状态主要振型图

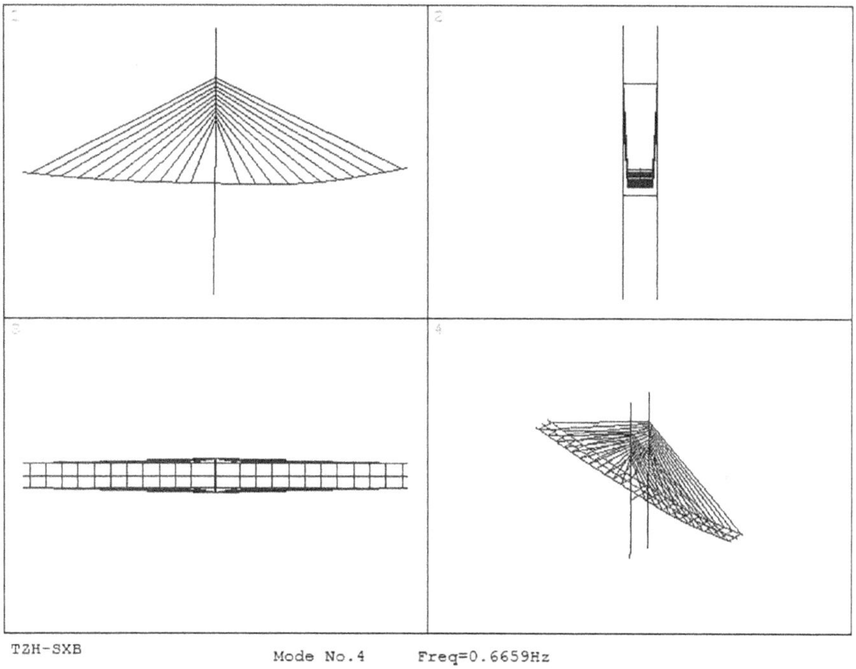

图 5-3(a) 最大双悬臂状态一阶竖弯振型图

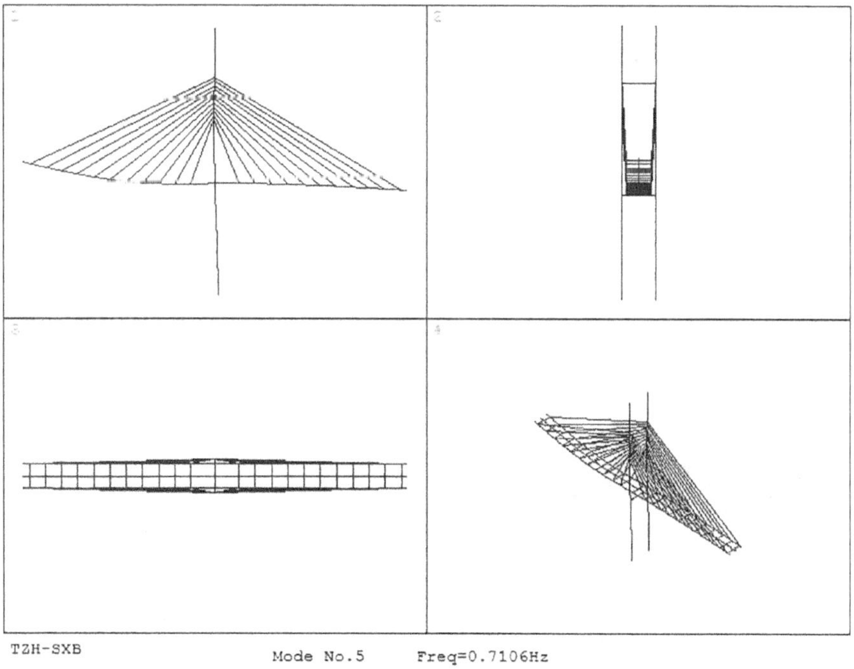

图 5-3(b) 最大双悬臂状态二阶竖弯振型图

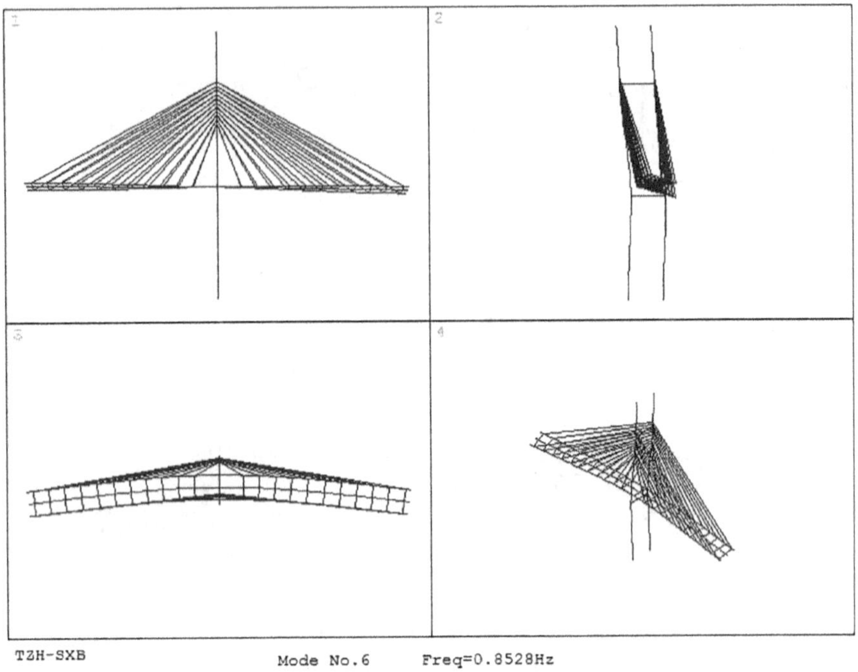

图 5-3(c)　最大双悬臂状态一阶侧弯振型图

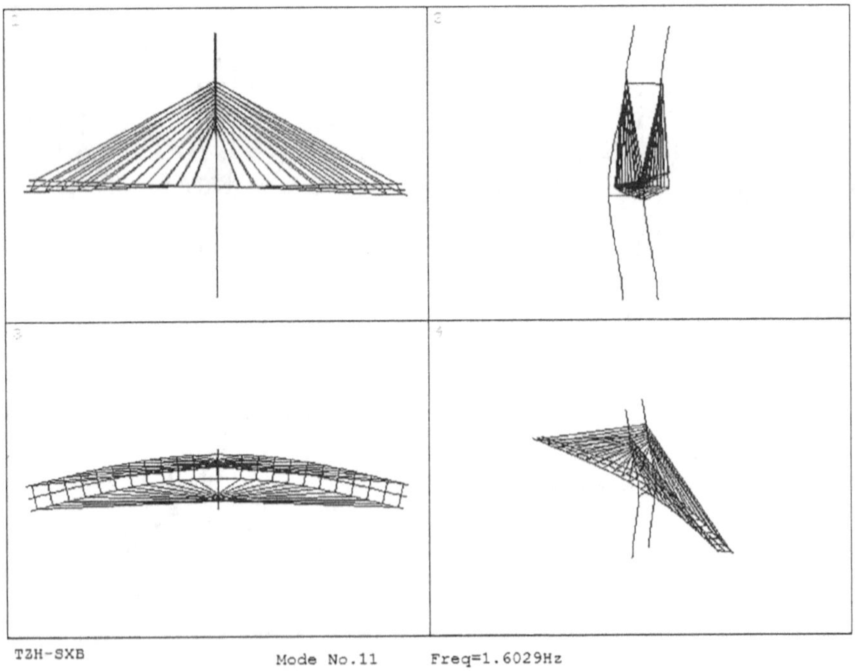

图 5-3(d)　最大双悬臂状态二阶侧弯振型图

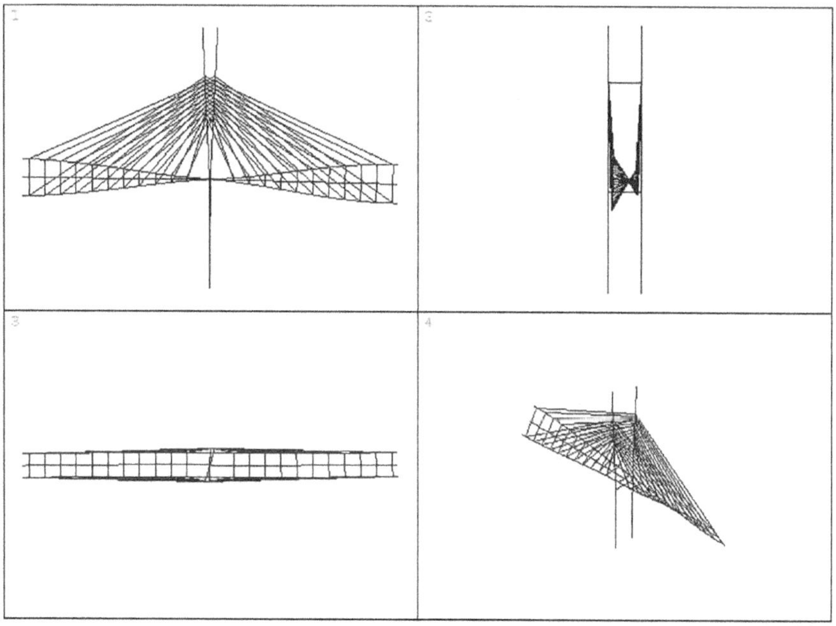

TZH-SXB
Mode No.7 Freq=1.0763Hz

图 5-3(e) 最大双悬臂状态一阶扭转振型图

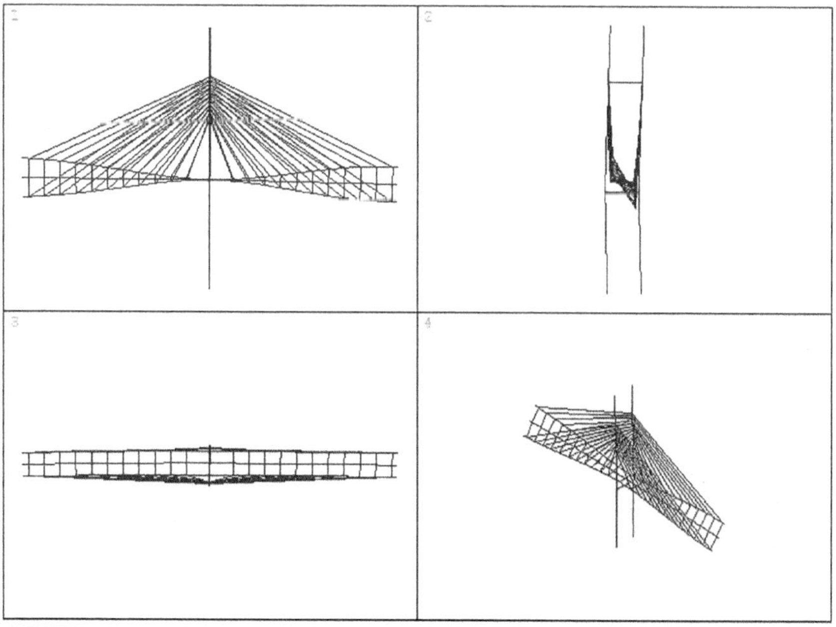

TZH-SXB
Mode No.8 Freq=1.2765Hz

图 5-3(f) 最大双悬臂状态二阶扭转振型图

图 5-3 最大双悬臂状态主要振型图

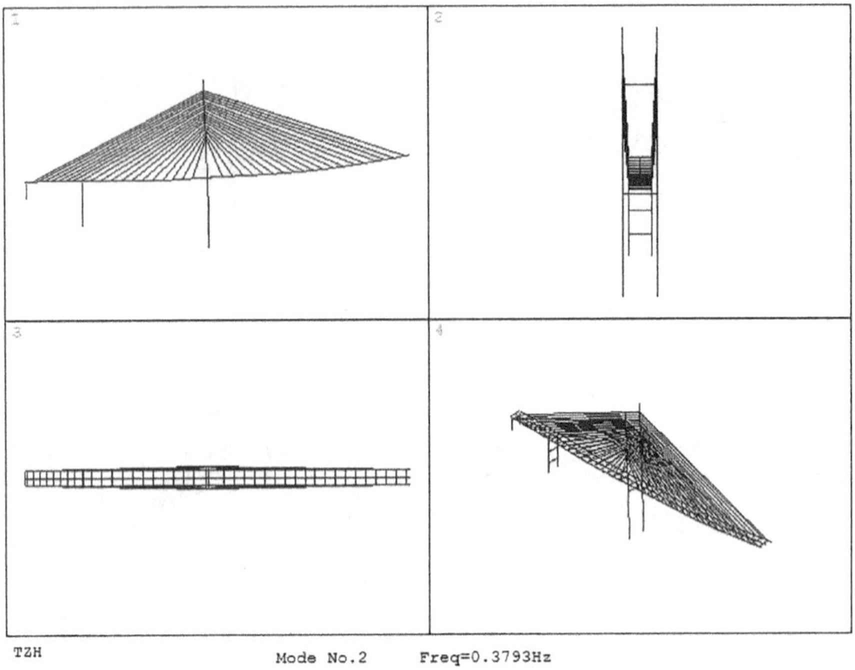

图 5-4(a)　最大单悬臂状态一阶竖弯振型图

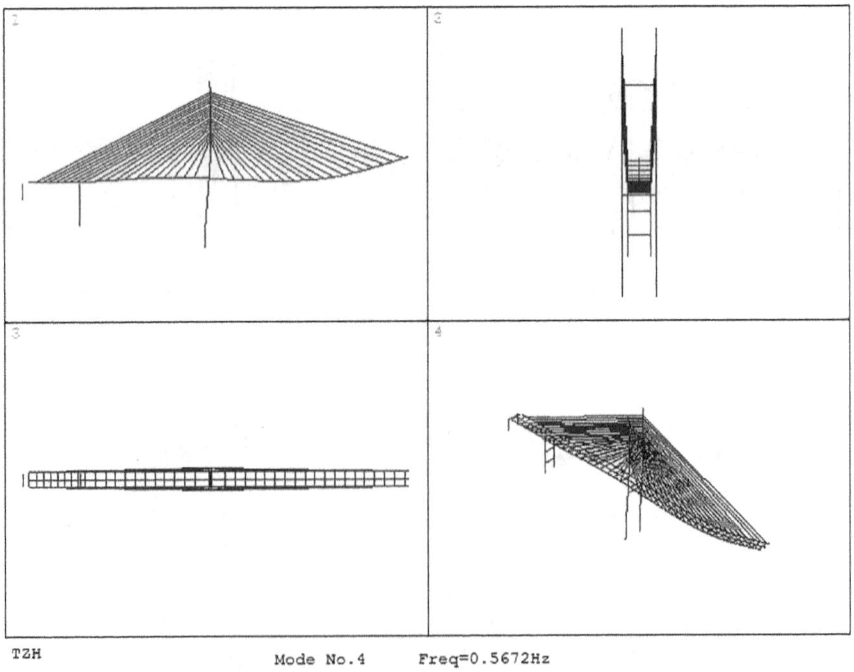

图 5-4(b)　最大单悬臂状态二阶竖弯振型图

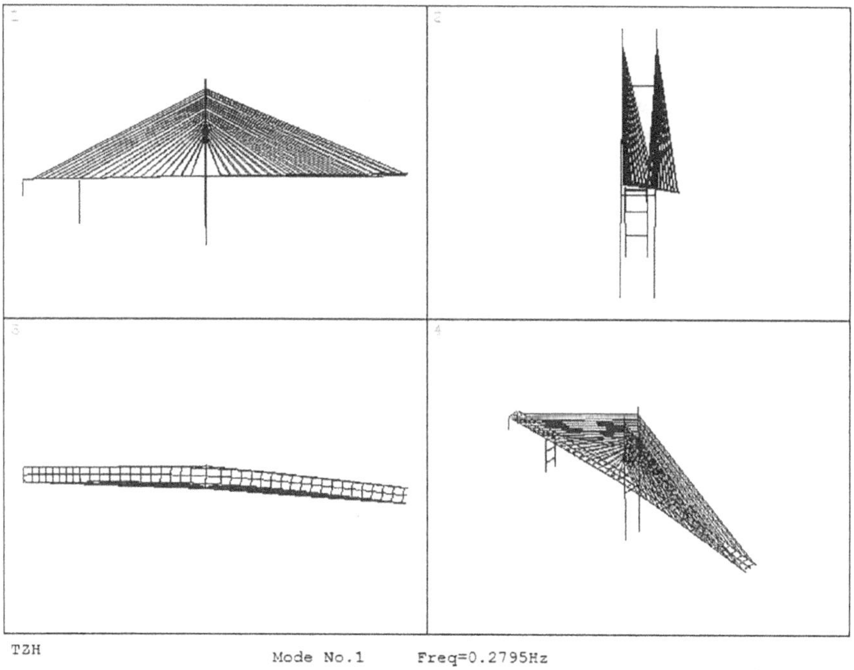

图 5-4(c) 最大单悬臂状态一阶侧弯振型图

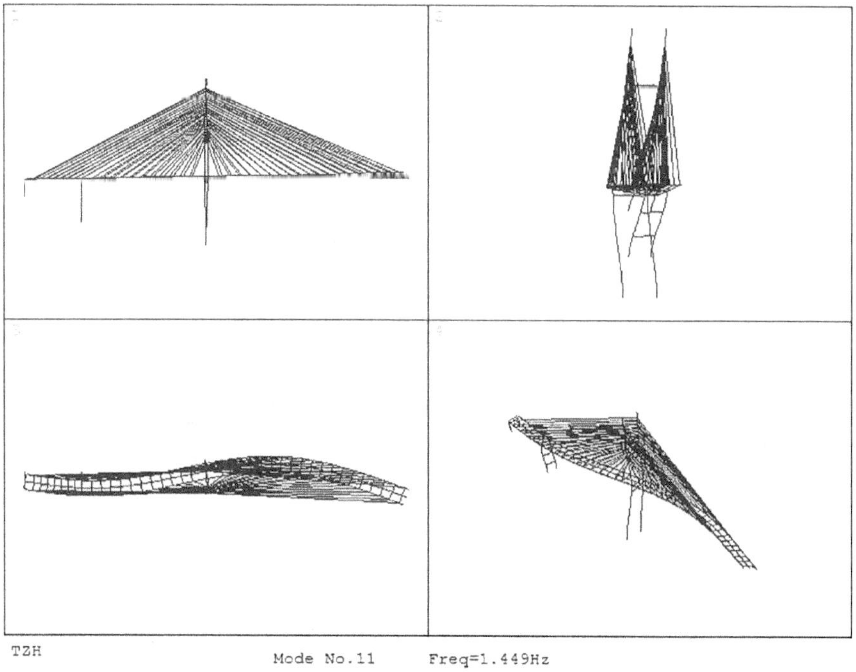

图 5-4(d) 最大单悬臂状态二阶侧弯振型图

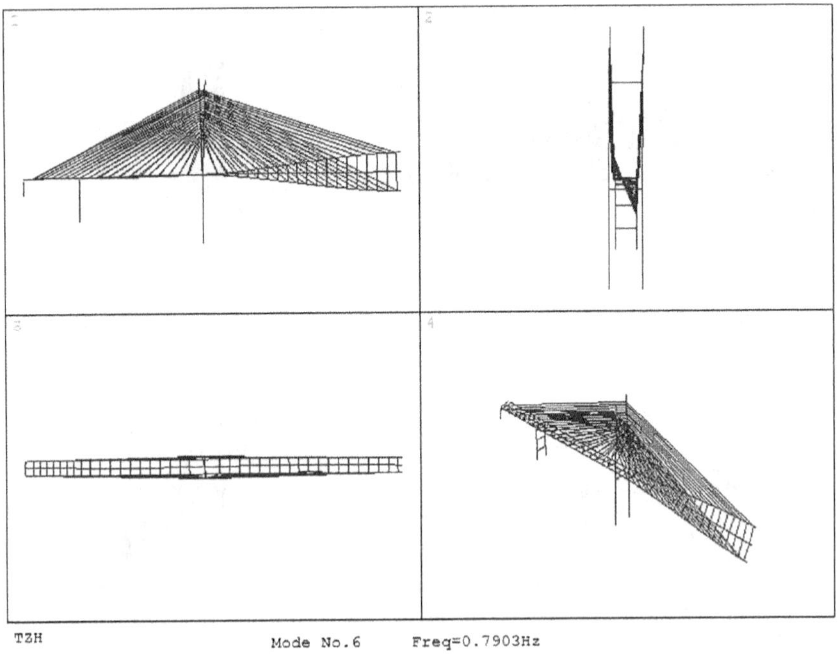

图 5-4(e)　最大单悬臂状态一阶扭转振型图

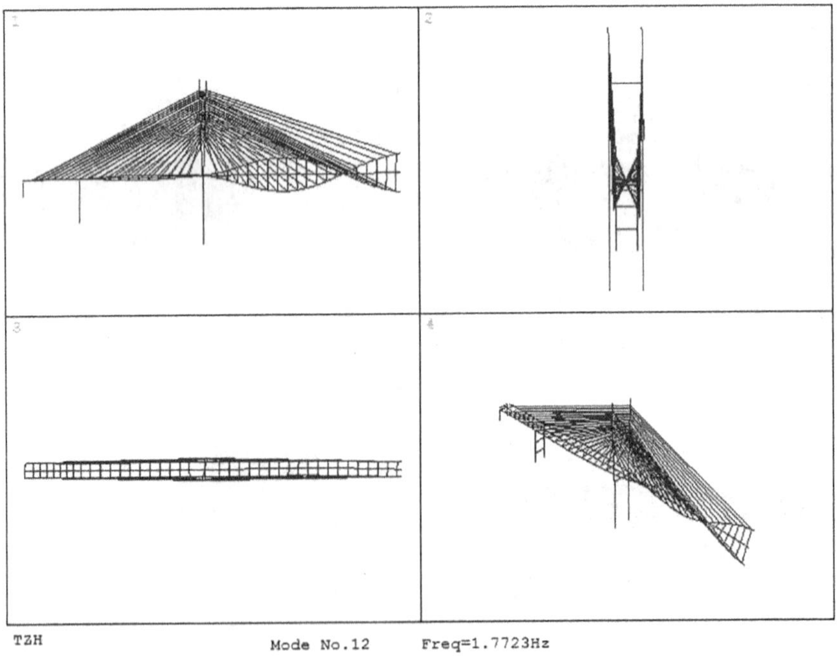

图 5-4(f)　最大单悬臂状态二阶扭转振型图

图 5-4　最大单悬臂状态主要振型图

5.5 主梁节段模型测振试验

童庄河大桥主梁 1∶40 节段模型测振试验的主要目的是通过测振风洞试验，直接测定颤振临界风速、识别气动导数、观察涡激振动现象、确定涡振锁定风速区间和最大振幅。节段模型测振风洞试验是在同济大学土木工程防灾国家重点实验室 TJ-2 边界层风洞中进行的。

主梁节段模型颤振风洞试验共完成了 6 个试验工况，如表 5-8 所示。其中包括成桥状态和施工状态主梁−3°、0°和+3°三种风攻角。所有试验工况都在均匀流场中进行。试验测试内容包括颤振临界风速、阻尼−风速曲线和气动导数等。

主梁节段模型涡振风洞试验共完成了 6 个试验工况，如表 5-9 所示。其中包括成桥状态和施工状态−3°、0°和+3°三种风攻角。所有试验工况都在均匀流场中进行。试验测试内容为观察涡激振动现象、确定涡振锁定风速区间和最大振幅。

表 5-8　　　　直接颤振法风洞试验工况表

颤振试验工况	断面形式	流场	风攻角
CZ1-1	 成桥状态	均匀流	3°
CZ1-2			0°
CZ1-3			+3°
CZ1-4	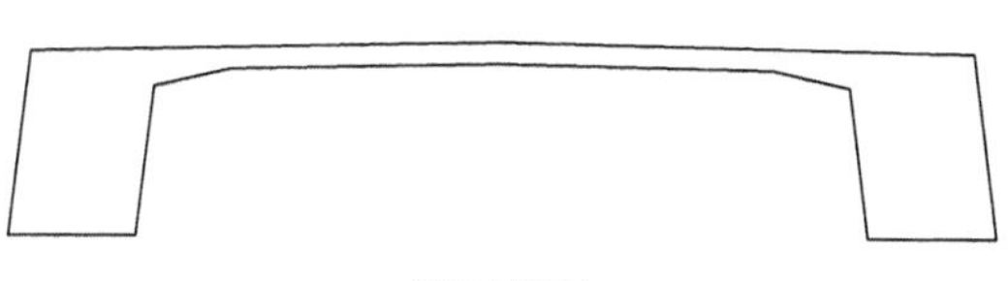 施工状态	均匀流	3°
CZ1-5			0°
CZ1-6			+3°

表 5-9　　**涡激振动试验工况表**

<table>
<tr><th>涡振试验工况</th><th>断面形式</th><th>流场</th><th>风攻角</th></tr>
<tr><td>WZ1-1</td><td rowspan="3">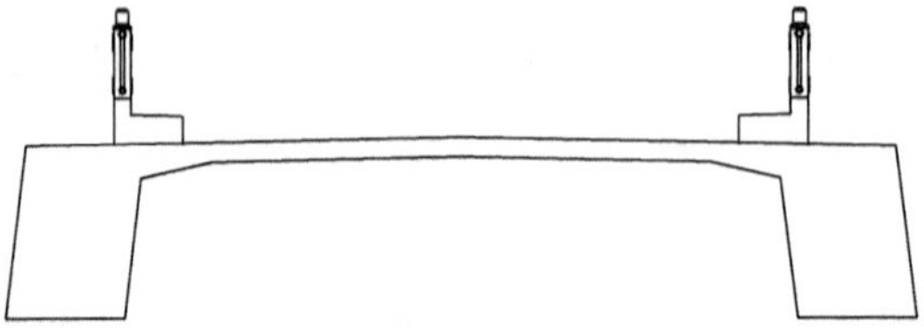
成桥状态</td><td rowspan="3">均匀流</td><td>3°</td></tr>
<tr><td>WZ1-2</td><td>0°</td></tr>
<tr><td>WZ1-3</td><td>+3°</td></tr>
<tr><td>WZ1-4</td><td rowspan="3">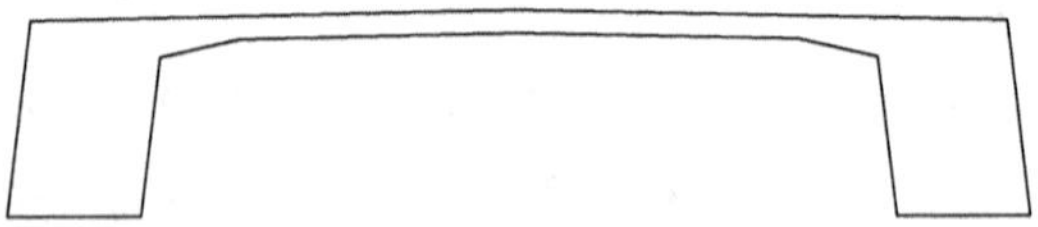
施工状态</td><td rowspan="3">均匀流</td><td>3°</td></tr>
<tr><td>WZ1-5</td><td>0°</td></tr>
<tr><td>WZ1-6</td><td>+3°</td></tr>
</table>

5.5.1　测振节段模型设计

主梁节段模型测振试验模拟结构竖向和扭转方向两个自由度的振动特性，水平来流方向，即阻力方向的振动特性没有模拟。

1. 测振节段模型设计

主梁节段模型采用内支架悬挂，采用几何缩尺比 $\lambda_L = 1:40$，根据测振节段模型设计相似性要求，可以确定测振节段模型的相似比如表 5-10 所示。由此可以进一步确定出实桥结构主要参数与节段模型主要参数之间的一一对应关系，其中颤振节段模型主要参数如表 5-11 所示，涡振节段模型主要参数如表 5-12 所示。

表 5-10　　**主梁节段模型测振试验相似比**

参数名称	符号	单位	相似比	相似要求
长度	L	m	$\lambda_L = 1:40$	几何相似比

续表

参数名称	符号	单位	相似比	相似要求
速度	V	m/s	$\lambda_V=\lambda_L\lambda_f$	Strouhal 数相似
密度	ρ	kg/m^3	$\lambda\rho = 1$	空气密度不变
单位长度质量	m	kg/m	$\lambda m=\lambda\rho\lambda_L{}^2=\lambda_L{}^2=1:40^2$	量纲不变
单位长度质量惯矩	I_m	$kg\text{-}m^2/m$	$\lambda_J = \lambda m\lambda_L{}^2 = \lambda_L{}^4 = 1:40^4$	量纲不变
时间	t	s	$\lambda t=\lambda_L/\lambda_V$	Strouhal 数相似
阻尼比	ξ	—	$\lambda_\xi = 2$	阻尼比不变

表 5-11 **主梁节段模型颤振试验主要参数**

参数名称			单位	实桥值	相似比	模型值
几何尺度		长度 L	m	69.6	$\lambda_L = 1:40$	1.74
		宽度 B	m	12.5	$\lambda_L = 1:40$	0.3125
		高度 H	m	2.5	$\lambda_L = 1:40$	0.0625
成桥状态	等效质量	单位长度质量 m	kg/m	40977.2	$\lambda_m = 1:40^2$	25.6108
		单位长度质量惯矩 I_m	$kg\cdot m^2/m$	989063.0	$\lambda_{Im} = 1:40^4$	0.3864
	频率	竖弯 f_h	Hz	0.3642	5.90 : 1	2.148
		扭转 f_t	Hz	0.7266	5.92 : 1	4.297
	风速	风速 U	m/s	—	$\lambda_v=1:6.8$	—
	阻尼	竖弯阻尼比 ξ_h	%	2	—	1.4
		扭转阻尼比 ξ_t	%	2	—	1.4
施工状态	等效质量	单位长度质量 m	kg/m	40569.1	$\lambda_m=1:40^2$	25.3557
		单位长度质量惯矩 I_m	$kg\cdot m^2/m$	821667.0	$\lambda_{Im}=1:40^4$	0.3210
	频率	竖弯 f_h	Hz	0.3793	5.92 : 1	2.246
		扭转 f_t	Hz	0.7903	5.93 : 1	4.688
	风速	风速 U	m/s	—	$\lambda_v=1:6.8$	—
	阻尼	竖弯阻尼比 ξ_h	%	2	—	1.5
		扭转阻尼比 ξ_t	%	2	—	1.5

表 5-12　　主梁节段模型涡振试验主要参数

参数名称			单位	实桥值	相似比	模型值
几何尺度		长度 L	m	69.6	$\lambda_L=1:40$	1.74
		宽度 B	m	12.5	$\lambda_L=1:40$	0.3125
		高度 H	m	2.5	$\lambda_L=1:40$	0.0625
成桥状态	等效质量	单位长度质量 m	kg/m	40977.2	$\lambda_m=1:40^2$	25.6108
		单位长度质量惯矩 I_m	kg·m²/m	989063.0	$\lambda_{Im}=1:40^4$	0.3864
	频率	竖弯 f_h	Hz	0.3642	16.63 : 1	6.055
		扭转 f_t	Hz	0.7266	16.67 : 1	12.109
	风速	竖弯风速 U	m/s	—	$\lambda_v=1:2.41$	—
		扭转风速 U	m/s	—	$\lambda_v=1:2.40$	—
	阻尼	竖弯阻尼比 ξ_h	%	2	—	1.2
		扭转阻尼比 ξ_t	%	2	—	1.4
施工状态	等效质量	单位长度质量 m	kg/m	40569.1	$\lambda_m=1:40^2$	25.3557
		单位长度质量惯矩 I_m	kg·m²/m	821667.0	$\lambda_{Im}=1:40^4$	0.3210
	频率	竖弯 f_h	Hz	0.3793	16.99 : 1	6.445
		扭转 f_t	Hz	0.7903	15.57 : 1	12.304
	风速	竖弯风速 U	m/s	—	$\lambda_v=1:2.35$	—
		扭转风速 U	m/s	—	$\lambda_v=1:2.57$	
	阻尼	竖弯阻尼比 ξ_h	%	2	—	1.3
		扭转阻尼比 ξ_t	%	2		1.5

2. 节段模型设计

节段模型为薄壁箱形结构，是由铁框架与纤维木板覆面组成，桥面栏杆等均选用 ABS 材料雕刻而成。主梁节段模型采用内支架悬挂，整个节段模型测振悬挂系统如图 5-5 所示。

图 5-5(a) 成桥状态主梁节段测振实验模型

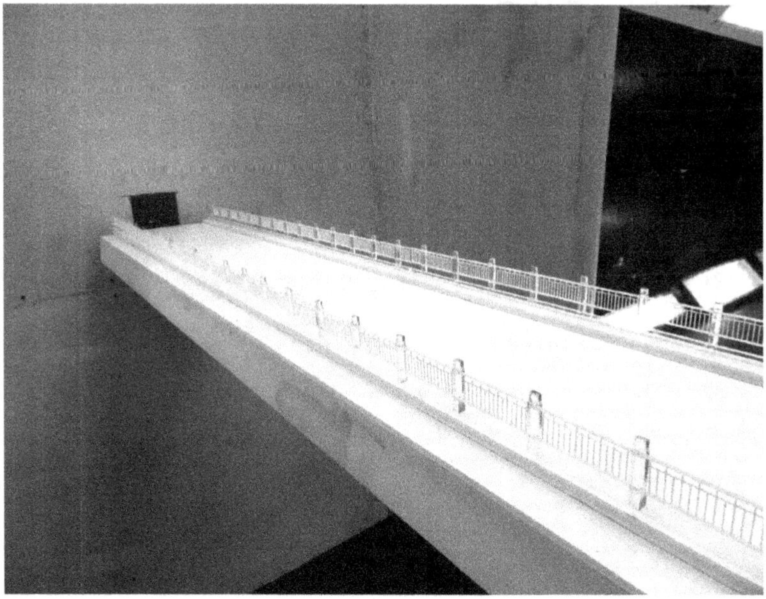

图 5-5(b) 成桥状态主梁节段模型栏杆

图 5-5(c)　施工状态主梁节段测振实验模型

图 5-5　主梁节段模型测振悬挂系统

5.5.2　颤振试验主要结果

1. 颤振临界风速

主梁节段模型颤振试验主要结果包括两个方面，即通过直接试验法测定的结构颤振临界风速和实测的加速度随风速增加的变化规律。

桥梁结构在各风攻角下颤振临界风速风洞试验实测结果如表 5-13 所示。检验结构达到颤振临界风速的标准是系统阻尼比是否为 0。童庄河大桥成桥状态的颤振检验风速为[V_{cr}]=56.5m/s，施工状态颤振检验风速为[V_{cr}]=47.5m/s。

试验结果表明：成桥状态和施工状态在风攻角-3°、0°及+3°下的颤振临界风速均高于该桥的颤振检验风速，满足颤振稳定性要求。

2. 系统阻尼比——风速曲线

通过对主梁断面形式进行颤振风洞试验，实测的成桥状态和施工状态扭转阻尼比随风速增加的变化规律如图 5-6 和图 5-7 所示。

表 5-13 **童庄河大桥颤振临界风速**

工况	结构形式	风攻角	颤振风速(m/s)	
			实桥值	检验值
颤振试验	成桥状态（竖弯阻尼比 1.5%，扭转阻尼比 1.5%）	−3°	>127.5	56.6
		0°	**102.8**	
		+3°	>127.5	
	施工状态（竖弯阻尼比 1.5%，扭转阻尼比 1.8%）	−3°	>113.2	47.5
		0°	**97.0**	
		+3°	>113.2	

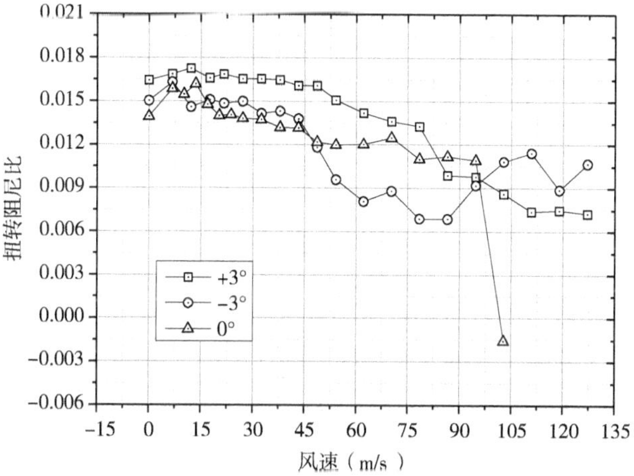

图 5-6　成桥状态节段模型系统扭转阻尼比——风速曲线

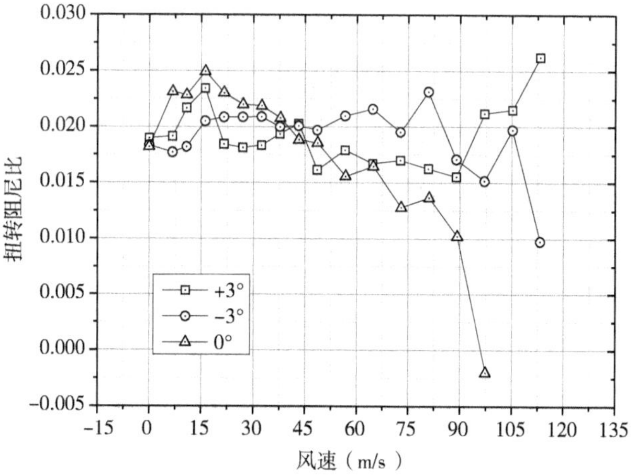

图 5-7　施工状态节段模型系统扭转阻尼比——风速曲线

3. 气动导数识别

成桥状态和施工状态采用了竖弯和扭转两自由度耦合振动方法进行颤振导数测定实验。从所记录的耦合振动信号中识别出各折减风速下的 8 个颤振导数 A_i^* 和 $H_i^*(i = 1, \cdots, 4)$，用于颤振分析和抖振分析。

5.5.3 涡振试验主要结果

针对童庄河大桥成桥状态、施工最不利状态主梁标准断面进行了节段模型涡振风洞试验。在均匀流场中通过涡激共振风洞试验确定涡振锁定风速和最大振幅(风攻角为-3°、0°和+3°)，试验结果如表 5-14 所示。

根据《公路桥梁抗风设计规范》中的规定，成桥状态扭转涡激共振振幅允许值为：

$$[\theta_\alpha] = 4.56/Bf_t = 4.56/(12.5 \times 0.7266) = 0.5020^0$$

成桥状态竖弯涡激共振振幅允许值为：

$$[h_\alpha] = 0.04/f_b = 0.04/0.3642 = 0.1098\text{m}$$

施工状态扭转涡激共振振幅允许值为：

$$[\theta_\alpha] = 4.56/Bf_t = 4.56/(12.5 \times 0.3793) = 0.4616^0$$

施工状态竖弯涡激共振振幅允许值为：

$$[h_\alpha] = 0.04/f_b = 0.04/0.3793 = 0.1055\text{m}$$

主桥结构在成桥状态及施工最不利阶段涡激共振性能风洞试验结果表明：

成桥状态(竖弯阻尼比 1.5%，扭转阻尼比 1.5%)在-3°、0°和+3°风攻角下出现了竖弯涡激共振，未出现扭转涡振。其中，-3°风攻角竖弯涡激共振振幅峰值为 2.58mm(实桥风速 9.6m/s)、0°风攻角下竖弯涡激共振振幅峰值为 1.40mm(实桥风速 8.7m/s)、+3°风攻角下竖弯涡激共振振幅峰值为 3.63mm(实桥风速 8.7m/s)，均未超出规范允许值(109.8mm)。

施工状态(竖弯阻尼比 1.5%，扭转阻尼比 1.8%)在-3°、0°和+3°风攻角下出现了竖弯涡激共振和扭转涡激共振。其中，-3°风攻角竖弯涡激共振振幅峰值为 8.34mm(实桥风速 7.1m/s)，扭转涡激共振振幅峰值为 0.008°(实桥风速 15.4m/s)；0°风攻角下竖弯涡激共振振幅峰值为 8.26mm(实桥风速 8.3m/s)，扭转涡激共振振幅峰值为0.01°(实桥风速17.3m/s)；+3°风攻角下竖弯涡激共振振幅峰值为13.32mm(实桥风速8.2m/s)，扭转涡激共振振幅峰值为0.03°(实桥风速17.0m/s)，均未超出竖弯涡激共振振幅峰值规范允许值(105.5mm)及扭转涡激共振振幅峰值规范允许值(0.4616°)。涡激共振试验结果如表5-14所示。

表5-14　**各工况下涡振风速区间及振幅峰值表(模型缩尺比1：40)**

工况	结构形式	风攻角(°)	涡振形式	风速区间(m/s)	峰值振幅	规范允许值
涡激共振试验	成桥状态	-3	竖弯	9.1~11.6	2.58mm	109.8mm
			扭转	无		0.5020°
		0	竖弯	7.7~9.6	1.40mm	109.8mm
			扭转	无		0.5020°
		+3	竖弯	7.7~9.6	3.63mm	109.8mm
			扭转	无		0.5020°
	施工状态	-3	竖弯	6.6~8.2	8.34mm	105.5mm
			扭转	11.6~18.0	0.008°	0.4616°
		0	竖弯	6.8~10.2	8.26mm	105.5mm
			扭转	16.2~19.4	0.01°	0.4616°
		+3	竖弯	7.5~9.4	13.32mm	105.5mm
			扭转	15.4~19.5	0.03°	0.4616°

5.6 主梁节段模型测力试验

节段模型测力风洞试验共完成了主梁成桥状态和施工阶段-12°到+12°共计各25个风攻角的试验工况。全部测力节段模型风洞试验都是在均匀流场中进行的。试验结果包括在不同风攻角下，成桥状态和施工阶段主梁的静风阻力和阻力系数、静风升力和升力系数以及静风升力矩和升力矩系数。

5.6.1 测力模型设计

主梁测力节段模型采用几何缩尺比 $\lambda_L=1:40$，测力试验除气动外形相似外要求节段模型刚性尽可能大，但对质量和质量惯矩没有相似性要求。主梁测力节段模型是在测振节段模型基础上加以改造，竖直安装在测力天平上，以用于测力风洞试验。详细构造参见第 6 章节段模型测振试验。节段模型不同风攻角下测力系统如图 5-8 所示。

图 5-8　不同风攻角下主梁节段模型测力系统

5.6.2　不同风攻角下测力试验主要结果

通过主梁节段模型的横风向测力试验获得了在不同风攻角下，成桥状态和施工阶段的静力三分力系数。风轴上的阻力系数 C_D 、升力系数 C_L 以及升力矩系数 C_M 定义如下。

$$C_D = \frac{F_D}{\frac{1}{2}\rho U^2 HL} \quad C_L = \frac{F_L}{\frac{1}{2}\rho U^2 BL} \quad C_M = \frac{M_z}{\frac{1}{2}\rho U^2 B^2 L} \tag{5-6-1}$$

主梁体轴上的阻力系数 C_H 、升力系数 C_V 以及升力矩系数 C_M 定义如下：

$$C_H = \frac{F_H}{\frac{1}{2}\rho U^2 HL} \quad C_V = \frac{F_V}{\frac{1}{2}\rho U^2 BL} \quad C_M = \frac{M_z}{\frac{1}{2}\rho U^2 B^2 L} \tag{5-6-2}$$

主梁体轴系三分力与风轴系三分力之间的转换如下列式子所示：

$$F_D = F_H\cos\theta + F_V\sin\theta \tag{5-6-3}$$

$$F_L = - F_H\sin\theta + F_V\cos\theta \tag{5-6-4}$$

式(5-6-1)至式(5-6-4)中，F_D、F_L 和 M_z 分别表示风轴系上单位长度静风阻力、静风升力和静风升力矩；F_H、F_V 和 Mz 分别表示体轴系上单位长度静风阻力、静风升力和静风升力矩；ρ 表示空气质量密度，取 $\rho = 1.225\text{kg/m}^3$；$U$ 表示来流风速；H、B 及 L 分别表示节段模型投影高度，投影宽度及投影长度，按 $H = 2.5/40 = 0.0625\text{m}$，$B = 12.5/40 = 0.3125\text{m}$ 及 $L = 69.6/40 = 1.74\text{m}$ 取值；α 表示来流攻角。

−3°、0°和+3°攻角下的主要静力三分力系数及其导数风洞试验结果汇总如表5-15所示。

表 5-15　**不同风攻角下主梁断面静力三分力系数主要试验结果**

断面形式	风攻角	阻力系数		升力系数		升力矩系数	
		C_D	$dC_D/d\alpha$	C_L	$dC_L/d\alpha$	C_M	$dC_M/d\alpha$
成桥状态	−3°	1.672	−0.0775	−0.205	−0.0140	0.034	−0.0010
	0°	1.419	−0.0825	−0.336	−0.0405	0.016	−0.0085
	+3°	1.301	−0.0005	−0.248	0.0730	0.002	−0.0020
施工阶段	−3°	1.157	−0.0975	−0.429	0.0750	0.028	0.0015
	0°	0.949	−0.0075	−0.141	0.0700	0.021	−0.0090
	+3°	1.133	0.1055	0.068	0.1080	−0.005	−0.0045

5.7　主要研究结论

主要研究结论可以归纳为下列 5 个方面。

1. 设计风速的确定

基于《桥位气候背景和风参数研究技术报告》和《公路桥梁抗风设计规范》(JTG/T D60-01—2004)，童庄河大桥桥面不同重现期下的设计基准风速见表 5-16，桥面不同重现期下的静力扭转发散检验风速见表 5-17。

表 5-16　　童庄河大桥主桥桥面不同重现期下的设计基准风速

结构状态	成桥状态	施工状态
桥位设计基本风速(m/s)	33.0	27.7
桥面设计基准风速(m/s)	36.3	30.5
桥面设计静阵风风速(m/s)	56.6	47.5

注：童庄河桥位的阵风系数为 1.56。

表 5-17　　童庄河大桥主桥结构颤振检验风速、静力扭转发散检验风速

状态	成桥运营状态(m/s)	施工状态(m/s)
颤振检验风速 [V_{cr}]	56.5	47.5
静力扭转发散检验风速 [V_{td}]	72.6	61.0

2. 动力特性分析结果

采用 ANSYS 有限元分析软件对童庄河大桥成桥状态、施工最不利状态下的动力特性进行了分析，并输出了相应的模态及等效质量/质量惯性矩，主要结果

如表 5-18 所示。

表 5-18 成桥状态和施工状态下动力特性分析结果

状态	模态	频率(Hz)	等效质量(T/m)	等效质量惯矩(Tm^2/m)
成桥状态	一阶竖弯	0.3642	40.9772	—
	二阶竖弯	0.4916	42.6982	—
	一阶侧弯	0.3417	45.9237	—
	二阶侧弯	0.5347	177.349	
	一阶扭转	0.7266	—	989.063
	二阶扭转	1.1477	—	1029.10
最大双悬臂状态	一阶竖弯	0.6659	51.9342	—
	二阶竖弯	0.7106	82.1255	—
	一阶侧弯	0.8528	55.7757	—
	二阶侧弯	1.6029	94.6611	—
	一阶扭转	1.0763	—	1022.62
	二阶扭转	1.2765	—	914.260
最大单悬臂状态	一阶竖弯	0.3793	40.5691	—
	二阶竖弯	0.5672	106.337	—
	一阶侧弯	0.2795	32.9741	—
	二阶侧弯	1.4490	47.1688	—
	一阶扭转	0.7903	—	821.667
	二阶扭转	1.7723	—	832.251

3. 节段模型颤振临界风速风洞试验结果

成桥状态和施工状态颤振试验在均匀流场中进行，包括-3°、0°及+3°三种风攻角。直接颤振法风洞试验主要结果如表 5-19 所示。试验结果表明，成桥状态和施工状态颤振临界风速均高于颤振检验风速，满足规范要求。颤振临界风速如表 5-19 所示。

表 5-19　　**童庄河大桥颤振临界风速**

工况	结构形式	风攻角	颤振风速(m/s)	
			实桥值	检验值
颤振试验	成桥状态（竖弯阻尼比 1.4%，扭转阻尼比 1.4%）	−3°	>127.5	56.6
		0°	**102.8**	
		+3°	>127.5	
	施工状态（竖弯阻尼比 1.5%，扭转阻尼比 1.5%）	−3°	>113.2	47.5
		0°	**97.0**	
		+3°	>113.2	

4. 节段模型涡激共振风洞试验结果

主桥结构在成桥状态及施工最不利阶段涡激共振性能风洞试验结果表明：成桥状态在−3°、0°和+3°风攻角下出现了竖弯涡激共振，未出现扭转涡振。其中，−3°风攻角竖弯涡激共振振幅峰值为 2.58mm(实桥风速 9.6m/s)、0°风攻角下竖弯涡激共振振幅峰值为 1.40mm(实桥风速 8.7m/s)、+3°风攻角下竖弯涡激共振振幅峰值为 3.63mm(实桥风速 8.7m/s)，均未超出规范允许值(109.8mm)。

施工状态在−3°、0°和+3°风攻角下出现了竖弯涡激共振和扭转涡激共振。其中，−3°风攻角竖弯涡激共振振幅峰值为 8.34mm(实桥风速 7.1m/s)，扭转涡激共振振幅峰值为 0.008°(实桥风速 15.4m/s)；0°风攻角下竖弯涡激共振振幅峰值为 8.26mm(实桥风速 8.3m/s)，扭转涡激共振振幅峰值为 0.01°(实桥风速 17.3m/s)；+3°风攻角下竖弯涡激共振振幅峰值为 13.32mm(实桥风速 8.2m/s)，扭转涡激共振振幅峰值为 0.03°(实桥风速 17.0m/s)，均未超出竖弯涡激共振振幅峰值规范允许值(105.5mm)及扭转涡激共振振幅峰值规范允许值(0.4616°)。涡激共振试验结果如表 5-20 所示。

表 5-20　各工况下涡振风速区间及振幅峰值表(模型缩尺比 1∶40)

工况	结构形式	风攻角(°)	涡振形式	风速区间(m/s)	峰值振幅	规范允许值
涡激共振试验	成桥状态	-3	竖弯	9.1~11.6	2.58mm	109.8mm
			扭转	无		0.5020°
		0	竖弯	7.7~9.6	1.40mm	109.8mm
			扭转	无		0.5020°
		+3	竖弯	7.7~9.6	3.63mm	109.8mm
			扭转	无		0.5020°
	施工状态	-3	竖弯	6.6~8.2	8.34mm	105.5mm
			扭转	11.6~18.0	0.008°	0.4616°
		0	竖弯	6.8~10.2	8.26mm	105.5mm
			扭转	16.2~19.4	0.01°	0.4616°
		+3	竖弯	7.5~9.4	13.32mm	105.5mm
			扭转	15.4~19.5	0.03°	0.4616°

5. 主梁断面三分力系数风洞试验结果

-3°、0°和+3°攻角下的主要静力三分力系数及其导数风洞试验结果汇总如表 5-21 所示。

表 5-21　不同风攻角下主梁断面静力三分力系数主要试验结果

断面形式	风攻角	阻力系数		升力系数		升力矩系数	
		C_D	$dC_D/d\alpha$	C_L	$dC_L/d\alpha$	C_M	$dC_M/d\alpha$
成桥状态	-3°	1.672	-0.0775	-0.205	-0.0140	0.034	-0.0010
	0°	1.419	-0.0825	-0.336	-0.0405	0.016	-0.0085
	+3°	1.301	-0.0005	-0.248	0.0730	0.002	-0.0020
施工阶段	-3°	1.157	-0.0975	-0.429	0.0750	0.028	0.0015
	0°	0.949	-0.0075	-0.141	0.0700	0.021	-0.0090
	+3°	1.133	0.1055	0.068	0.1080	-0.005	-0.0045

第6章　抗震性能研究

6.1　场地地震动参数

童庄河大桥的地震动资料有两个来源：一是《秭归县童庄河渡改桥工程工程地质勘察报告》中提供的场地地震效应评价；二是《三峡工程地震安全性评价》。

三峡库区有较详细的地震安全性评估《三峡工程地震安全性评价》报告，《秭归县童庄河渡改桥工程工程地质勘察报告》中提供的场地地震效应评价相对很简略。由《三峡工程论证地质地震论证报告》的附件《长江三峡工程水库诱发地震评价报告》中可知：童庄河渡改桥工程属于三峡库区建设工程，距离三峡坝址约几十公里，因此，对这两种地震动资料来源提供的地震动作对比，选择相对安全的作为本书的地震动输入。

由《三峡工程论证地质地震论证报告》的附件《长江三峡工程水库诱发地震评价报告》中可知：该桥工程区位于水库诱发地震烈度Ⅵ度区，且十分靠近由仙女山断裂层与九溪湾断裂层决定的水库诱发地震烈度 VII 度区。而且，该桥工程区近年有感地震十分频繁，因此，在本书中设计地震烈度选取 VII 度。

6.1.1　根据原资料进行的地震烈度Ⅵ度地震动参数比选

1. 反应谱的确定与比较

因为相关地震动资料的来源有两处，故在此根据两处的地震动资料确定相应的反应谱，并对这两个反应谱进行比较。

(1)工程场地的反应谱。《秭归县童庄河渡改桥工程工程地质勘察报告》中指出："秭归县境内历史上未记载有破坏性大地震，据邻近有地震资料记载以来，震级较大的有1949年巫山境内的4.6级、1979年5月22日秭归龙会观5.1级地震，对工程区影响微弱。根据《中国地震动参数区划图》(GB 18306—2008)，工程区50年超越概率10%地震动峰值加速度为0.05g，相应地震基本烈度为Ⅵ度。设计地震分组为第一组，地震动反应谱特征周期为0.35s。"

以上相关参数，对应《公路桥梁抗震设计细则》，可知工程场地为II类场地。设计地震水平地震烈度为Ⅵ度，超越概率50年10%，即E1水准地震作用，地震动峰值加速度为0.05g；罕遇地震水平超越概率50年2%，即E2水准地震作用，重要性系数为1.7。加速度反应谱曲线如图6-1所示(此时的结构阻尼比 $\xi=0.05$，阻尼调整系数 $C_d=1$)：

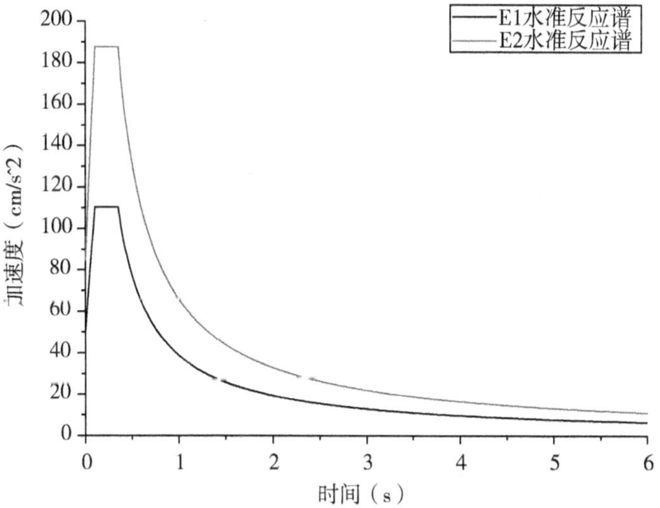

图6-1 工程场地E1、E2水准反应谱

(2)三峡库区反应谱。《三峡工程地震安全性评价》中指出：工程坝址稳定条件好，地震基本烈度Ⅵ度为宜。大坝抗震设计可直接使用基岩地震动参数，基岩水平峰值加速度和反应谱可作为坝址区地震动反应分析输入参数。以表6-1、表6-2分别为坝址区几种超越概率对应的烈度值和加速度峰值以及坝址基岩几种年超越概率的目标谱值。

表 6-1　　几种超越概率对应的烈度值和加速度峰值表

年超越概率	5×10^{-2}	5×10^{-3}	2×10^{-3}	1×10^{-3}	4×10^{-4}	1×10^{-4}
烈度(度)	3. 9	5. 4	5. 9	6. 2	6. 6	7. 1
加速度(厘米/秒^2)	10	27	45	60	85	125

表 6-2　　坝址基岩几种年超越概率的平均目标谱值表

周期	P=0. 002	P=0. 0004	P=0. 0001	周期	P=0. 002	P=0. 0004	P=0. 0001
0. 05	53. 4	99. 2	154. 2	0. 60	48. 6	86. 5	129. 5
0. 10	92. 6	168. 2	256. 7	0. 80	39. 4	68. 8	98. 6
0. 15	105. 5	196. 0	302. 2	1. 00	29. 7	53. 7	78. 4
0. 20	123. 5	208. 5	302. 1	1. 50	15. 2	29. 4	44. 8
周期	P=0. 002	P=0. 0004	P=0. 0001	周期	P=0. 002	P=0. 0004	P=0. 0001
0. 25	106. 7	192. 0	290. 9	2. 00	9. 0	16. 8	25. 7
0. 30	106. 0	182. 0	269. 1	2. 50	7. 8	13. 4	19. 8
0. 40	78. 4	146. 7	228. 5	3. 00	6. 4	9. 5	13. 2
0. 50	65. 5	113. 5	165. 4	4. . 00	5. 1	7. 4	10. 0

在表 6-1 中，年超越概率 4×10^{-4}即为 50 年 2%超越概率地震，对应桥梁规范罕遇地震水平，即 E2 水准。年超越概率 2×10^{-3}即为 50 年 10%超越概率地震，对应桥梁规范设计地震水平，即 E1 水准。因此，由上表即可得出坝址区 E1、E2 水准地震作用下的反应谱曲线如图 6-2 所示。

(3)反应谱的修正与对比。《公路桥梁抗震设计细则》第 9. 3. 6 条规定，斜拉桥的阻尼比不宜大于 3%。童庄河大桥为预应力混凝土斜拉桥，阻尼比不宜取太小，因此本次分析中阻尼比取规范下限 3%进行计算，并调整反应谱的阻尼系数，阻尼系数 C_d 取 1. 18，修正后桥址处 E1 水平加速度规范反应谱最大值为 130. 2278cm/s^2；E2 水平加速度规范反应谱最大值为 221. 3869cm/s^2。修正后的工程场地处的加速度反应谱如图 6-3 所示。

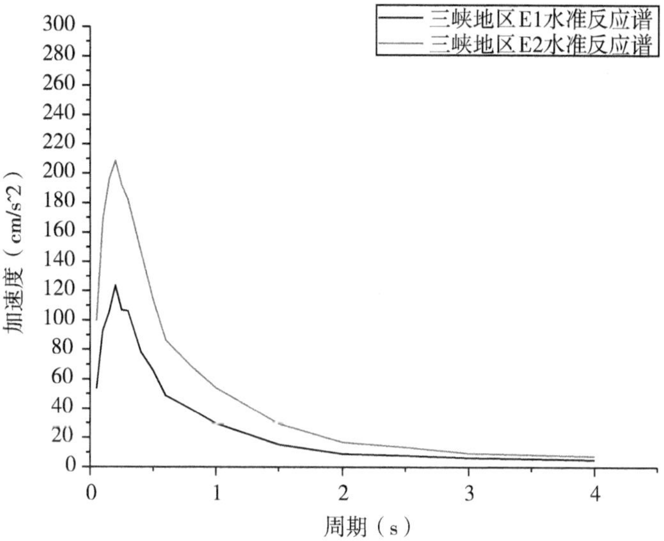

图 6-2 三峡地区 E1、E2 水准反应谱

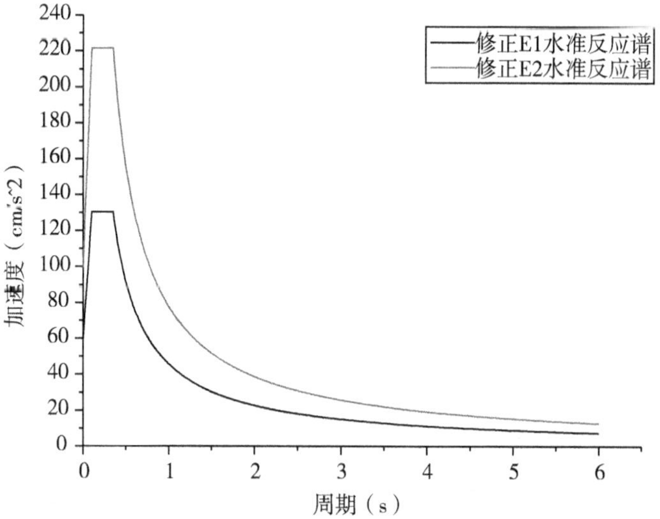

图 6-3 工程场地处修正的 E1、E2 水准反应谱

工程场地处修正的 E1、E2 水准地震作用下的反应谱与三峡地区修正的 E1、E2 水准地震作用下的反应谱对比如图 6-4、图 6-5 所示。

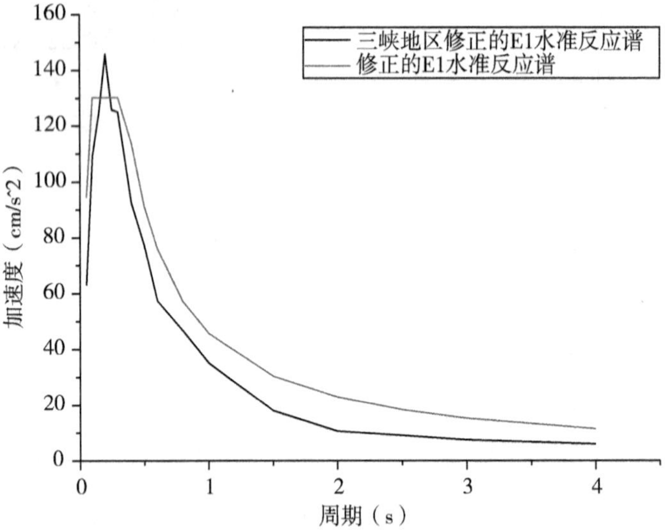

图 6-4　修正的 E1 水准地震作用下两反应谱的对比(阻尼比 3%)

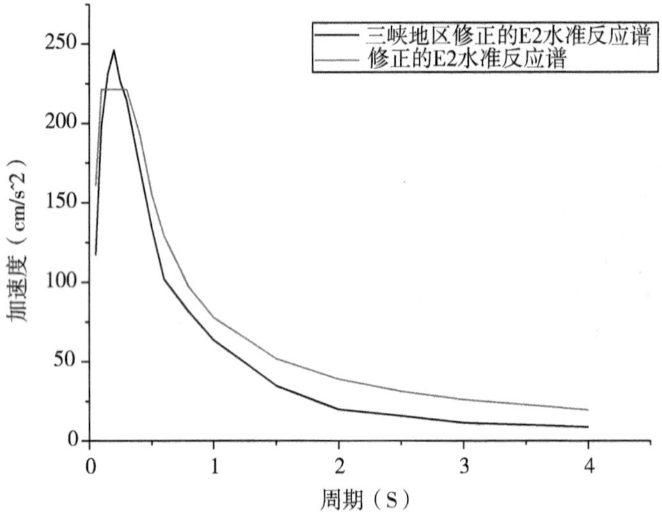

图 6-5　修正的 E2 水准地震作用下两反应谱的对比(阻尼比 3%)

由以上 E1、E2 水准地震作用下修正的加速度反应谱对比可知：三峡地区的反应谱在峰值处大于《秭归县童庄河渡改桥工程工程地质勘察报告》对应的规范反应谱。但是《秭归县童庄河渡改桥工程工程地质勘察报告》对应的规范反应谱在长周期处对应的谱值大于三峡地区的反应谱值。

2. 时程的生成与对比

因为在后期的抗震计算中既要用到反应谱分析又要进行时程计算，因此对两处地震动参数所对应的时程进行说明。

《秭归县童庄河渡改桥工程工程地质勘察报告》中没有给出时程，因此本次分析所用时程由按3%的阻尼比修正的桥址处规范反应谱生成，如图6-6、图6-7所示。

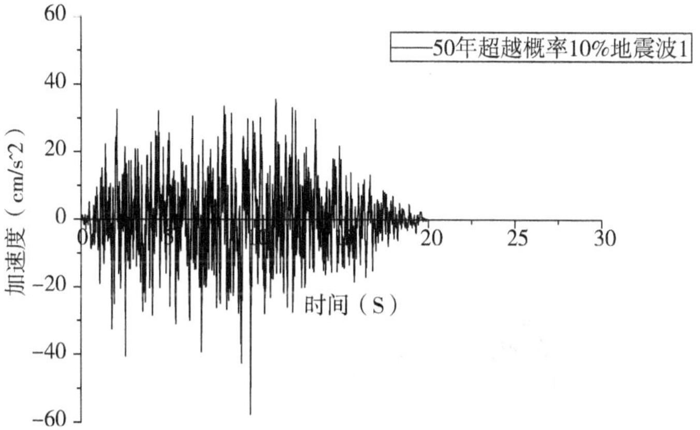

图6-6(a)　工程场地处50年超越概率10%地震波1

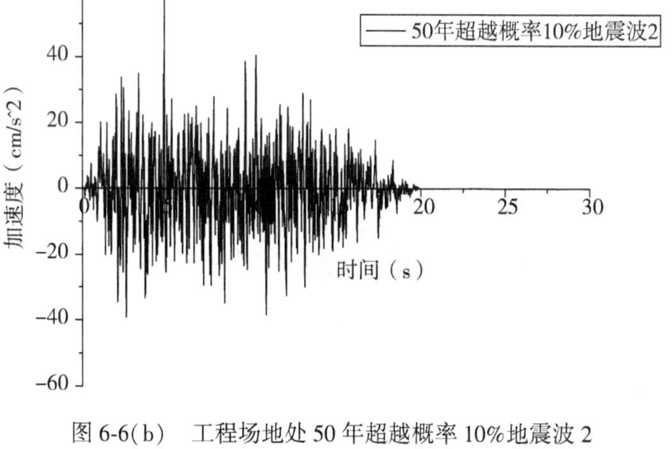

图6-6(b)　工程场地处50年超越概率10%地震波2

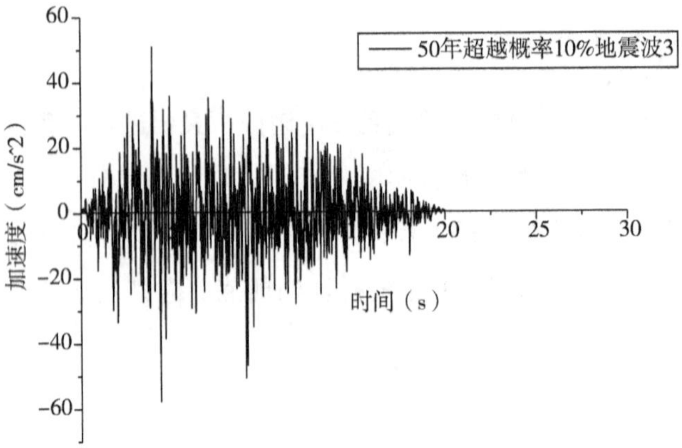

图 6-6(c)　工程场地处 50 年超越概率 10%地震波 3

图 6-6　桥址处修正的 E1 水准反应谱生成的地震加速度时程

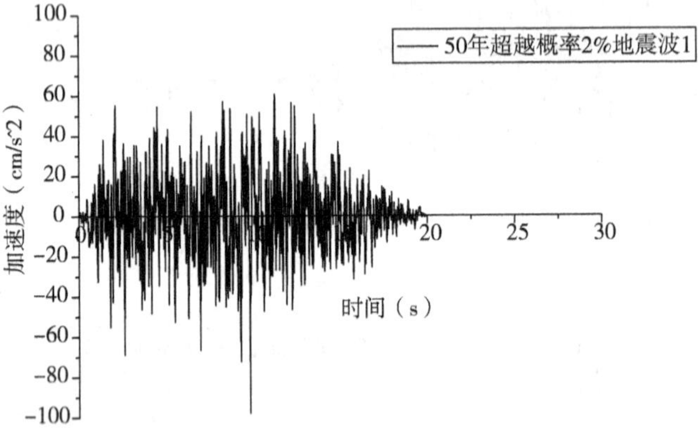

图 6-7(a)　工程场地处 50 年超越概率 2%地震波 1

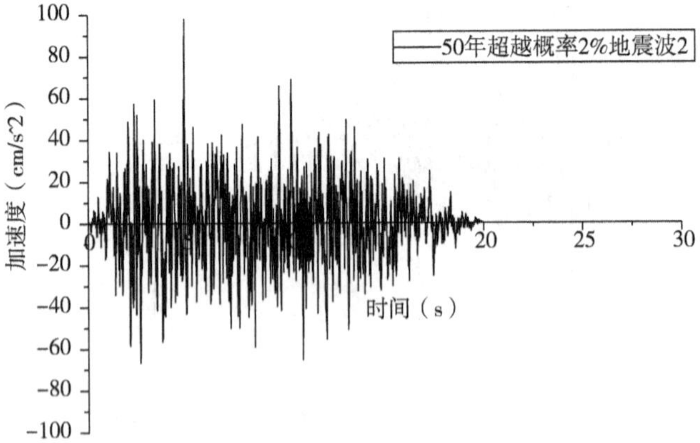

图 6-7(b)　工程场地处 50 年超越概率 2%地震波 2

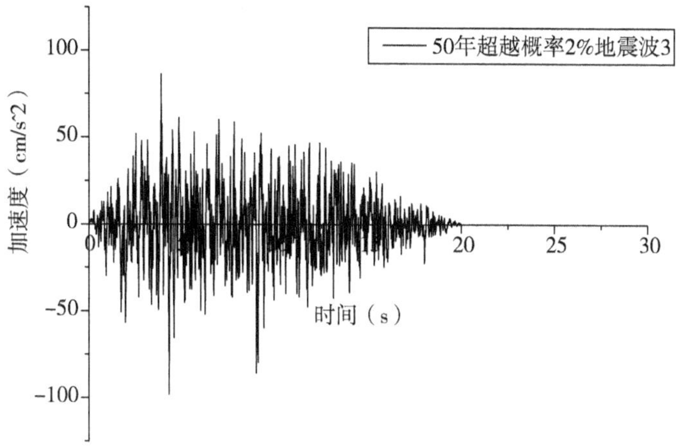

图 6-7(c) 工程场地处 50 年超越概率 2%地震波 3

图 6-7 桥址处修正的 E2 水准反应谱生成的地震加速度时程

将这 6 条时程生成与之对应的反应谱，并与修正的工程场地处规范反应谱进行比较，比较结果如图 6-8、图 6-9 所示。

由以上对比可知：时程生成的反应谱在峰值处比规范反应谱大，因此在后续分析中，时程分析的结果可能比反应谱分析的结果大。

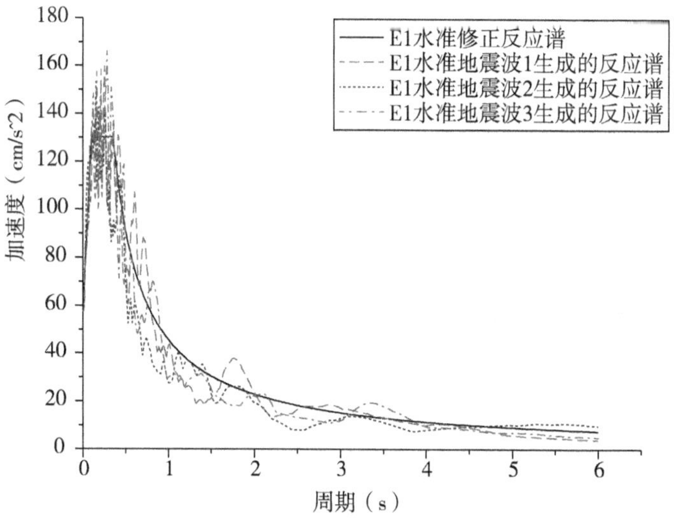

图 6-8 E1 水准地震时程生成反应谱与修正的规范反应谱对比

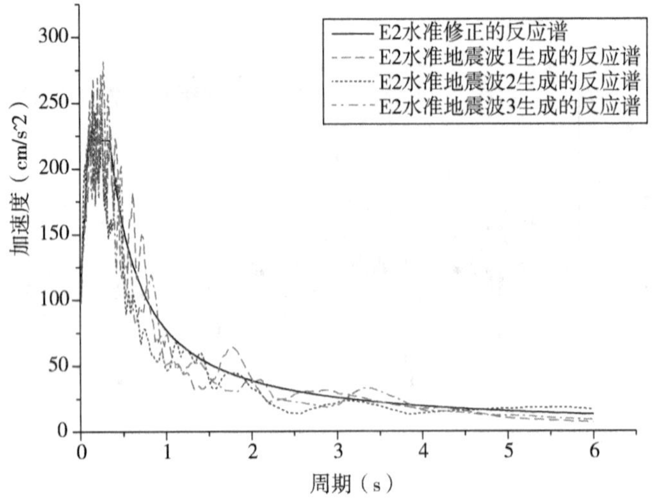

图 6-9　E2 水准地震时程生成反应谱与修正的规范反应谱对比

《三峡工程地震安全性评价》同时给出各地震超越概率下地震波时程，因此，仍按修正阻尼比前的反应谱和时程生成的反应谱对比，观察二者之间的差异。将三峡坝址区 E1、E2 水准地震作用下的反应谱曲线与由已给 E1、E2 水准作用下的时程生成的反应谱曲线进行对比，可以发现相互之间吻合得很好，如图 6-10、图 6-11 所示。

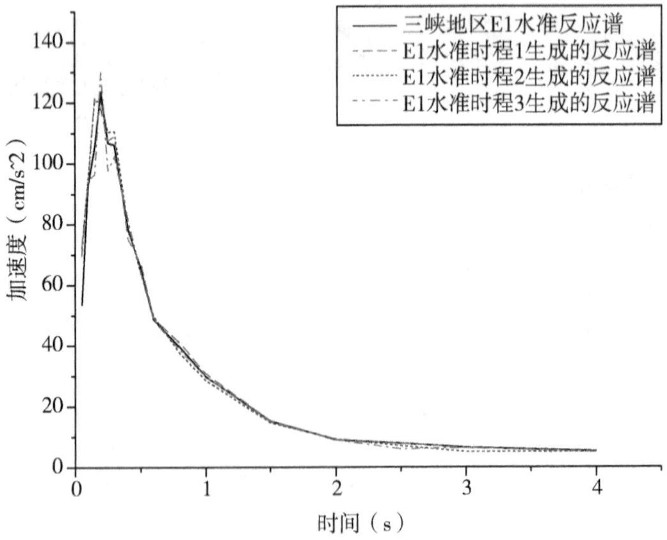

图 6-10　E1 水准地震时程生成反应谱与已给反应谱对比(阻尼 5%)

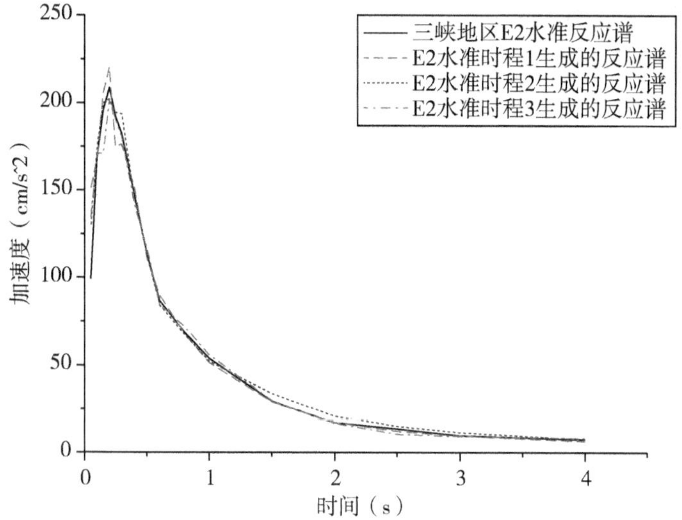

图 6-11 E1 水准地震时程生成反应谱与已给反应谱对比(阻尼 5%)

3. 地震动数据的选用

在上述的地震输入比较中，三峡地区的反应谱在仅在峰值处大于《秭归县童庄河渡改桥工程工程地质勘察报告》对应的桥址处规范反应谱，但桥址处的规范反应谱在长周期处对应的谱值大于三峡地区的反应谱值；斜拉桥具有长周期的特性，故在进行反应谱分析中采用桥址区的地震动数据偏于安全。

由时程生成的反应谱与原反应谱对比可见，二者吻合很好，这说明两种地震动来源下，以反应谱分析与以时程分析得到的结果相对安全性一致。

综合以上梁方面，采用《秭归县童庄河渡改桥工程工程地质勘察报告》对应的桥址处的地震动参数进行结构抗震计算。

6.1.2 按 VII 度设防的地震动数据

由《三峡工程论证地质地震论证报告》的附件《长江三峡工程水库诱发地震评价报告》中可知：该桥工程区位于水库诱发地震烈度Ⅵ度区，十分靠近仙女山断裂层与九溪湾断裂层决定的水库诱发地震烈度 VII 度区。而且，该地区近年有感地震频繁，因此，在本书中设计地震烈度选取 VII 度。

当设计地震水平地震烈度为 7 度时，地震动峰值加速度为 0.1g，根据《公路桥梁抗震设计细则》，取阻尼调整系数 1.18 得 E1、E2 水准的水平设计加速度反应谱最大值分别为 260. 456cm/s^2、442. 7738cm/s^2。VII 度情况所对应的水平设计加速度反应谱如图 6-12 所示。

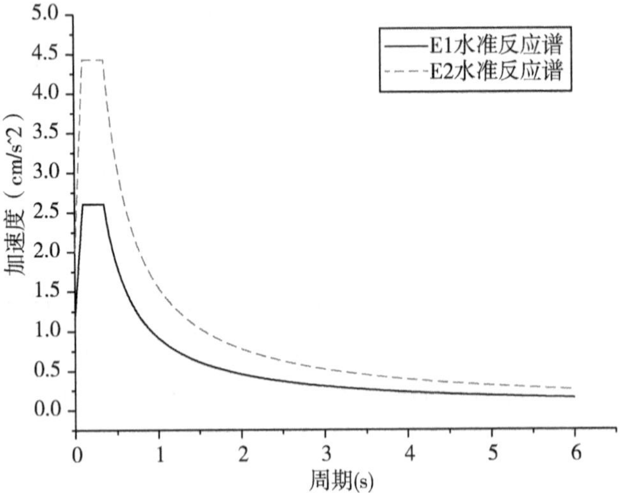

图 6-12　工程场地 VII 度地震烈度时的 E1、E2 水准的水平加速度反应谱

根据上述的 E1、E2 水准的水平设计加速度反应谱可生成相应的时程曲线，如图 6-13 和图 6-14 所示。

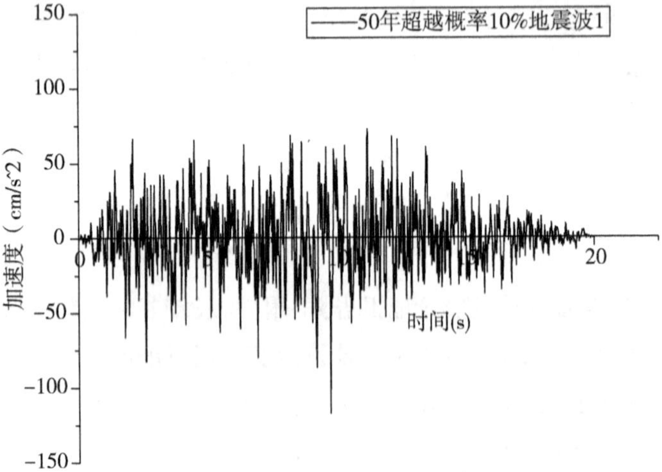

图 6-13(a)　50 年超越概率 10%地震波 1

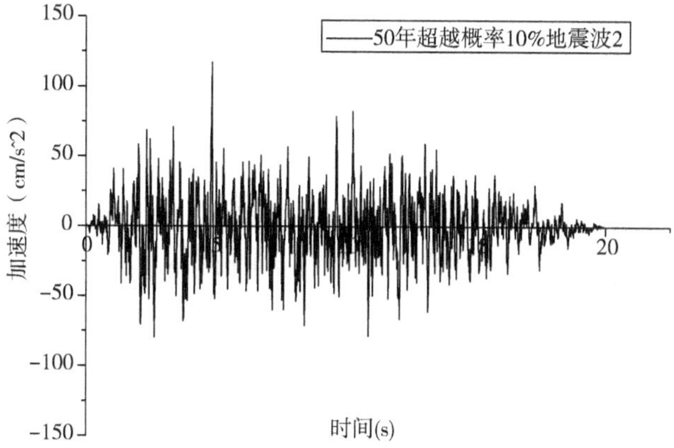

图 6-13(b) 50 年超越概率 10%地震波 2

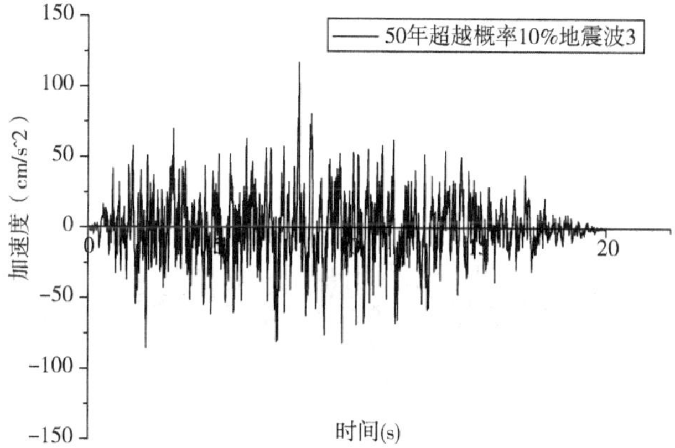

图 6-13(c) 50 年超越概率 10%地震波 3

图 6-13 7 度设防标准 50 年超越概率 10%的地震波

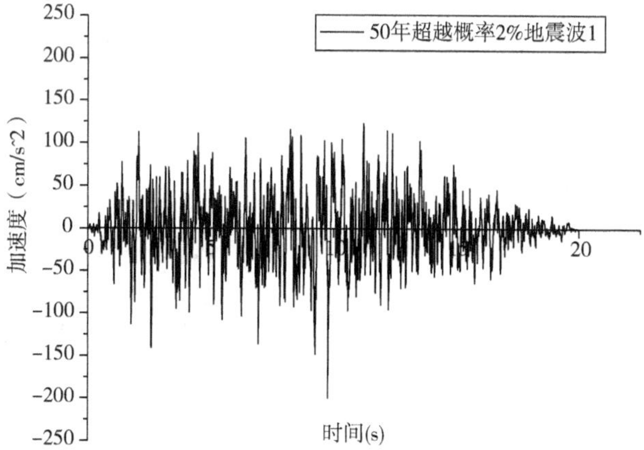

图 6-14(a) 50 年超越概率 2%地震波 1

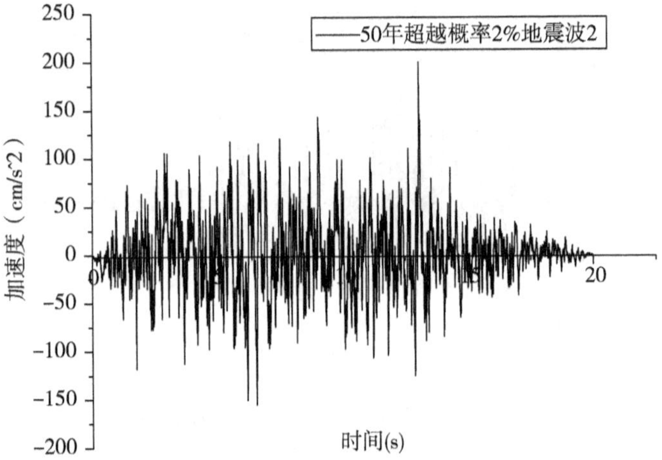

图 6-14(b)　50 年超越概率 2%地震波 2

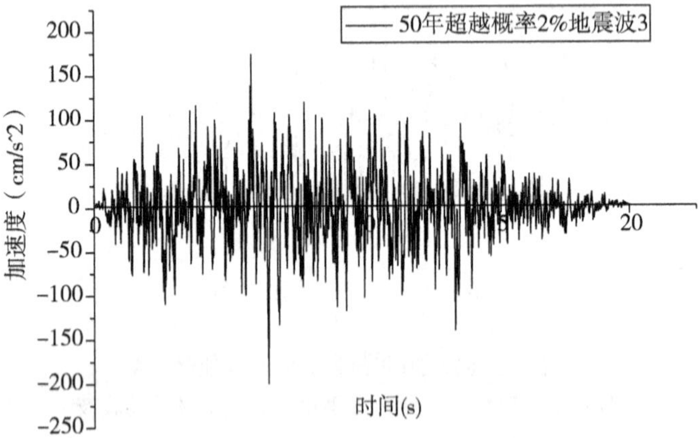

图 6-14(c)　50 年超越概率 2%地震波 3

图 6-14　7 度设防标准 50 年超越概率 2%地震波

6.1.3　抗震专题研究内容

童庄河大桥主桥上部结构采用(145+320+145)m 斜拉桥方案，主桥全长 610m 主梁和桥塔的刚度均较柔。与已建成的斜拉桥相比，童庄河大桥具有基本风速较高、边跨与主跨比小，桥梁宽跨比小。

根据《中国地震动参数区划图》(GB 18306—2008)，工程区 50 年超越概率 10%地震动峰值加速度为 0.05g，相应地震基本烈度为Ⅵ度，地震动反应谱特征周期为 0.35s。

童庄河大桥工程工程地质勘察报告中指出："秭归县境内历史上未记载有破坏性大地震，据邻近有地震资料记载以来，震级较大的有 1949 年巫山境内的 4.6 级、1979 年 5 月 22 日秭归龙会观 5.1 级地震，对工程区影响微弱。"但 2013 年至 2014 年，秭归小型有感地震频发。且由《三峡工程论证地质地震论证报告》的附件《长江三峡工程水库诱发地震评价报告》中可知：该桥工程区十分靠近由仙女山断裂层与九溪湾断裂层决定的水库诱发地震烈度 VII 度区。因此，地震对桥梁结构的影响需进行重点研究，且地震基本烈度提高一度，为 VII 度区，进行相关抗震研究。

基于童庄河大桥结构特点，其抗震研究内容如下。

(1)建立主桥结构的三维空间动力有限元分析模型，正确反映主桥的特点以及主墩、引桥桥墩处梁、墩连接特点等耦合影响、水体作用以及水位变化影响以及高桩承台的影响；由于墩梁连接方式也是斜拉桥抗震研究的重点，因此，需模拟相邻联引桥或桥台作为边界条件。

(2)E1 水平地震分析以及抗震性能评估。采用 E1 水平设计概率的地震输入，用反应谱法和时程法计算地震作用下结构的位移和内力，选出关键内力和位移，并对相关构件验算。

(3)过渡墩、辅助墩及其墩梁连接方式分析。在斜拉桥的抗震分析中，地震作用下，斜拉桥的过渡墩、辅助墩及其支座常常会有不可忽略的动轴拉力出现，需对过渡墩、辅助墩的桥墩形式及其墩梁连接方式进行连接方案研究。

(4)E2 水平地震分析以及抗震性能评估。采用 E2 水平设计概率的地震输入，考虑过渡墩、辅助墩地震作用下损伤，分析 E2 水平设地震作用下结构动力响应；选出不利的动力响应，并对相关构件验算。

(5)主梁限位研究。全漂浮体系斜拉桥的特点之一，其主梁的振动周期较长。在减小主梁水平引起的地震内力与释放温度荷载内力的同时，主梁在纵向地震作用之下会产生较大的位移，因此，需结合静力进行伸缩缝选型，或进行位移控制装置及其参数研究。

(6)结论安全评价及建议。对主桥结构的抗震安全性作出评价，提出抗震研究结论和建议。

6.2 设防标准及建议抗震性能目标

桥梁抗震性能研究必须有明确的抗震性能目标，以便对结构进行合理的抗震验算，结合国内外近年来的基于性能的抗震设计思想和《公路桥梁抗震设计细则》(JTG/T B02-01—2008)规定，秭归县童庄河桥采用两水平设防，两阶段设计的抗震思想。

对于 A 类桥梁，《公路桥梁抗震设计细则》(JTG/T B02-01—2008)规定 E1 地震水平的性能目标是不受损或不需要修复可继续使用；E2 水平的性能目标是可发生局部轻微损伤，不需要修复或经简单修复可继续使用。

E1 水准相当于设计地震，对应地震烈度 VII 度，E2 水准相当于罕遇地震。

依据《公路桥梁抗震设计细则》规定，并综合考虑结构遭遇的地震作用水平、紧急情况下维持交通能力的必要性以及结构的耐久性和维护费用等因素，对应两级设防地震的抗震性能目标如表 6-3 所示。

表 6-3　　主桥结构抗震设防水准和建议性能目标

设防标准	主要性能目标
E1：水准 I (设计烈度 VII 度)	主梁、桥塔保持弹性；斜拉索保持完好；过渡墩、辅助墩保持弹性；支座、桩基保持完好。
E2：水准 II	主梁、主塔可出现局部轻微损伤；斜拉索保持完好；过渡墩、辅助墩可出现塑性铰；支座桩基保持完好。

6.3 动力计算模型

斜拉桥由桥塔、桥面系、斜拉索、过渡墩、辅助墩、桥台、桩基和支撑连接装置组成。在进行有限元分析计算时要建立整体及各构件的合理的数值模型，使数值模型能正确反映出结构的几何、材料特性，以及各构件的边界连接条件。

在进行动力分析的有限元模型中，桥塔、主梁、墩、桩采用三维梁单元模拟，斜拉索采用杆单元模拟，支座及桥台采用相应刚度的弹簧单元模拟，在模拟桩基础时，因基础为岩石基础，因此，在桩基础的自由桩长端直接固结。

6.3.1 结构动力特性分析

根据上述内容建立童庄河大桥的动力计算模型，对该桥进行了结构动力特性的分析研究，以了解结构的动力特性。

频率及模态列表如表 6-4 所示。

表 6-4 结构动力特性

振型阶数	周期	振型特征描述	振型阶数	周期	振型特征描述
1	5.82	纵飘	11	1.02	主梁一阶反对称侧弯
2	3.03	主梁一阶对称侧弯	12	0.97	主梁二阶反对称侧弯
3	2.65	主梁一阶对称竖弯	13	0.95	主梁三阶对称竖弯
4	2.21	桥塔异向侧弯	14	0.90	二阶扭转
5	1.96	主梁一阶反对称竖弯	15	0.86	主梁三阶反对称竖弯
6	1.90	主梁对称侧弯+主梁扭转	16	0.85	三阶扭转
7	1.40	主梁扭转	17	0.77	主梁四阶对称竖弯
8	1.34	主梁二阶对称竖弯	18	0.72	主梁五阶对称竖弯
9	1.25	辅助墩纵桥向弯曲	19	0.68	主梁六阶对称竖弯
10	1.06	主梁二阶反对称竖弯	20	0.66	主梁二阶对称侧弯

从振型和对应的频率可以看出，本桥动力特性有以下特点。

(1)第一阶振型为纵飘，对应周期为 5.8191s。

(2)梁的扭转振型在第 6 阶时已经有显现，在第 7 阶则完全为主梁的扭转振型。因为桥面较窄，只有 12.5m 宽，为 π 型截面梁，其本身抗扭性较差，且桥面铺装、栏杆、路缘石等附属设施对桥面的扭转惯性质量有一定贡献，故其扭转性能出现较早。

(3)对桥塔横桥向地震反应贡献最大的塔柱侧弯振型出现在第四阶和第六阶，周期分别为 2.2129s 1.9001s。

(4)2#辅助墩以纵向振动为主振型出现在第 9 阶，周期为 1.2499s。

根据上述动力计算模型给出主梁纵飘、主塔异向侧弯、主梁前 6 阶竖弯、主梁前 2 阶侧弯、辅助墩纵桥向 1 阶弯曲、主梁扭转、主梁侧弯+扭转振型图，如图 6-15 至图 6-27 所示。

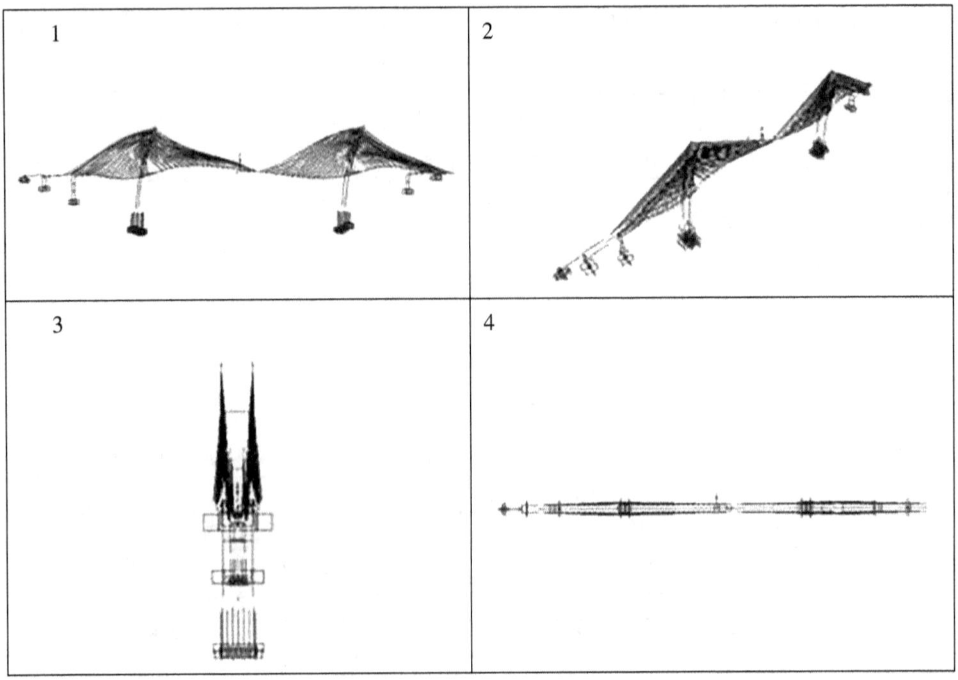

图 6-15　第一阶全桥纵飘

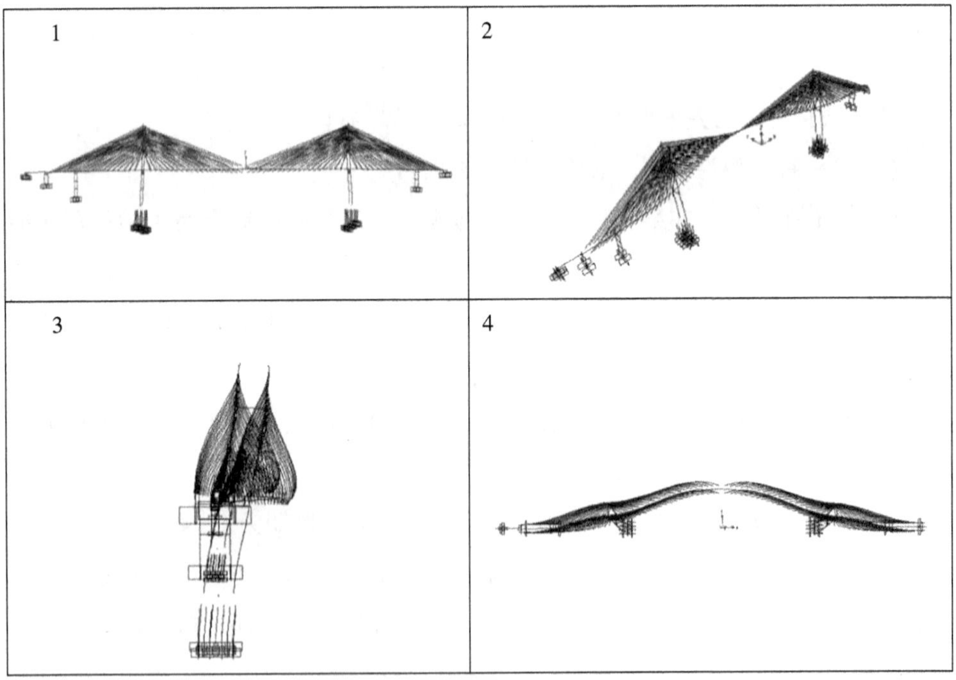

图 6-16　第二阶主梁一阶对称侧弯

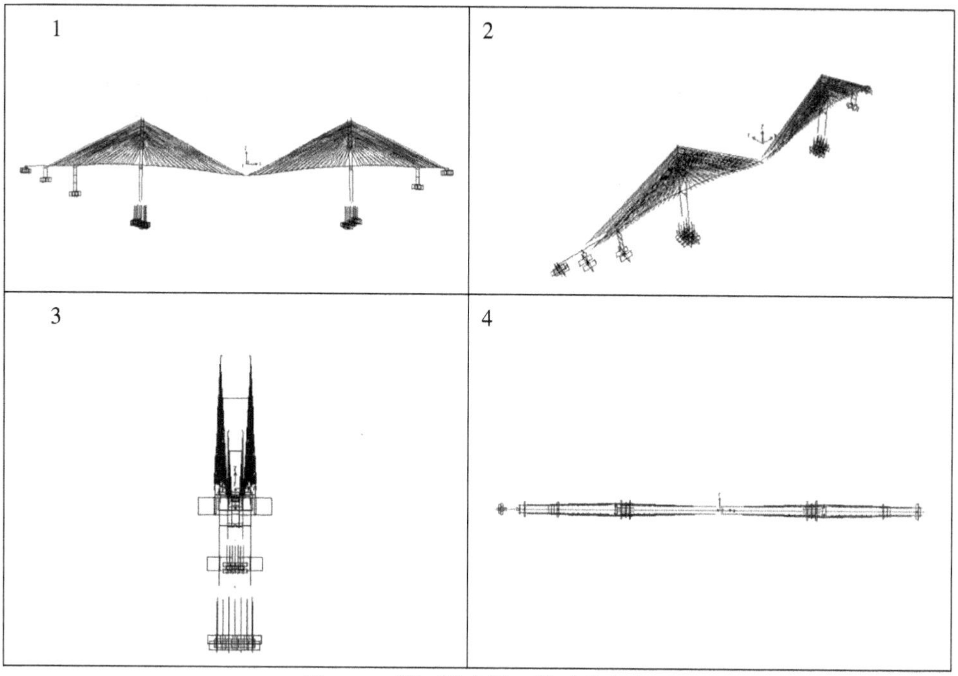

图 6-17　第三阶主梁一阶对称竖弯

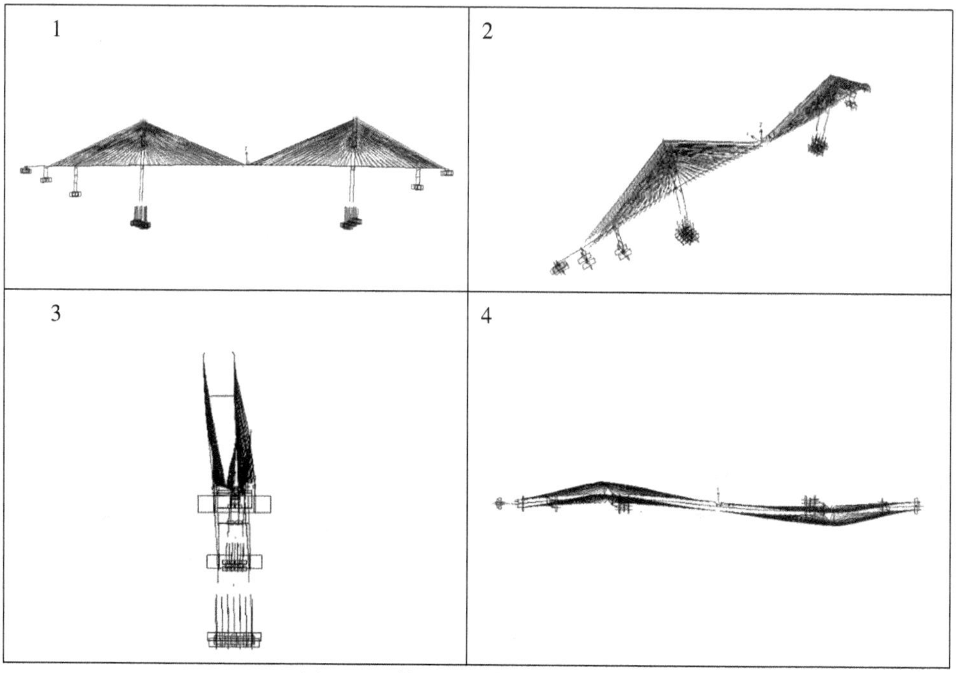

图 6-18　第四阶主塔一阶异向侧弯

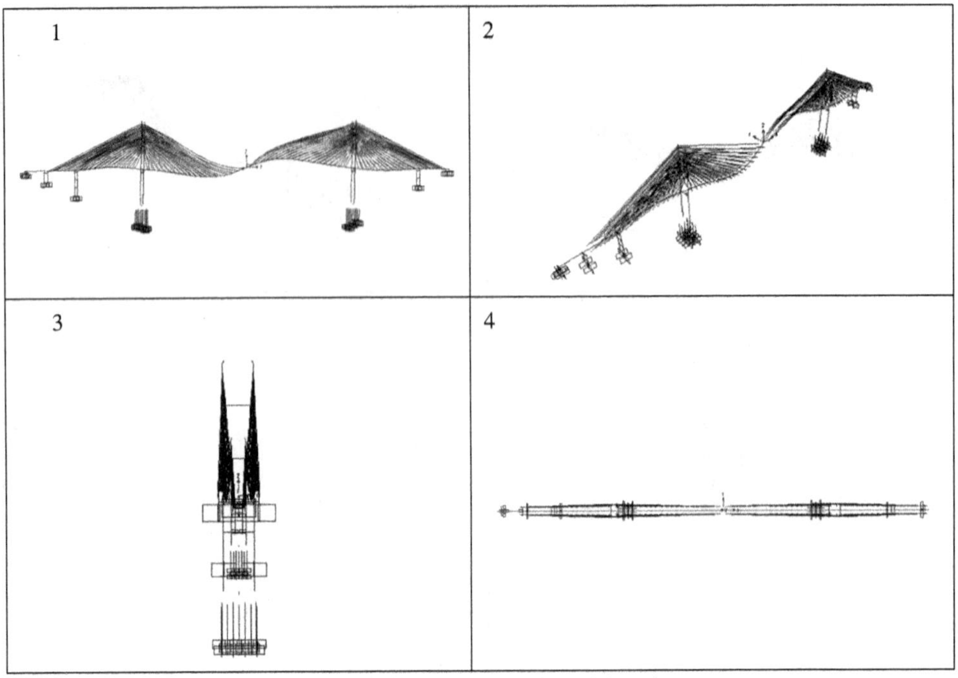

图 6-19　第五阶主梁一阶反对称竖弯

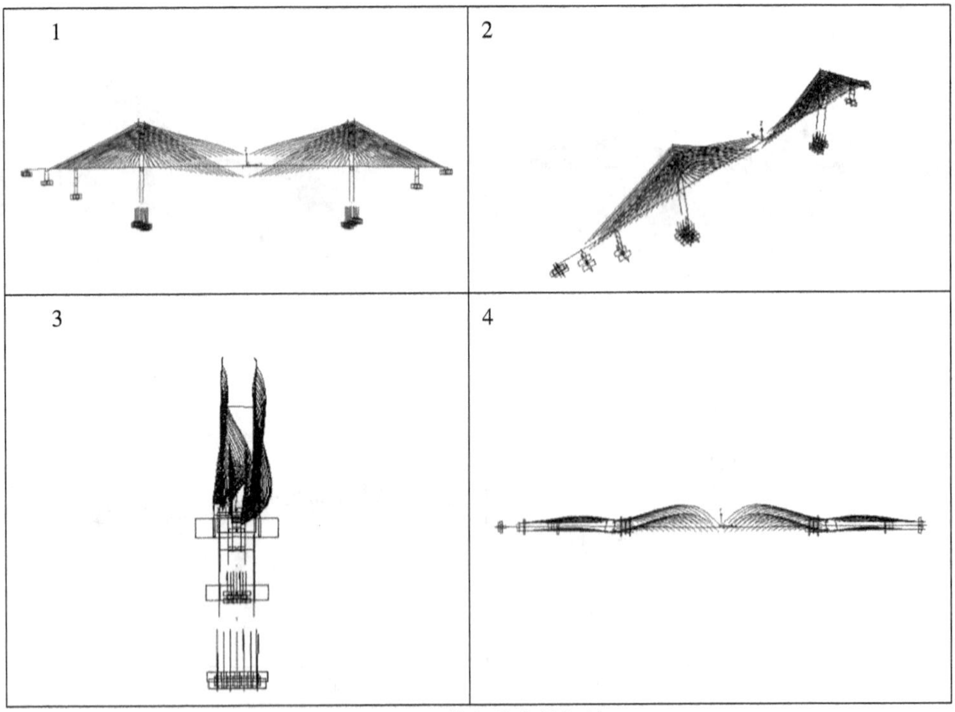

图 6-20　第七阶主梁扭转

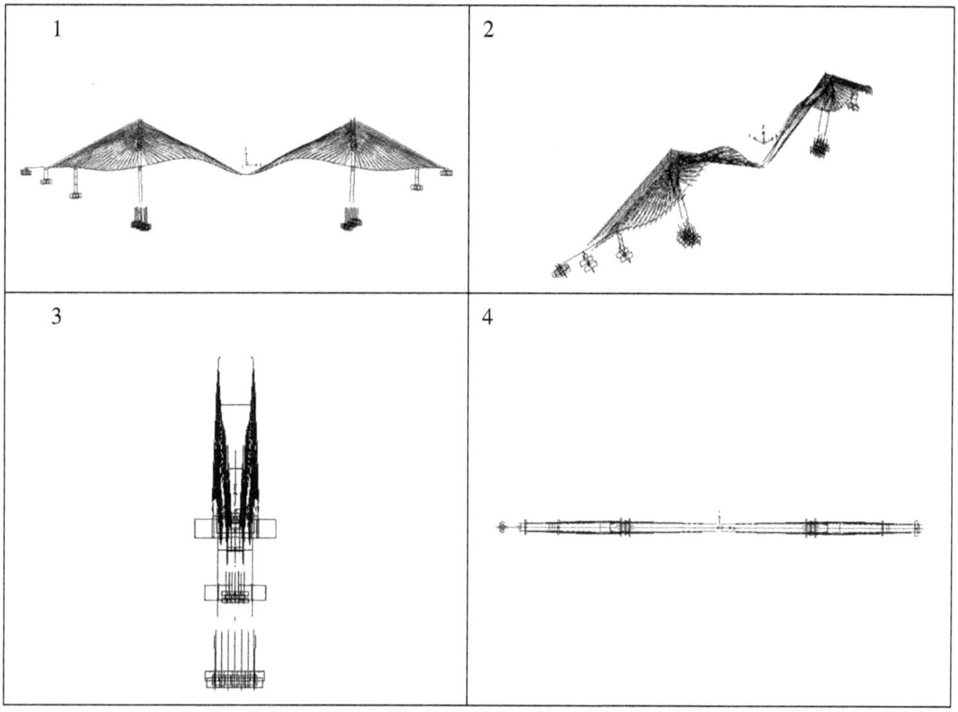

图 6-21 第八阶主梁二阶对称竖弯

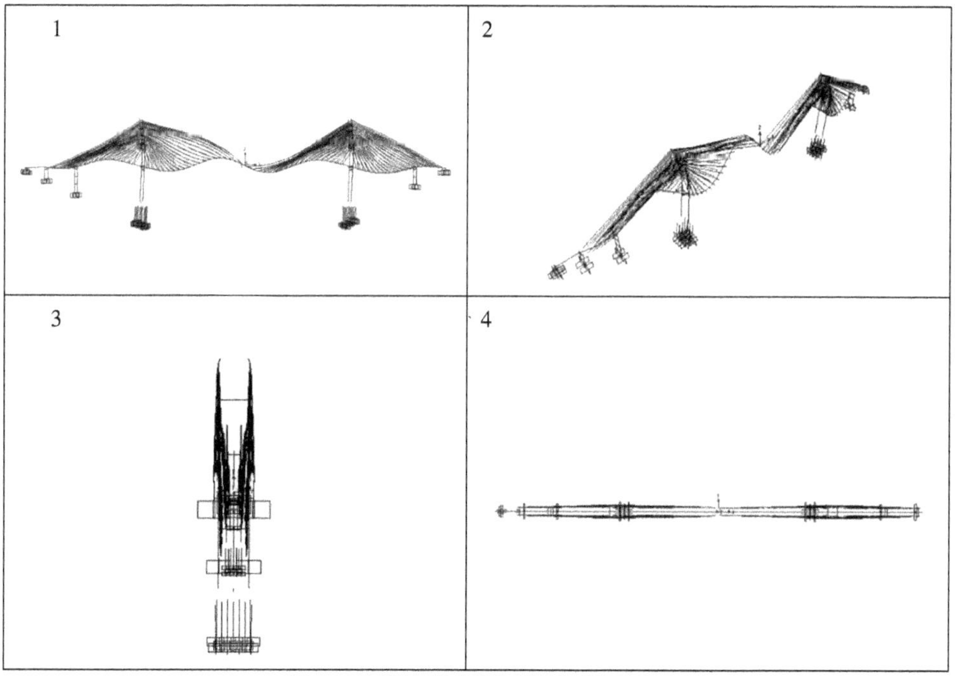

图 6-22 第十阶主梁二阶反对称竖弯

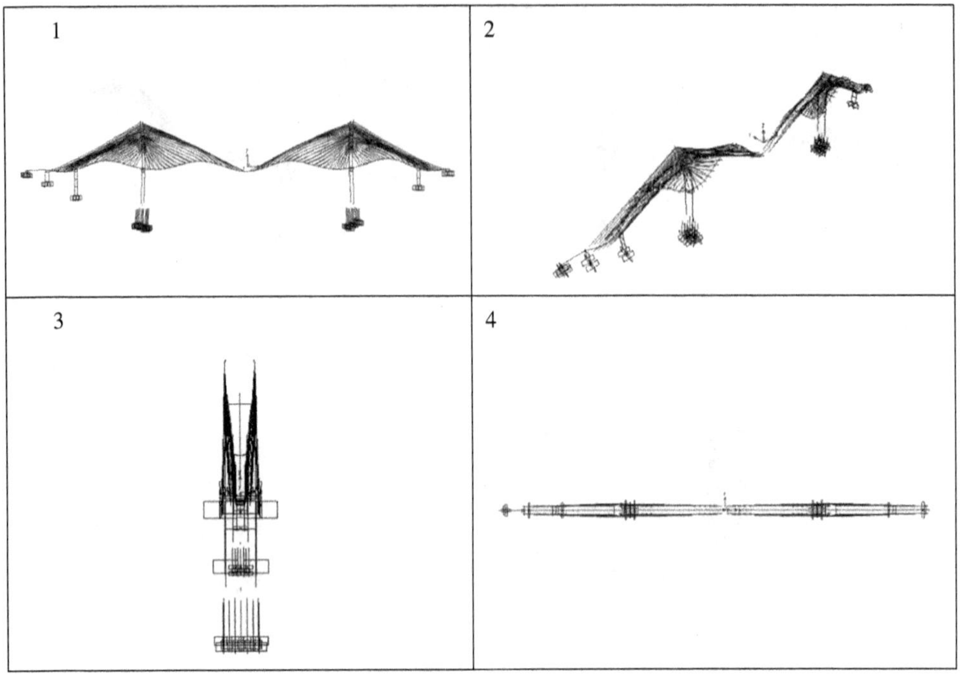

图 6-23　第十三阶主梁三阶对称竖弯

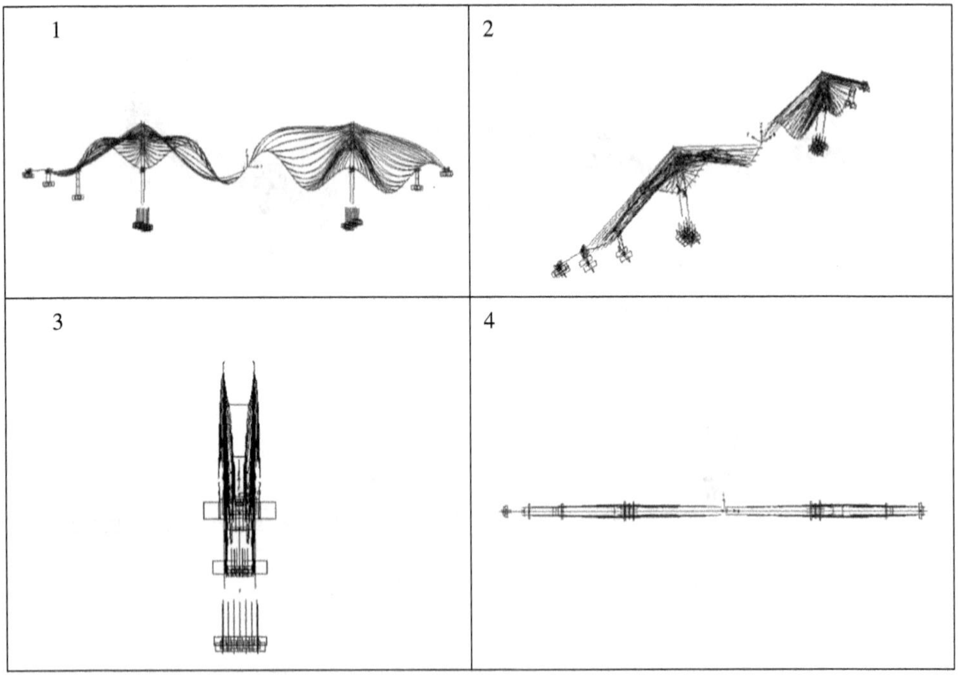

图 6-24　第十五阶主梁三阶反对称竖弯

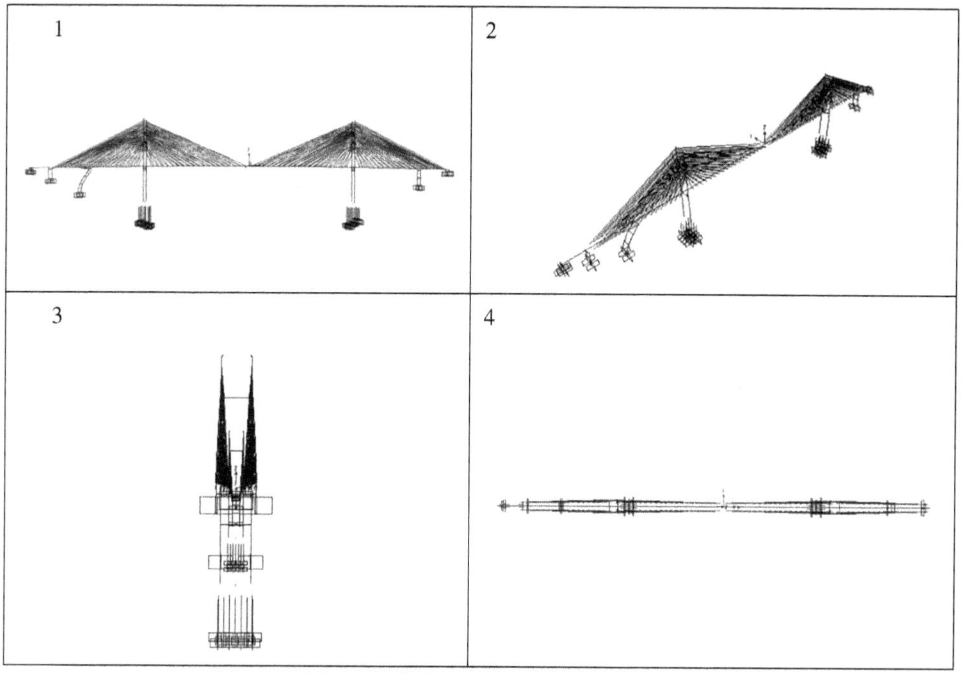

图 6-25　第九阶辅助墩纵桥向弯曲

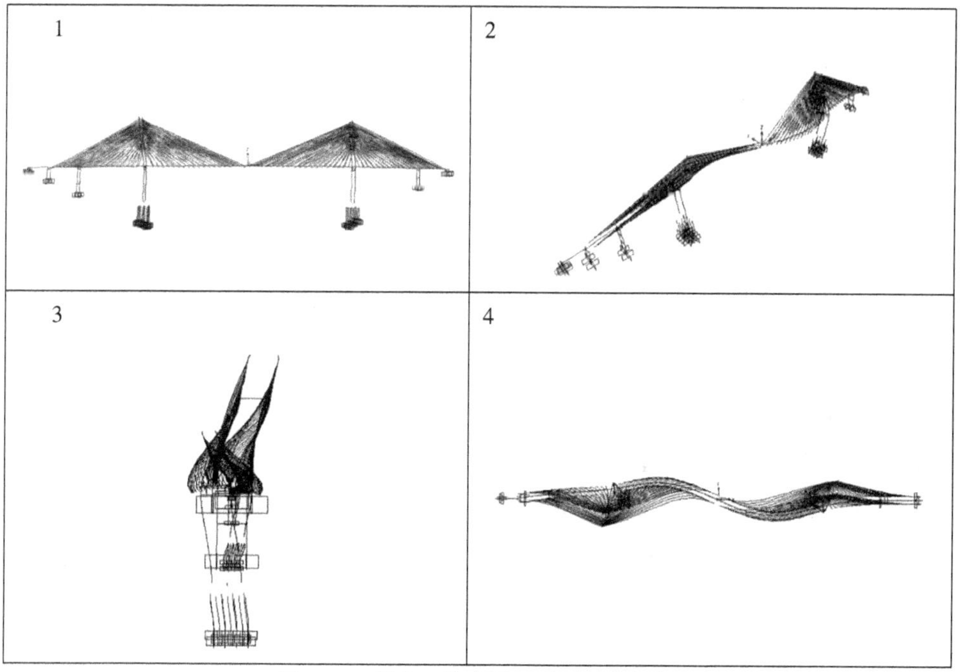

图 6-26　第十一阶主梁一阶反对称侧弯

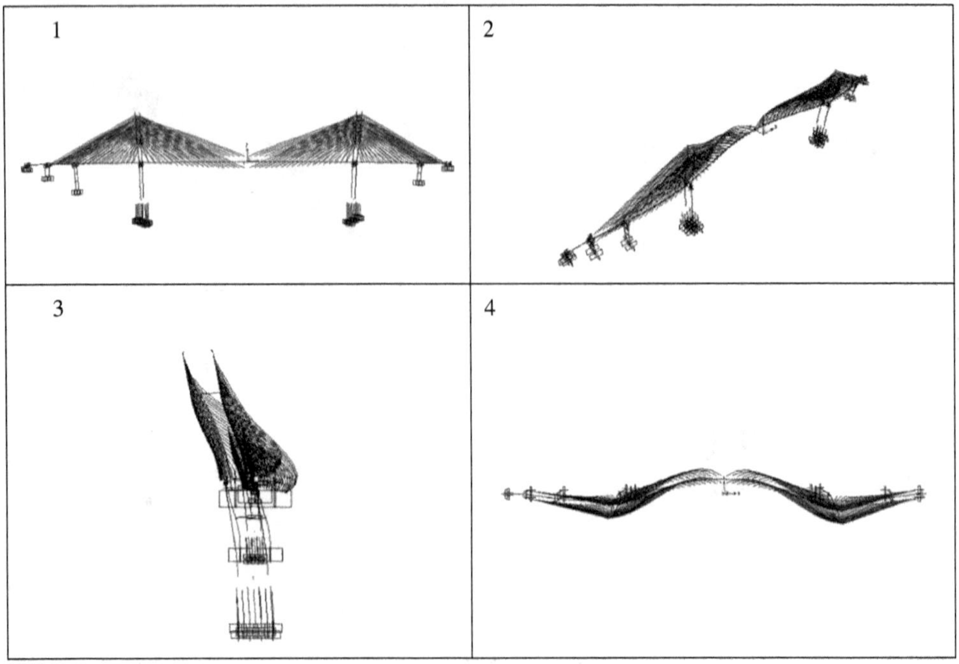

图 6-27　第六阶主梁侧弯带有扭转

6.3.2　动力有限元模型数据

主要对有限元建模时的各类数据进行详细说明。

(1)主塔、主梁、过渡墩、辅助墩、单桩、拉索特性根据实际截面尺寸、实际弹性模量等参数输入。

(2)动水压力的影响。童庄河大桥桥址处的最高通航水位高程为 173.27m，最低通航水位高程为 143.62m。在低水位时，3#及 4#桥塔的桩基础完全被水淹没；而在高水位时 2#辅助墩、3#及 4#桥塔也将部分被水淹没。因此在进行抗震研究中要考虑水的附加质量。

①桥塔、墩动水压力计算。由于桥塔是空心结构，在桥塔水的附加质量计算时要分两部分来考虑，即域内水和域外水。对于域内水而言，直接根据空心结构的体积算得到域内水的静质量作为域内水的附加质量。对于域外水而言，参考桥墩动水压力计算方法，根据下列有关规定进行计算。

《铁路工程抗震设计规范》(GB50111—2006)(2009 年版)中第 7.2.7 条规定：

梁式桥跨结构的实体桥墩，在常水位以下部分，当水深超过5m时，应考虑地震动水压力对桥墩的作用。采用圆形或圆端形桥墩时，水中墩高度 h_i 处单位墩高的动水压力，按下列公式计算：

$$F_{iwE} = C_i \alpha \frac{h_i}{H} m_w \gamma_1 \beta_1 \tag{6-3-1}$$

当 $0 < h_i < 0.8h_w$ 时，

$$m_w = \gamma_w \frac{A}{g} \tag{6-3-2}$$

当 $0.8h_w < h_i < h_w$ 时，

$$m_w = \frac{5(h_w - h_i)\gamma_w A}{h_w g} \tag{6-3-3}$$

$$A = \pi D^2/4 \tag{6-3-4}$$

$$\gamma_1 = \frac{0.375\gamma A_1 H + m_b g}{0.236\gamma A_1 H + m_b g} \tag{6-3-5}$$

$$T_1 = 2\pi \sqrt{\frac{H^3(0.236\gamma A_1 H + m_b g)}{3EI'_P g}} \tag{6-3-6}$$

式中：F_{iwE} ——水中墩高 h_i 处单位墩高的动水压力(kN)；C_i ——桥梁的重要性系数；α ——水平地震基本加速度；m_w ——单位墩高水的附加质量(t/m)；γ_w ——水的重力密度(kN/m^3)；D ——桥墩 $h_w/2$ 处垂直于计算方向的截面宽度(m)；γ_1——桥墩计算方向的振型参与系数；γ ——墩身的重力密度(kN/m^3)；A_1——1/2桥墩高度H处的截面面积(m^2)；β_1——桥墩计算方向的动力放大系数；E——墩身的弹性模量(kPa)；I'_P ——1/2桥墩高度H处的截面在计算方向的惯性矩(m^4)。

上述规定的域外水的附加质量的计算方法适用于圆形或者圆端桥墩，而本桥的桥塔塔柱为近似的矩形截面，故需要进行等效处理，等效公式为式(6-3-7)。

$$M_w = k_c(D/B)m_w \tag{6-3-7}$$

$$k_c = 0.94732 + \frac{2.59648}{1 + \left(\frac{D/B}{0.09516}\right)^{0.54638}} \tag{6-3-8}$$

式中：M_w ——等效圆柱体单位高度上动水附加质量；D——结构运动方向垂

直的矩形截面边长。

根据上述的规定及等效方式可进行域外水附加质量的计算。将计算所得到的h_i处单位单位高度水的附加质量(对于塔柱而言，包括域内水和域外水)等效到结构数值模型响应的节点上，进行动力计算。

②桩基础动水压力计算。桩基的动水压力计算方法参考上述桥墩动水压力计算方法，并通过乘以《海港水文规范中的》群桩系数K_g考虑了群桩效应，即把作用于单桩上的动水压力乘以相应的群桩系数K_g。K_g同相邻桩的中心距l与桩径D的比值有关，群桩系数的取值如表6-5所示。

表6-5　**群桩系数**

桩列方向 \ L/D	2	3	4
垂直于波向	1.5	1.25	1.0
平行于波向	0.85	0.9	1.0

6.4　主桥结构地震响应分析

采用前述结构动力分析模型，以反应谱法，分别以E1水平E2水平两种概率水准地震作用下的结构响应进行反应谱分析。《公路桥梁抗震设计细则》第9.3.6条规定，斜拉桥的阻尼比不宜大于0.03。本桥为预应力混凝土斜拉桥，阻尼比不宜取太小，故取阻尼比为0.03进行分析，以反应谱的阻尼调整系数修正反应谱。以第一章给出的VII度水准地震动加速度反应谱为设计反应谱，为保证计算精度，以前300阶进行反应谱分析计算，振型组合采用CQC法；结合本桥地质情况，根据规范的相关规定，分析中地震波输入方向与组合为“纵桥向+竖向”“横桥向+竖向”。

对于斜拉桥的抗震分析，需同时进行反应谱分析和时程分析。线弹性范围内反应谱法与时程分析是相互校核的关系，也是非线性分析的基础。在时程分析中，设计加速度时程不应少于三组，分析结果取三组中的最大值。本章所使用的时程为6.1节中列出的E1水准下各三条时程，输入方式采用“纵桥向+竖向”“横桥向+竖向”，分析结果取的是三条时程作用下的结构响应的最大值。本次仅列出E2水准地震响应主要结果。

E2水准地震时程顺桥向+竖向+恒载输入作用下下部结构关键截面验算(轴力方向为受拉为正，受压为负，下同)如表6-6所示。

表6-6　**E2顺桥向+竖向+恒载作用下验算**

验算位置	E2顺桥向+竖向+恒载				
	轴力(kN)	剪力(kN)	弯矩(kN * m)	初始屈服弯矩	等效屈服弯矩
下塔柱空心截面	-84082.1	4119.6	185835.1	331600.1	342442.7
塔底实心截面	-124592.7	7458.4	371407.8	664539.6	786929.1
2#辅助墩墩底	-4544.5	641.4	12952.9	20272.5	25018.4
5#辅助墩墩底	-3608.2	762.0	12712.8	19776.1	24506.1
主塔桩基	-12521.8	2078.7	23080.9	30001.0	26997.3

由表6-6可以看出E2水准地震时程顺桥向+竖向+恒载输入作用下主塔、主塔桩基、辅助墩等关键截面弯矩均未超过初始屈服弯矩，截面均保持弹性。

E2水准地震时程横桥向+竖向+恒载输入作用下下部结构关键截面验算如表6-7所示。

表6-7　**E2横桥向+竖向+恒载作用下验算**

验算位置	E2横桥向+竖向+恒载				
	轴力(kN)	剪力(kN)	弯矩(kN * m)	初始屈服弯矩	等效屈服弯矩
下塔柱空心截面	-80666.3	5149.1	68699.38	168213.5	185128.9
塔底实心截面	-113564.2	4867.3	152423.4	356228.0	418696.6
2#辅助墩墩底	-2086.7	1483.1	13775.6	15482.2	21445.7
5#辅助墩墩底	-1472.6	1706.2	13762.4	15033.1	21164.5
主塔桩基	-18064.5	1355.8	13980.9	27536.5	34122.4

由表 6-7 可以看出 E2 水准地震时程横桥向+竖向+恒载输入作用下主塔、主塔桩基、辅助墩等关键截面弯矩均未超过初始屈服弯矩，截面均保持弹性。

E2 水准地震时程+恒载作用下主桥位移结果如表 6-8 所示。

表 6-8　**E2 水准地震时程+恒载作用下主桥位移结果**

验算位置	E2 顺桥向+竖向+恒载		E2 横桥向+竖向+恒载	
	纵向(m)	横向(m)	纵向(m)	横向(m)
主梁梁端	0.333	—	—	0.148
主塔塔顶	0.482	—	0.151	0.169
2#辅助墩墩顶	0.109	—	—	0.048
5#辅助墩墩顶	0.034	—	—	0.026

E2 水准地震时程+恒载作用下支座支反力结果如表 6-9 所示。

表 6-9　**E2 水准地震时程+恒载作用下支座支反力结果**

位置	E2 顺桥向+竖向+恒载(kN)			E2 横桥向+竖向+恒载(kN)		
	最大支反力	最小支反力	最大剪力	最大支反力	最小支反力	最大剪力
主塔	-3848.2	-1334.2	385.8	-3888.7	-1276.4	111.1
辅助墩	-7472.6	-287.4	422.4	-6337.1	-801.1	1240.9
梁端	-2630.5	-340.1	164.6	-2642.5	-433.4	770.3

由表 6-9 可以看出，E2 水准地震作用下，支座未出现上拔力，均处于受压状态。

6.5　塔梁连接装置选择与参数选取研究

童庄河大桥为大跨度斜拉桥。在前述抗震研究中发现，在 7 度设防标准的 E2 水准地震波作用下主梁梁端的最大位移达 33cm，而主梁与引桥之间的伸缩缝为 44cm。结构在温度与收缩徐变影响下的梁端纵向位移约为 15cm。因此，在地震作用下主梁与引桥有可能发生碰撞。在塔梁之间设置阻尼器或弹性连接装置能有效地控制梁端的地震位移。

6.5.1 阻尼器

1. 液体粘滞阻尼器简介

大跨度斜拉桥的结构特点之一是结构柔度大、阻尼小，在动力荷载的作用下容易产生较大的变形和内力。斜拉桥的体系形式多样，塔梁之间的连接方式与结构性能密切相关。此外，斜拉桥的主梁的振动周期较长，可以减小主梁水平地震响应荷载，又能释放温度荷载内力，与此同时主梁在纵向地震作用之下会产生较大的位移。在温度、极限风荷载共同作用下，加上相邻引桥的伸缩量，伸缩缝的伸缩量将相对较大，导致伸缩缝设计困难，同时塔底的弯矩也比较大。

当结构受到地震、风致振动和其他形式的动荷载作用产生动力反应时，调整结构阻尼是使结构达到理想动力性能状态的重要手段。改善结构阻尼比的最好办法是在塔梁之间设置阻尼装置。阻尼器参数的选择往往以主梁位移、塔底弯矩、塔底剪力、塔梁连接处弯矩、塔梁连接处剪力等减震效果最优确定。

一般情况下，液体粘滞阻尼装置对缓变荷载(如温度变化、汽车荷载、平均风等)基本上无约束作用，塔梁间可以产生相对位移；但对急变荷载(如地震、脉动风、汽车制动等)会发挥约束功能，将荷载传递给桥塔，因此，在我国桥梁建设中得到较好的应用。

2. 塔梁连接处液体粘滞阻尼器参数分析

液体粘滞阻尼器的参数主要是阻尼系数 C，速度的指数 α。下面将采用主桥场地 50 年 2%超越概率的 3 条地震加速度时程沿纵向+竖向地震输入，对阻尼器进行参数敏感性分析。分析中模型中，3#塔、4#塔塔梁结合处各设置 1 个纵向阻尼器，全桥共设置 2 个纵向阻尼器。

从抗震的角度出发，阻尼器的速度指数 α 的常用取值范围为 0.3~1.0。本报告取 α=0.3，0.5，0.7，1.0 四个值，阻尼系数 C 的变化范围为 1000~10000。图 6-28 至图 6-37 分别显示了阻尼器参数对梁端位移、塔顶位移、塔梁相对位移、塔底弯矩和塔底剪力以及自身阻尼力的影响。

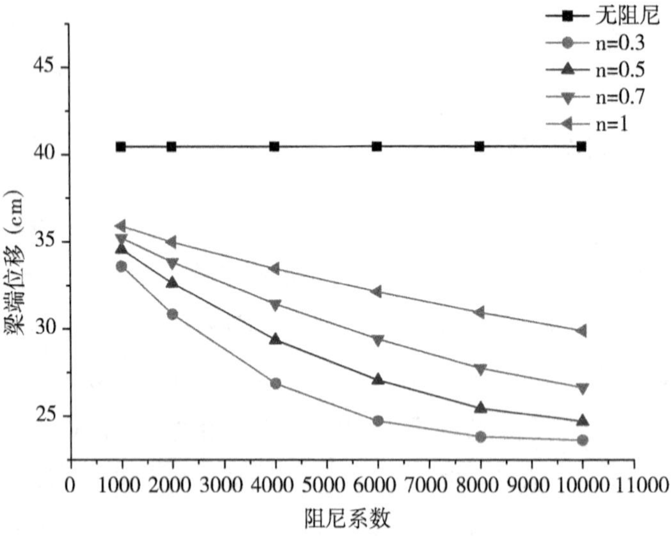

图 6-28　阻尼器参数对梁端位移的影响

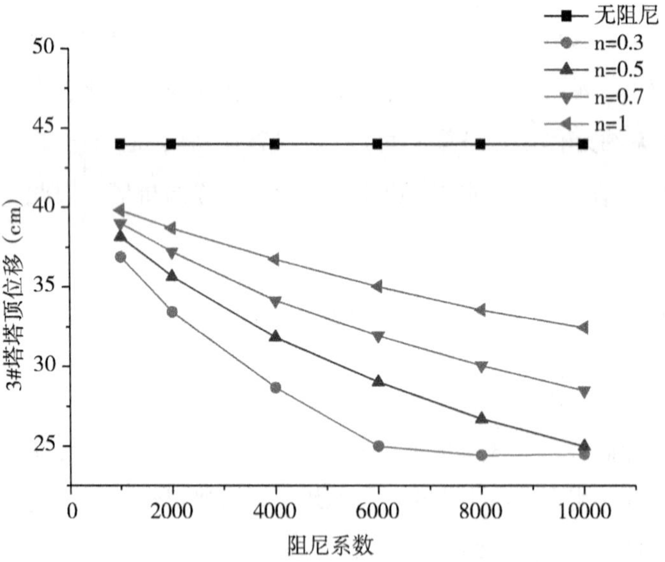

图 6-29　阻尼器参数对 3#塔塔顶位移的影响

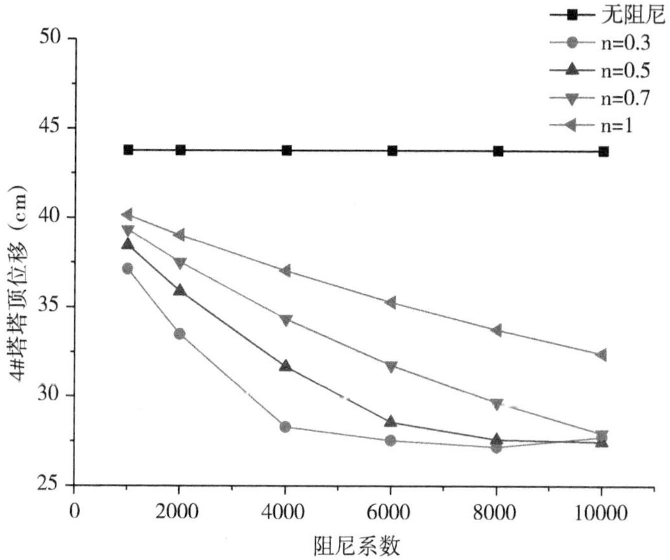

图 6-30　阻尼器参数对 4#塔塔顶位移的影响

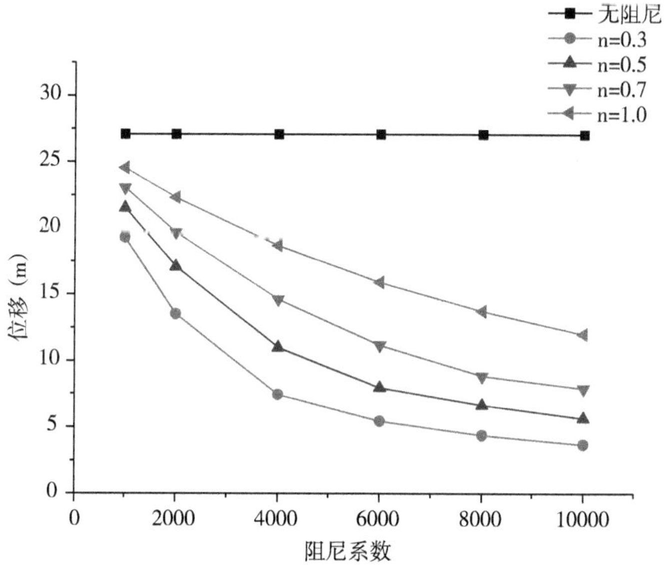

图 6-31　阻尼器参数对塔梁相对位移的影响

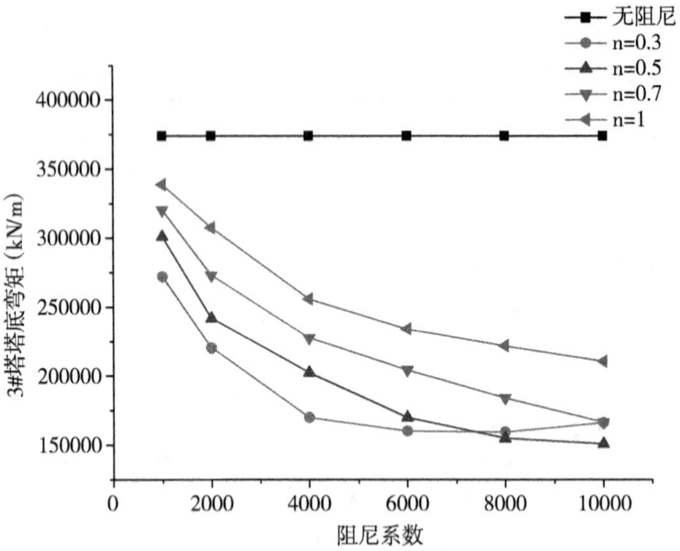

图 6-32　阻尼器参数对 3#塔塔底弯矩的影响

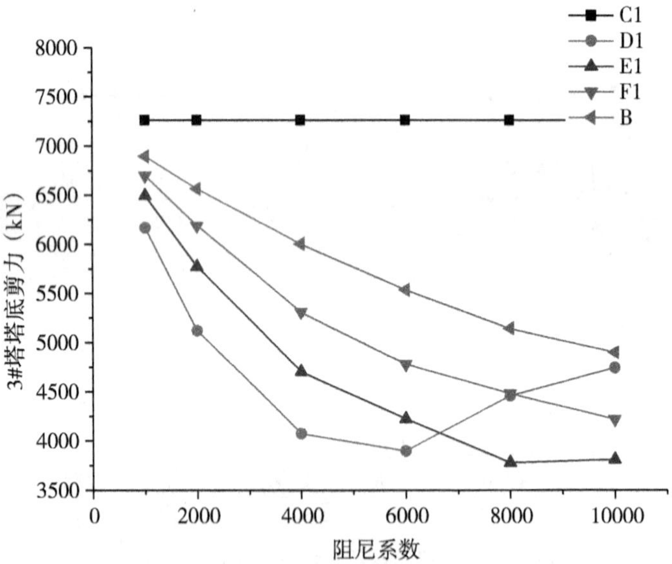

图 6-33　阻尼器参数对 3#塔塔底剪力的影响

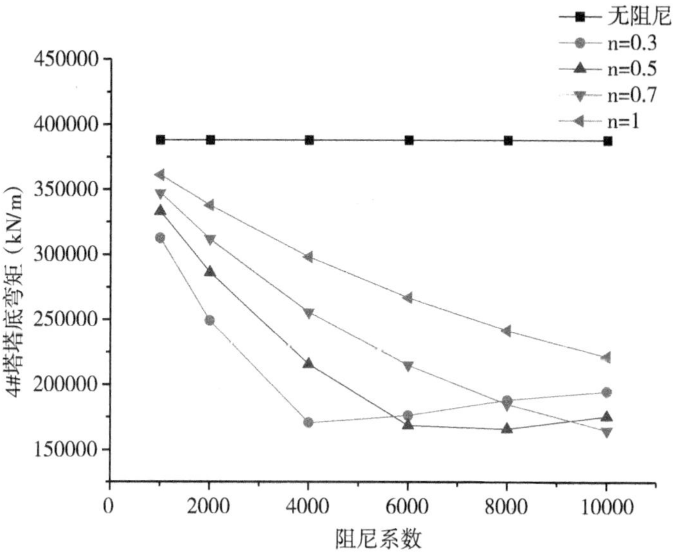

图 6-34　阻尼器参数对 4#塔塔底弯矩的影响

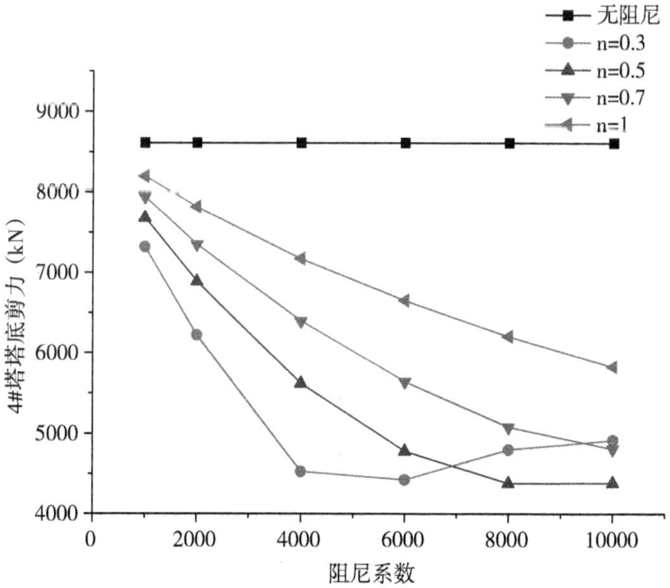

图 6-35　阻尼器参数对 4#塔塔底剪力的影响

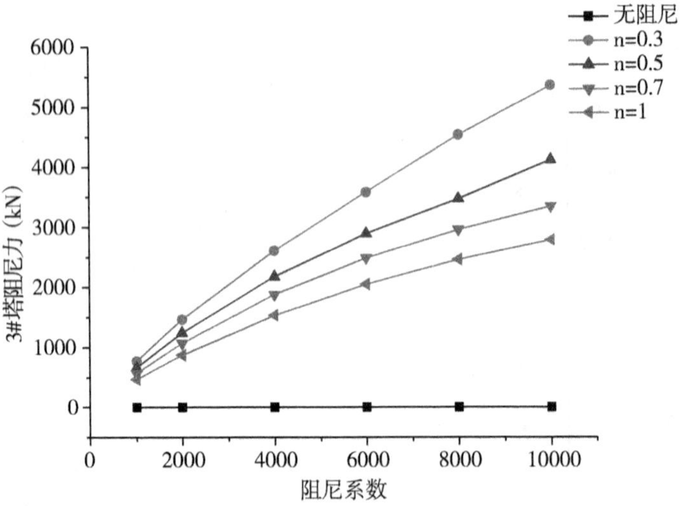

图 6-36　阻尼器参数对 3#塔阻尼器阻尼力的影响

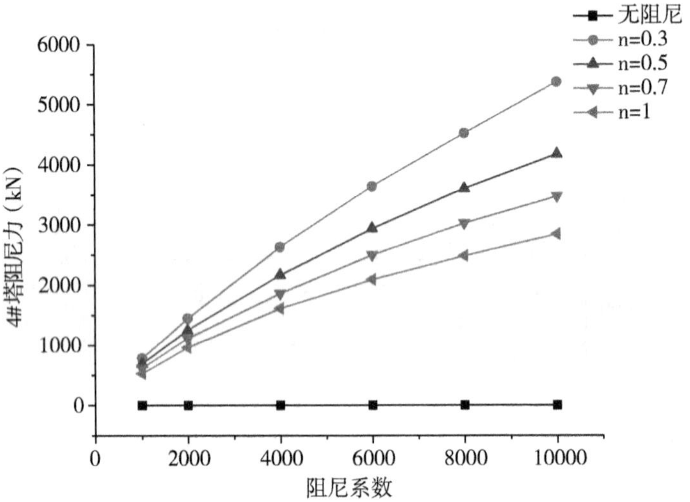

图 6-37　阻尼器参数对 4#塔阻尼器阻尼力的影响

图 6-28 至图 6-37 为不同阻尼参数对桥梁地震反应的影响，其表明：设置液体粘滞阻尼器可以显著地减小塔顶位移、梁端位移、塔梁相对位移、塔底的弯矩及剪力。

当阻尼器的速度指数 α 一定时，随着阻尼系数 C 的增加，塔顶位移、梁端位移、塔梁相对位移及塔底的剪力和弯矩也逐渐减小，且随着阻尼系数 C 的增大，各响应减小幅度逐渐趋于平缓，同时阻尼力则线性增加。当阻尼系数 C 一定时，塔顶位移、梁端位移、塔梁相对位移及塔底的剪力和弯矩随着阻尼器的速度指数 α 的减小而减小，这说明，同样的阻尼参数 C、阻尼指数 α 越小，阻尼器的耗能能力越大，与此同时阻尼器阻尼力则随着阻尼器的速度指数 α 的减小而增大。

当阻尼参数 α=0.3~0.5，阻尼参数 C 大于 4000 时，塔底剪力以及弯矩对阻尼器参数的变化不敏感；当阻尼参数 α=0.3~0.5，阻尼参数 C 大于 6000 时，塔底弯矩以及剪力有所增加，且梁端位移、塔梁相对位移以及塔顶位移对阻尼参数的变化不敏感。

综合考虑位移、弯矩、剪力的减震效果，建议阻尼器参数取 α=0.3~0.5，C=4000。其减震效果如表 6-10 所示。

表 6-10 **液体粘滞阻尼器减震效果**

阻尼情况 结构响应	结构响应量			相对无阻尼减少百分比	
	无阻尼	α=0.3, C=4000	α=0.5, C=4000	α=0.3, C=4000	α=0.5, C=4000
3#塔塔顶位移(cm)	43.99	28.67	31.83	34.84%	27.64%
4#塔塔顶位移(m)	43.78	28.28	31.66	35.41%	27.68%
梁端位移(m)	40.45	26.86	29.35	33.60%	27.44%
塔梁相对位移	27.07	7.45	11.01	72.45%	59.32%
3#塔塔底剪力(kN)	7.26E+03	4.07E+03	4.70E+03	43.88%	35.23%
3#塔塔底弯矩(kN/m)	3.74E+05	1.70E+05	2.02E+05	54.56%	45.89%
4#塔塔底剪力(kN)	8.61E+03	4.53E+03	5.62E+03	47.39%	34.75%
4#塔塔底弯矩(kN/m)	3.88E+05	1.71E+05	2.15E+05	56.03%	44.46%
3#塔阻尼力(kN)	/	2.61E+03	2.18E+03	/	/
4#塔阻尼力(kN)	/	2.63E+03	2.17E+03	/	/

6.5.1 弹性连接装置

1. 弹性连接装置简介

弹性连接装置的主要作用是提供弹性连接刚度，而不是耗能。弹性连接装置主要有大型橡胶支座、钢绞线拉索等。大型橡胶支座、钢绞线拉索等弹性连接装置对所有的荷载均提供弹性刚度。弹性连接装置的模拟比较简单，只要正确模拟其纵桥向刚度就可以了，因此可以采用纵向的弹簧单元来模拟。

2. 塔梁连接处弹性连接装置参数分析

弹性连接装置的参数主要是刚度 K。下面将采用主桥场地 50 年 2%超越概率的 3 条地震加速度时程沿纵向+竖向地震输入，对弹性连接装置进行参数敏感性分析。分析中模型中，3#塔、4#塔塔梁结合处各设置 1 个纵向弹性连接装置，全桥共设置 2 个纵向弹性连接装置。刚度 K 的变化范围为 25000～100000(kN/m)。图 6-38 至图 6-43 分别显示了弹性连接装置的刚度对梁端位移、塔底弯矩和塔底剪力的影响。

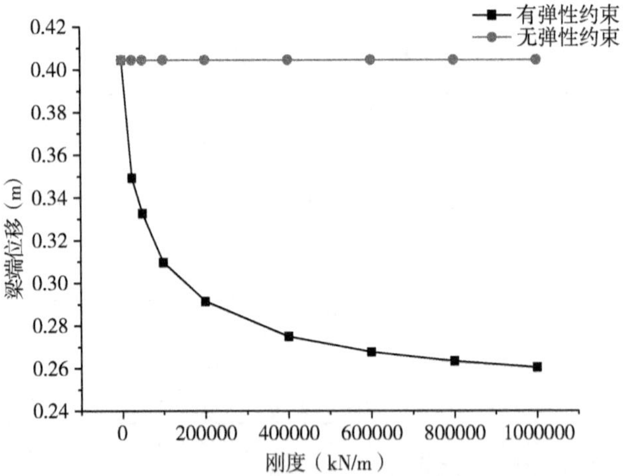

图 6-38　弹性刚度对梁端位移的影响

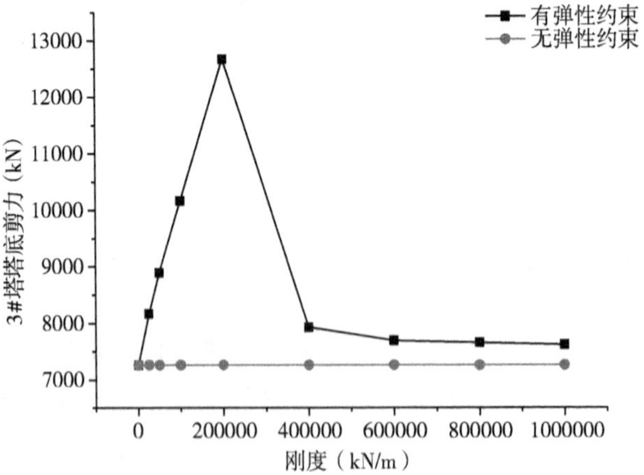

图 6-39　弹性刚度对 3#塔塔底剪力的影响

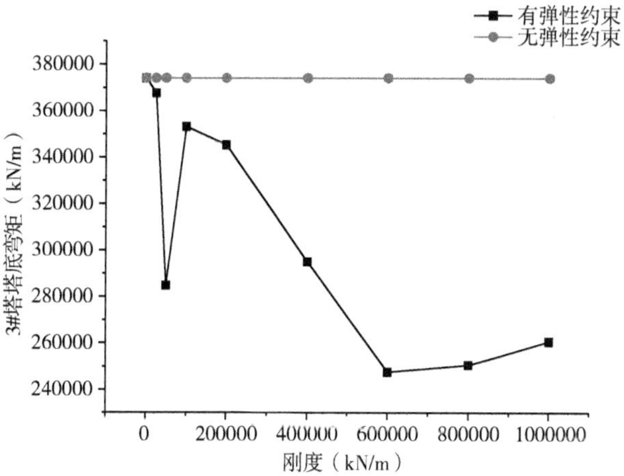

图 6-40 弹性刚度对 3#塔塔底弯矩的影响

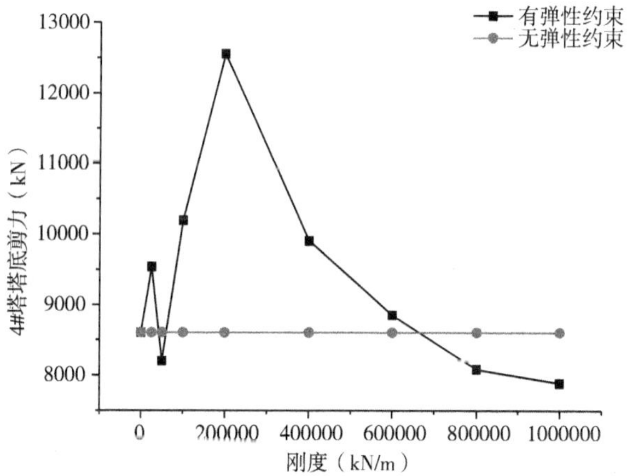

图 6-41 弹性刚度对 4#塔塔底剪力的影响

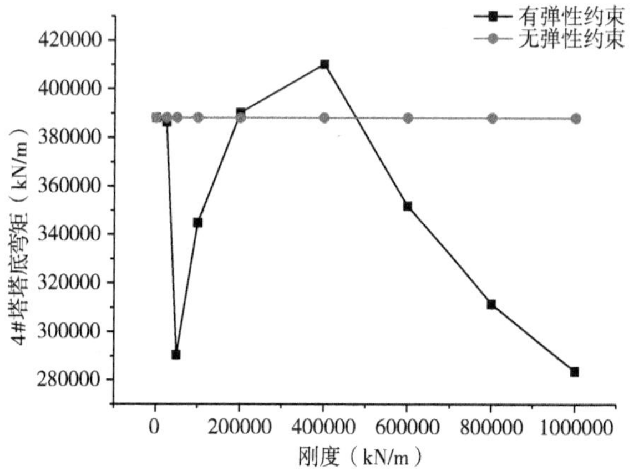

图 6-42 弹性刚度对 4#塔塔底弯矩的影响

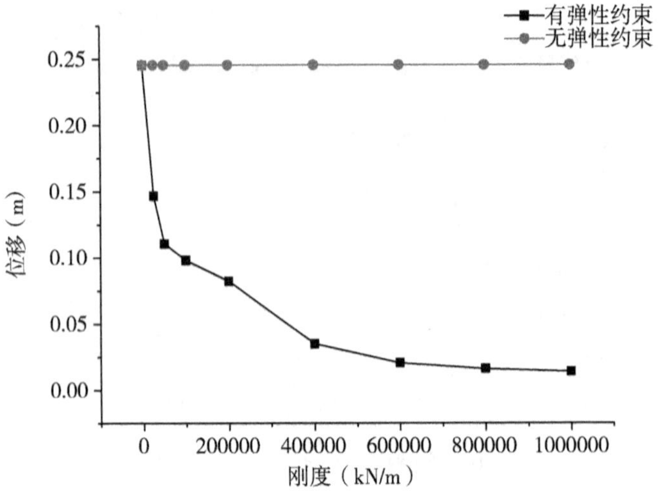

图 6-43　弹性刚度与塔梁相对位移之间的关系

图 6-38 至图 6-43 为不同弹性刚度对桥梁地震反应的影响，其表明：设置弹性连接装置后，可以有效地减小梁端位移。当弹性刚度小于 50000kN/m 时，位移对刚度比较敏感，之后位移随刚度的变化则趋于平缓。另一方面，塔底剪力、弯矩随连接刚度的变化不是单调递增的，当刚度取 50000kN/m 左右时，塔底弯矩均减小，3#塔塔底剪力稍有增加，4#塔塔底剪力有所减小。

综合考虑塔底弯矩以及梁端位移的变化，以及连接装置本身受力和变形，可以认为，50000kN/m 是一个比较适合的刚度值。其减震效果如表 6-11 所示。

表 6-11　　**弹性连接装置减震效果**

刚度值 / 结构响应	结构响应量		相对弹性约束减少百分比
	无弹性约束	K = 50000	/
梁端位移(m)	40. 4532	33. 267	17. 764%
塔梁相对位移(m)	27. 069	24. 556	9. 284%
3#塔塔底剪力(kN)	7. 26E+03	8. 89E+03	-22. 452%
3#塔塔底弯矩(kN/m)	3. 74E+05	2. 85E+05	23. 797%
4#塔塔底剪力(kN)	8. 61E+03	8. 20E+03	4. 762%
4#塔塔底弯矩(kN/m)	3. 88E+05	2. 90E+05	25. 258%

6.5.3 结论

(1)对阻尼器参数进行优化选择，取 $\alpha=0.3$，0.5，0.7，1.0 四个值为阻尼器的速度指数；取 1000~10000 为阻尼系数 C 的变化范围为 1000~10000。通过非线性时程分析，给出塔顶位移、塔梁相对位移、塔底弯矩和塔底剪力以及自身阻尼力随阻尼参数的变化规律。

由分析结果可知：设置液体粘滞阻尼器可以显著地减小塔顶位移、梁端位移、塔梁相对位移、塔底的弯矩及剪力。当阻尼参数 $\alpha=0.3\sim0.5$，阻尼参数 C 大于 4000 时，塔底剪力以及弯矩对阻尼器参数的变化不敏感；当阻尼参数 $\alpha=0.3\sim0.5$，阻尼参数 C 大于 6000 时，塔底弯矩以及剪力有所增加，且梁端位移、塔梁相对位移以及塔顶位移对阻尼参数的变化不敏感。综合考虑位移、弯矩、剪力的减震效果，建议阻尼器参数取 $\alpha=0.3\sim0.5$，$C=4000$。

(2)对弹性连接装置进行参数分析，刚度 K 的变化范围为 25000~100000(kN/m)。分析结果表明：设置弹性连接装置后，可以有效地减小梁端位移。当弹性刚度小于 50000kN/m 时，位移对刚度比较敏感，之后位移随刚度的变化则趋于平缓。另一方面，塔底剪力、弯矩随连接刚度的变化不是单调递增的，当刚度取 50000kN/m 左右时，塔底弯矩均减小，3#塔塔底剪力稍有增加，4#塔塔底剪力有所减小。综合考虑塔底弯矩以及梁端位移的变化，以及连接装置本身受力和变形，可以认为，50000kN/m 是一个比较适合的刚度值。

第7章　施工组织设计

7.1　基础施工

童庄河大桥位于三峡库区，主塔基础为水中施工，三峡库区水位变幅达30m，最大施工水深58m。过渡墩、交界墩和桥台为旱地施工，采用常规施工方法施工。本节仅对主塔深水基础施工详细讲述。

7.1.1　国内类似桥梁深水基础施工经验

近年来，我国桥梁工程施工领域通过建造跨越长江和近海的大桥，已经积累了很多深水基础的施工经验。根据不同形式的深水基础，施工方式多种多样。针对深水桩基础，一般采用搭设临时施工平台的施工方法施工，该施工工艺能有效抵御施工期间水位变化的影响，同时为钢护筒的精确定位下沉、桩基础的钻孔、混凝土浇筑、钢围堰拼装，甚至于桥墩的施工提供作业平台。目前国内常用的深水桩基础施工平台主要有：浮动施工平台、支架施工平台、钢围堰施工平台。

1. 浮动施工平台

浮动施工平台由船只、浮筒或者其他大体积漂浮仓体拼装而成，其大小根据载重、作业面尺寸、流水等情况确定，为固定浮动平台，常在平台的前后左右分别抛锚定位，锚碇可采用钢丝笼装片石、铁锚或锚固在岩石上等方式，通过船上的手摇绞车控制锚绳，移动定位平台。浮动施工平台具有结构简单、耗材少和工期短的优点，但是受流速和水位影响大，锚碇设置及精确定位复杂，定位难度大，稳定性差，所以常在河床地质复杂、无法插打钢管支撑桩的情况下选用，而且受风浪、流速及水位变化影响较大。

2. 支架施工平台

钢护筒或钢管桩施工平台，是利用船舶或浮吊等设备先打入钢护筒或钢管桩，并用横向联系将其连成整体，搁置顶部纵横梁，形成钻孔平台。钢护筒或钢管桩施工平台结构承载力大，稳定性能好，能有效抵御大流速流水压力冲击、保障施工精度，但是平台高度的差异对平台稳定性的影响大，导致工程施工投入会随着平台高度的增加而增大。

3. 钢围堰平台

钢围堰平台是在墩位处定位加工好并浮运来的钢围堰，再以其为暂时平台，安装导向架，插打钢护筒，再加水使围堰下沉，并与钢护筒固定，将围堰顶面的平台支架体系与护筒相连，最终形成钻孔平台。钢围堰坚硬牢固，可有效抵抗漂浮物撞击，围堰下沉至设计标高并浇筑封底混凝土后，围堰内形成静水，便于桩基础及承台施工，但是钢围堰平台前期加工耗时长，定位难度大，阻水面积大。同时其造价也随围堰高度的增加而增大。

表 7-1 列举了国内一些桥梁的基础形式及施工期围堰形式。

表 7-1 **国内桥梁围堰及基础形式**

工程名称	桥型结构	围堰及基础形式	施工时最大水深
苏通大桥	主跨 1088m 斜拉桥	双壁钢吊箱、钻孔灌注桩	50m
武汉白沙洲大桥	主跨 618m 斜拉桥	双壁钢吊箱、钻孔灌注桩	20m
钱江五桥	主跨 120m 连续梁	整体式双壁钢围堰、钻孔灌注桩	8m
黄石长江公路大桥	主跨 245m 连续刚构	双壁钢围堰、钻孔灌注桩	25m
铜陵长江大桥	主跨 432m 斜拉桥	双壁钢围堰、钻孔灌注桩	50m
重庆石板坡长江大桥	主跨 174m 连续刚构	浮式圆形钢围堰、钻孔灌注桩	18m
瑞安飞云江三桥	主跨 240m 斜拉桥	单壁无底钢围堰、钻孔灌注桩	7m

续表

工程名称	桥型结构	围堰及基础形式	施工时最大水深
奉节牛角沱大桥（三峡库区）	主跨 100m 连续钢构	浮式平台、钻孔灌注桩	33m
宜昌百岁溪大桥（三峡库区）	主跨 170m 连续钢构	浮式平台、钻孔灌注桩	43m
习均大桥（丹江口库区）	主跨 130m 连续梁	浮式平台	40m

7.1.2　方案确定

本工程 2015 年 10 月开始施工，此时三峡水库已经蓄水至 175m（吴淞高程，以下均用吴淞高程），根据本工程特点：施工区域水较深，10 月至次年 3 月水位变幅小，地质条件复杂等，拟采用固定平台施工方案施工桩基础，桩基础的施工时间为 2014 年 10 月至 2016 年 3 月。由于三峡水库调度的特点：4 月水库水位开始消落至防洪限制水位 145m，因此，2016 年 4 月开始采用钢吊箱围堰施工主桥墩承台和墩身。钢吊箱围堰采用高 25m 的双壁钢围堰，围堰内轮廓尺寸比承台设计尺寸周边各向外放宽 0. 1m，外轮廓尺寸 28. 3m×22. 7m，围堰厚 2m。

7.1.3　方案流程

2015 年 10 月初开始施工，通过临时定位船插打钢护筒，在钢护筒上安装牛腿，搭设平联，形成固定施工平台，平台顶面高程 176. 76m。2015 年 3 月底前浇筑完成主墩所有桩基础并拆除平台，2016 年 4 月初开始下沉钢吊箱，6 月中旬完成承台施工，8 月上旬完成桥墩 175m 高程以下的浇筑。桩基础施工采用回旋钻施工，钢吊箱围堰采用双壁钢围堰。

固定平台主要施工工艺流程如下。

（1）在承台范围四周设置霍耳式铁锚，通过锚绳对定位船进行精确定位，然后插打钢护筒，按从下游至上游的顺序逐排插打，钢护筒的平面偏位和垂直度应严格控制。第一排钢护筒插打完成后，及时施工平联和斜撑，以增强其稳定性。

(2)钢护筒全部插打完成后，在护筒的顶部焊接牛腿，安装主、次分配梁，形成施工平台。

(3)一个平台上安装3台回旋钻机，进行桩基础钻孔施工，钻孔至设计高程后，清孔、下放钢筋笼、浇筑桩基础混凝土。按3个循环施工完成一个承台上的11根桩基础。桩基础施工完成后撤出并拆除固定平台。

(4)将钢结构工厂加工好的双壁钢围堰底板、壁板及内撑用驳船运至施工平台并进行拼装，利用定位船起吊系统起吊第一节钢吊箱围堰下水，并用拉缆固定其位置，再向双壁内注水使第一节围堰下沉至合适位置。

(5)逐节接高钢吊箱围堰，并向围堰内注水使围堰下沉至设计高程，施工过程中若水位变化，通过调整双壁内水位，使其始终在设计高程处；安装已经浇筑的桩基础钢护筒挂桩设备，使钢吊箱围堰支撑于钢护筒，固定围堰底。

(6)钢吊箱围堰内清理，堵漏，向钢吊箱围堰内浇筑水下混凝土至承台顶部高程，分舱灌注封底混凝土及井壁混凝土，封底厚度5m。

(7)围堰抽水，切割多余钢护筒；桩基无损检测、破桩头和基坑凿毛；绑扎承台钢筋和冷却水管，安装墩身预埋钢筋，浇筑承台混凝土。

(8)承台施工完成并达到设计要求的强度后进行凿毛，采用钢模板按翻模的方法施工墩身至175m高程以上。

由于墩位处水深较大，通过插打钢管(砼)桩，建立固定平台搭建混凝土拌和系统和起吊系统成本较高，因此本方案施工所需混凝土均由两岸拌和站生产，通过浮桥泵送至墩位处，钢筋和其他材料由轮船运输至墩位处，通过一座200t浮吊系统提升至平台。下部结构(175m高程以下部分)施工的工期为304个工作日，施工进度安排见表7-2。

表7-2 **固定平台连施工方案施工进度表**

任务名称	工期	开始时间	完成时间	资源名称
施工准备	30个工作日	2015年10月1日	2015年10月30日	
围堰制作	50个工作日	2015年10月15日	2015年12月3日	
搭设平台、打设钢护筒	45个工作日	2015年10月15日	2015年11月28日	

续表

任务名称	工期	开始时间	完成时间	资源名称
钻孔桩第一个循环（4根桩）	30个工作日	2015年11月29日	2015年12月28日	3台回旋钻
钻孔桩第二个循环（4根桩）	30个工作日	2015年12月29日	2016年1月27日	3台回旋钻
钻孔桩第三个循环（3根桩）	30个工作日	2016年1月8日	2016年2月6日	3台回旋钻
钻孔平台拆除	5个工作日	2016年2月7日	2016年2月12日	
暂停施工	47个工作日	2016年2月13日	2016年3月31日	桩基础施工备用时间
围堰拼装、下放	50个工作日	2016年4月1日	2016年5月20日	
封底砼浇筑	5个工作日	2016年5月21日	2016年5月25日	
抽水、承台钢筋绑扎、承台施工	25个工作日	2016年5月26日	2016年6月19日	
围堰接高、墩身175m高程以下施工	45个工作日	2016年6月26日	2016年8月9日	
合计	304个工作日	2015年10月1日	2016年8月9日	

7.2 主塔施工

7.2.1 总体施工方案

主塔塔柱施工采用液压爬模，根据混凝土水上施工组织的难易程度，3#墩按标准高度4.5m/节段分节施工，4#墩按标准高度6.0m/节段分节施工，劲性骨架按塔柱节段及钢筋分节高度分片制造安装，单个主塔布置一台塔吊和一台施工电梯，分别布置于主塔上下游侧面，承台浇筑时，同步施工塔吊基础。

在围堰内进行塔座和下塔柱施工，围堰内设置两道笼梯，分别用于围堰内上下和塔柱施工上下，塔座及下塔柱实心段按大体积混凝土施工要求进行，布置冷却水管进行循环水养护。承台顶标高为+148.27m，即3#墩下塔柱施工5节、4#墩下塔柱施工4节后，主体结构出水；在塔柱侧面和围堰侧壁安装牛腿，搭设主塔临时施工平台和电梯底座，与栈桥相连，形成施工通道。

上、下横梁均采用牛腿支架施工，在横梁施工时，需布置一道水平横撑，并设置拉压措施，保证上横梁浇筑期间，塔柱的稳定。

按照水上施工陆地化、高空作业平地化要求，在主塔塔身设置相应操作平台，分别为：塔吊附墙平台、横梁支架牛腿平台、水平横撑施工平台、横梁预应力张拉平台、电梯平台、横梁平台通道、防坠天伞保护平台等，均采用预埋爬锥和三角支撑牛腿，标准化设计，保证施工整体外观。

7.2.2 施工总平面布置

受场地限制，右岸布置2台HZS120拌和站负责主塔施工期间混凝土的生产，两岸钢筋半成品的加工，均在右岸钢筋车间进行，通过汽渡船运输至左岸。右岸在3#墩下游侧布置宽8m通行栈桥，供车行和材料供应；4#墩从河岸至围堰只布置宽2.7m人行栈桥，仅供施工人员通行，材料供应从右岸码头水运至墩位处起吊。

主塔出水后，在围堰顶、主塔大小里程侧设置长8.7m、宽26.2m临时施工平台，该平台连通栈桥、围堰上下通道、主塔电梯平台，根据平台支撑，可划定区域作为木模板材料改制、劲性骨架、钢筋半成品、横梁支架等材料堆放场地。平台搭设前，相关材料临时存放于运输船上，并将该船进行抛锚，作为主塔施工期间围堰和施工船舶的临时防撞及浮吊临时靠邦船舶。

7.2.3 施工塔吊及电梯布置

根据主塔结构布置，施工电梯共布置2台直梯，升降机型号采用SC200GD，安装高度100m。下横梁支架施工前，不设电梯，待下横梁支架及平台形成后，在围堰顶施工平台进行电梯安装，与横梁施工平台连接，作为上下通道。电梯随塔柱施工接高，直至塔顶，并在塔顶设置电梯平台，以方便后期挂索施工的通行。

7.2.4　主塔爬模系统

主塔外侧爬模6.0m高模板采用型号：HCB-100型液压自动爬升模板系统；4.5m高模板采用型号：Doka SKE100型液压自动爬升模板系统。塔身内部采用井筒平台，塔柱内外模采用木工字梁体系模板，外模面板采用国产大地模板，正常可以周转30~40次，内模面板采用普通竹胶板。爬模预埋系统主要由埋件板、高强螺杆、受力螺栓、垫圈和爬锥组成，其中受力螺栓、垫圈和爬锥可周转使用。液压自爬模板体系主要包括：模板系统、埋件系统、液压系统和架体系统组成。爬升机构有：自动导向、液压升降、自动复位的锁定机构，能实现架体与导轨互爬的功能。

爬模安全防护：爬模平台采用(型钢骨架+花纹钢板)全封闭，外围设置标准钢栏杆、挂设钢丝网，四周设踢脚板；平台转角处安装活动钢平台，便于拆装。爬模强度设计：根据当地气象环境，爬模在设计计算时考虑了三个工况，工况一：合模工作状态(即混凝土还未浇筑，模板封闭)；工况二：爬升工作状态(即模板退出，液压顶升)；工况三：极限大风状态。工况一和工况二按7级风验算，超过7级停止施工，模板爬升过程应尽量减少平台上的临时堆载；工况三当预测极限大风到来时，模板需锚固在已浇筑混凝土段，按10级风进行验算，如果已经提升了爬模架但还未来得及浇筑混凝土，可以将爬模架降落一个浇灌层，并合模用对拉螺杆紧固，架体用钢丝绳与劲性骨架进行连接紧固。

对于新浇混凝土的侧压力，4.5m多卡模板设计按50kN/m^{2}取值考虑，木工字梁垂直方向布置，布置间距300mm，槽钢背带水平布置，最大间距1300mm；6.0m旺科模板设计按52.8kN/m2取值考虑，木工字梁垂直方向布置，布置间距300mm，槽钢背带水平布置，最大间距1150mm；拉杆均采用φ20高强螺杆，布置最大间距1100mm。

7.2.5　混凝土输送泵

塔柱混凝土泵送采用HBTS80-16-132型混凝土输送泵，混凝土理论输送量为45m^3/h，垂直最大输送距离为200m，适用于本工程主塔的混凝土泵送。

输送泵主要性能参数如下。

左、右两岸各布置一台，塔支单次浇筑时，采用一台泵，横梁混凝土浇筑时，两台同时启用；泵管沿塔柱外壁布置，利用爬模爬锥及小分配梁固定，穿过爬架，顶部与劲性骨架固定。

由于4#墩下塔柱施工还处于低水位期，根据混凝土输送方式，地泵布置于围堰内，混凝土通过导管从围堰顶输送至地泵，再通过地泵泵管送入主塔塔柱内；出水后，地泵可以移至围堰顶平台，可以直接通过天泵转入地泵。

主塔泵管及水电分别沿两个塔支设置，布置于电梯与塔吊侧。养护及施工用水采用水泵泵送上塔，电缆线及水管均沿塔柱外侧布置，利用爬模爬锥及卡箍固定。

7.3 主梁施工

7.3.1 总体施工顺序

主梁总体施工顺序：根据水位先施工边跨现浇段的钢管桩基础，并搭设现浇支架、完成预压，进行主梁边跨现浇段的主体结构施工；主塔下横梁施工完成后，在下横梁上进行0#块第一次6m段施工，并在0#块6m段上安装吊架，采用吊架法同步施工主梁0#第二次4m段及1#两次4m段施工；安装并张拉1#斜拉索，拆除吊架底模，利用吊架提升牵索挂篮，采用牵索挂篮悬臂浇筑法完成主梁Z2#~Z11#双悬臂段施工，进行边跨合龙；继续单悬臂完成Z12#~Z19#段施工，直至中跨合龙，完成合龙段预应力施工，进行全桥调索(桥面铺装及附属结构二期恒载完成后，根据实际索力情况进行精调)。

7.3.2 主梁悬浇段主要施工步骤

步骤一：

①成支座垫石浇筑，安装竖向支座及抗风支座。

②在下横梁上施工B0-1#块6m长节段，预埋吊篮施工锚固精轧螺纹钢筋，同步浇筑塔梁临时固结支座。

③养护达到要求后，拆除模板，张拉悬臂束预应力G1。

步骤二：

①在B0-1#上拼装吊架系统，根据吊点位置安装吊挂精轧螺纹钢及千斤顶，后锚精轧螺纹钢每根张拉至35t，后吊杆中间两根精轧螺纹钢张拉至25t，两侧两根张拉至45t，前吊杆按预压数据进行预抬。

②吊架法施工0#块剩余4m节段主梁B0-2#，并张拉悬臂预应力束G2，在该节段预埋牵索挂篮提升预留孔。

步骤三：

①接长吊架、移动吊点，1#节段同样采用吊架法分两次4m节段完成主梁B1-1#、B1-2#施工，并张拉该节段相应纵向预应力。

②称挂设斜拉索S1、C1，并张拉至转换索力。

③除底模，利用走行系统，下放底平台至围堰顶平台上。

步骤四：

①除吊架中间两排桁架，接长两侧桁架，安装提升系统。

②挂篮主桁架在围堰顶平台上利用塔吊拼装完成，提升系统将挂篮(不含C型挂钩)整体竖直提升后，再安装C型挂钩及走形系统。

步骤五：

①除提升系统，牵索挂篮通过轨道走形至下一施工梁段。

②装中、后吊挂系统，挂篮荷载通过吊挂系统转移至已浇梁段。

③提升中、后吊挂，后方竖向千斤顶同步缩缸，至挂篮主纵梁顶距梁底315mm，剪力键入槽。

步骤六：

①在中、后吊挂主梁底与挂篮主纵梁顶间设置刚性抄垫，并对中吊挂每根吊杆预张拉125t，后吊挂每根吊杆预张拉45t。

②挂设S2、C2斜拉索并接长锚固于弧形首分配梁，调整挂篮标高，并将剪力键抄垫密实。

②行挂篮静载试验。

步骤七：

①安装B2、Z2节段模板、绑扎钢筋，按照监控指令调整斜拉索S2、C2至

第一次张拉索力。

②浇筑 Z2、B2 节段 50%混凝土，待强度达到要求后进行 S2、C2 斜拉索的第二次张拉。

③浇筑 B2、Z2 节段 100%混凝土，待混凝土强度及弹模将达到要求后进行主梁预应力的张拉作业。

④系转换，将斜拉索转换至主梁上。

步骤八：

①利用倒链下放内模 110cm，然后利用后支点竖向千斤顶及中吊挂下放挂篮 110cm。

②反力轮旋转就位，然后后支点竖向千斤顶回油，达到走形状态。

步骤九：

①除中、后吊挂。

②动走行千斤顶，将挂篮向前走行 8m 至下一节段位置。

步骤十：

①装挂篮中、后吊挂，后支点竖向千斤顶顶至梁面，翻转反力轮至水平状态。

②升中、后吊挂，并同步回油后支点竖向千斤顶，直至挂篮顶面顶紧主梁底面。

③抄垫中、后吊挂及剪力键至密实后，挂设 S3、C3 斜拉索，并按监控指令进行斜拉索张拉，完成该节段混凝土浇筑。

步骤十一：

①重复步骤五至步骤九，直至施工完 B11#、Z11#梁段，张拉完 S11、C11 斜拉索。

②主梁悬臂施工过程中，同步施工主梁边跨支架现浇段。

步骤十二：

①在挂篮前端安装边跨合龙段劲性骨架，绑扎钢筋，低温稳定时段浇筑合龙段混凝土。

②待边跨合龙段混凝土强度达到要求后，拆除边跨合龙段劲性骨架，张拉边跨合龙段预应力。

③继续前移中跨挂篮就位，按指令执行 S12、C12 斜拉索第一次张拉，单悬臂浇筑跨中 Z12 梁段混凝土。

④浇筑至 Z12 梁段 50%混凝土时，第二次张拉 S12、C12 斜拉索，直至梁段混凝土浇筑 100%。

⑤混凝土强度、弹模及龄期均达到设计要求，张拉 Z12 梁段预应力；

⑥将 C12 斜拉索转换至主梁上，并对称张拉 S12、C12 斜拉索至三张索力。

⑦循环重复以上步骤，继续施工中跨梁段并张拉相应斜拉索，直至施工完 Z19 梁段，张拉完 S19、C19 斜拉索。

步骤十三：

①中跨侧 3#塔挂篮后退 8.0m，4#塔挂篮前移 6.49m，利用挂篮中吊挂及下放吊挂孔，形成合龙吊架。

②除主梁 0#梁段和主塔之间的临时固结及纵向限位。

③温稳定时段安装中跨合龙锁定，完成合龙段混凝土浇筑。

④混凝土强度、弹模及龄期均达到设计要求，张拉合龙段纵向预应力。

⑤除挂篮及边跨现浇支架，进行全桥索力调整。

⑥安装支座阻尼器及斜拉索阻尼器。

7.3.3　主梁现浇段施工步骤

步骤一：支架基础施工。

完成过渡墩、辅助墩墩身施工，同步施工现浇支架基础，即低水位采用人工挖孔的施工支架桩基础，桩基砼浇筑时注意桩顶钢管支架法拉底座的预埋。

步骤二：安装钢管立柱、分配梁及现浇托架。

钢管立柱除顶节外，其余均为标准节段安装，通过法兰盘连接。及时测量垂直度，安装连接系，使支架形成一个整体。现浇托架安装前，须将预埋件精准安装至辅助墩设计位置；三脚托架利用塔吊安装。钢管柱、三脚托架安装完成后，安装柱顶分配梁。

步骤三：大桥 I 号桁梁安装。

将大桥 I 号桁梁在地面按组分段进行拼装，拼装完成后分组吊装至分配梁上，在分配梁顶进行两跨之间大桥 I 号桁梁的连接。吊装时，先吊装长节段桁梁，至少拼装两排后方能起吊。

步骤四：小分配梁工 16、安装模板。

在大桥 I 号桁梁上按设计及规范要求安装纵桥向间距为 0.3m 的工 16 小分配梁，然后再拼装模板。拼装完成后应对模板的标高和位置进行调整，调整后固定模板。

步骤五：支架预压。

支架搭设完成后，通过预压的方式，消除支架地基的不均匀沉降和支架的非弹性变形。预压加载的顺序模拟混凝土浇筑过程支架结构受力。

步骤六：绑扎钢筋、安装内模、浇筑梁体砼。

预压完成后，复测支架标高，按指令进行模板的预抬、索导管定位、钢筋及模板安装，预应力管道及预埋件定位、加固，最后完成主梁混凝土浇筑。

步骤七：预应力张拉、模板拆除、斜拉索安装、支架拆除。

待混凝土强度达到要求后，可先拆除侧模和端模，继续进行养护；待养护达到设计要求后，进行预应力张拉，张拉前，解除一侧墩顶支座临时约束；边跨合龙锁定前，解除边跨所有支座临时约束；待斜拉索完成 19#索张拉后，可拆除该跨承重支架。

7.3.4 关键工序体系转换

1. 主梁 0#块施工，塔梁临时固结

主梁索塔区 0#块，节段设计长度为 14m，将 0#块分为 B0-1#(长 6m)和两个悬臂段 B0-2#(长 4m)进行施工，其中 B0-1#节段在主塔下横梁顶面布置垫梁、分配梁，采用满堂支架法进行浇筑，临时支座及永久支座安装在浇筑前同步完成，形成塔梁临时固结。

在下横梁施工时，提前预埋纵向临时锁定及竖向临时支座。临时支座布置于横梁 4 个角，采用预埋 Φ32 精轧螺纹钢混凝土支座，抵抗弯矩；不平衡水平力，则利用跨中侧阻尼器预埋位置，通过销轴+型钢撑杆的方式进行纵向锁定。

2. 主梁 0#、1#块吊架施工转换

B0-1#块施工完成后，依靠临时支座支撑，可拆除底模支撑系统。在 6m 段梁

面拼装大桥一号桁梁，安装施工吊架，利用吊架浇筑施工 B0-2#块 4m 节段。待混凝土强度达到设计强度的90%、且弹性模量达到95%后，进行主梁悬浇施工用预应力束的张拉。1#节段施工同样利用此方式，接长大桥 I 号桁架，分为两节(4m)完成该梁段浇筑。

1#节段施工完成时机，需在主塔封完成顶、上横梁预应力张拉完成，满足1#斜拉索对称挂设、张拉要求。吊架设计考虑预留1#斜拉索安装空间，1#节段第二次浇筑吊架底模系统拆除，需在1#索张拉完成后进行。

3. 主梁牵索挂篮施工体系转换

根据总体施工设计，主梁悬臂施工采用长平台牵索挂篮，需在主梁1#节段施工完成后安装。3#、4#墩两侧的牵索挂篮主桁架在围堰施工平台上完成拼装，利用梁面吊架做提升系统，通过多点同步缓慢垂直提升的方式，将牵索挂篮整体提升至梁段，然后完成吊挂系统的转换和走形系统的安装。调整挂篮位置，安装2#斜拉索至牵索挂篮弧形首，完成牵索挂篮系统受力至已浇梁段的转换，待荷载试验完成后，可进行主梁悬臂施工。

待完成悬臂段主梁混凝土浇筑及预应力张拉后，将斜拉索张拉至三张索力，并将索头在梁底齿块上戴帽，拆除牵索挂篮前端张拉杆，完成斜拉索从牵索挂篮至主梁的转换。

4. 合龙体系转换

主梁边跨合龙段 BH#块利用边跨侧挂篮前移做底模，安装边跨合龙锁定后，进行边跨合龙段混凝土浇筑。边跨侧直线段采用钢管支架现浇，提前于11#节段完成。待边跨合龙段浇筑完成后，张拉边跨合龙段预应力束(第9#、10#节段施工完，牵索挂篮移动前，提前完成边跨合龙段预应力齿块下临时张拉平台安装)。主梁中跨合龙段 ZH#块在中跨侧 Z19#梁段悬浇施工完成后进行，在边跨最后一根索张拉完毕后，可进行边跨现浇支架的拆除。先施工完的一侧牵索挂篮后退8m，另一侧前移6.45m，利用挂篮中挂及下放吊挂孔形成合龙吊架，解除塔梁临时固结，调整两侧梁段标高，在一天中温度最稳定的时段进行中跨合龙口的锁定，浇筑合龙段混凝土，完成全桥合龙体系转换。

第8章　结构施工要点

8.1　桩基础施工要点

施工质量应符合《城市桥梁工程施工与质量验收规范》(CJJ 2—2008)和《公路桥涵施工技术规范》(JTG/T F50—2011)的要求，并应从严控制。

(1)位于陆地上的桩基础采用陆上常规的方法进行钻孔桩施工，陆地上钻孔桩中心位置最大允许偏差5cm。主塔墩位于深水区域，应先插打钢护筒，然后再钻孔灌注桩基础。施工单位根据实际施工荷载确定钢护筒壁厚，施工后承台底以上的钢护筒切割回收，承台底以下的钢护筒保留。施工过程中应注意保证钢护筒的稳定和位置准确。护筒中心与桩中心平面位置允许偏差不应大于80mm，护筒在竖直方向的倾斜度不得大于1/100。水中钻孔桩孔位偏差不大于10cm，倾斜度不得大于1/100。所有钻孔桩应逐根进行无破损检测。桩群平面中心位置允许误差为5cm。

(2)施工单位进场后，应根据设计图纸，认真核对地形地貌、地质条件、墩台里程、断面高程等，若发现与设计不符，应及时与设计单位进行沟通。

(3)钻孔桩施工时应严格控制孔底沉渣厚度，钻孔桩孔底沉渣厚度不得大于5cm，浇注水下混凝土前须进行二次清孔。

(4)桩基础施工注意事项。

①钻孔桩成孔后，应及时清除孔底残渣，确保沉渣厚度满足设计要求。钻孔桩水下混凝土灌注前，应制订详细、周密的施工方案，务必保证混凝土的浇注一次连续地完成。钻孔桩水下混凝土的灌注采用导管法，导管在混凝土下的埋深不宜小于2m。

②桩的钢筋骨架应在混凝土灌注前整体放入孔内，在放入钢筋骨架时，应采取措施防止其变形。如果混凝土不能在钢筋骨架放入之后立即灌注，则钢筋骨架应从孔内移出。在钢筋骨架重放前，应对钻孔的完整性，包括孔底松散物的出现，重新进行检查。灌注混凝土时，钢筋骨架顶面应采取有效措施进行固定，防止钢筋骨架上浮。支承系统应对准中线，防止钢筋骨架的倾斜和移动。

③桩身钢筋骨架宜分段制作，分段长度应根据吊装条件确定，应确保不变形，接头应错开。在骨架外侧应设置控制保护层厚度的垫块，骨架顶端应设置吊环。

④钢筋骨架的制作和吊放的允许偏差为：主筋间距±10mm；箍筋间距±20mm；骨架外径±10mm；骨架倾斜度±0.5%；骨架保护层厚度±20mm；骨架中心平面位置 20mm；骨架顶端高程+20mm，骨架底面高程±50mm。

⑤灌注的桩顶标高应比设计高出一定高度，一般为 1.0m，以保证桩顶混凝土强度，多余部分施工承台前凿除，凿除后的桩顶应无松散层。

⑥在灌注将近结束时，应核对混凝土的灌入数量，以确定所测混凝土的灌注高度是否正确。在灌注过程中，应将孔内溢出的水或泥浆引流至适当地点处理，不得随意排放，污染环境及河流。

⑦声测管技术标准满足《混凝土灌注桩用钢薄壁声测管及使用要求（JT/T 705—2007）》的相关要求。

⑧钻孔桩应逐根进行无破损检测，对检测结果有疑问时，须作钻孔取芯检测。对嵌岩桩并应钻到桩底 0.5m 以下。

8.2　承台施工要点

承台底面受力钢筋应采用机械接头方式连接，其他非受力钢筋可采用搭接接头。

承台全部采用普通钢筋，外加阻锈剂。阻锈剂不得改变混凝土的原有属性；不得影响混凝土对钢筋的握裹力，同时应为无毒环保型。

承台混凝土属大体积混凝土，施工中必须采取必要的措施降低混凝土的水化热，避免混凝土产生裂纹，如：采用低水化热的水泥、加冷却管、加强养护、控制混凝土入模温度等，施工完成后冷却管内需压浆封闭。承台混凝土浇筑应分层浇筑，分层浇筑时接缝混凝土应凿毛露出粗骨料并清洗干净，分层浇筑间隔不应大于7d。

承台与墩身的施工接缝面应进行凿毛、除油和清洗处理，以保证新老混凝土的结合质量。承台施工时注意预埋主塔钢筋。

8.3　主塔施工要点

1. 混凝土材料

主塔施工中要制定严格的施工工艺，防止混凝土结构表面各种裂纹的发生，尤其是主塔下部塔墩、下塔柱、横梁与塔柱结合段等部分。

主塔施工中对碱集料反应现象应引起足够的重视。

混凝土中的最大含碱量不大于1.8kg/m^3，最大氯离子含量不大于0.10%。

下塔墩、下塔柱及下横梁体量较大，砼浇注时，应采取措施，尽可能减小大体积砼水化热所造成的不利影响。

横梁施工时，应选择温度接近于设计平均温度，避免过大温差对结构的影响，横梁必须选择在气温稳定的时间段合龙。

砼施工接缝处理应凿除浮浆露出粗骨料，严格按有关施工规范进行。

2. 混凝土施工及质量

(1)主塔采用爬模(或其他合适的方法)施工，施工所需劲性骨架由施工单位自行设置，数量据实列报。

(2)为防止误差累积，主梁施工放样采用绝对坐标，不得采用相对坐标。

(3)成桥状态主塔的误差控制，除满足下面所列外，施工质量标准尚应满足《公路桥涵施工技术规范》(JTG/T F50—2011)、《公路工程质量检验评定标准》(JTG F80/1—2004)等有关规范的规定。

轴线偏差±10mm；

外轮廓断面尺寸±10mm；

壁厚±5mm；

倾斜度塔高的 1/3000，且不大于 30mm；

塔顶高程±10mm；

斜拉索预埋钢管轴线位置±5mm。

斜拉索管道误差：

钢管制作精度：外径≤±1. 5mm，壁厚≤±0. 5mm；

钢管与钢垫板垂直度：≤3″；

管道定位精度：锚点中心坐标、高程偏差≤5mm，角度偏差≤10″；

同一根斜拉索管道应一次成型，整体吊装，不得分段安装。

(4)塔柱施工时应随时观测塔柱变形，保证塔柱几何形状符合设计要求；各节段施工完成后，须对结构构造尺寸进行测量并记录备案。

(5)立模时须考虑后期变形对关键节段立模高程的影响；斜拉索索套管的安装必须根据主塔的后期变形对拉索锚固点的安装高程加以修正。塔柱后期变形的量值计算须考虑混凝土的收缩、徐变、弹性变形等因素，由监控以指令的形式提供。

(6)模板必须具有足够的刚度、强度和稳定性。

(7)塔柱分段浇筑高度应控制在 4~6m 以内，后续节段施工时须对前一节段接触面凿毛、清洗，确保新老混凝土的接缝质量，不得留有接口分隔缝，结构外表面的颜色应保持一致，不得有色差。相邻两个节段的龄期差不得大于 15 天。

(8)为保证施工安全，下、中塔柱施工时须设置临时水平横撑并对塔柱施加水平力，水平横撑必须有足够的强度、刚度和稳定性，其受力须考虑横向风、温度以及其他施工荷载等，横撑水平力的施加以确保支撑和塔柱的安全为前提。设计图纸中的水平横撑布置方案仅作为参考，须结合施工方案进一步细化，确定横撑的构造和水平力。

(9)主塔采用 C50、C40 高性能混凝土，在施工前必须进行混凝土配合比试验。塔柱根部、下塔柱及中、上塔柱连接段为混凝土实体段，属大体积混凝土，应加强大体积混凝土的施工方案研究，并采取有效的措施避免温度、混凝土收缩等引起的开裂。施工完成后冷却管内需压浆封闭。

(10)加强减少水泥含量、降低骨料入仓温度、添加剂和养护等措施方面进行研究，确保降低水化热的影响。新老混凝土接缝处加设钢筋网，实体段与塔柱壁变化连接处应一次浇筑。

(11)塔柱混凝土施工可采用吊送或泵送施工工艺。如采用泵送混凝土施工工艺，应保证泵送混凝土的流动性、和易性和缓凝、早强，同时尽可能减少混凝土的早期收缩，保证结构的耐久性。

(12)在施工过程中，高温和低温天气状况下均需采取有效的保温和养护措施，降低水化热，减少结构内外温差，实时监控结构内部温度，杜绝水化热过高导致的结构裂缝。

(13)上塔柱锚固区结构复杂，钢筋、预应力管道、索道管、劲性骨架密集，必须振捣密实。

(14)塔柱混凝土的养护时间不得小于7天，下塔柱底节段应与塔座或承台一起浇筑，相邻两个节段的龄期差，不得大于15天。

(15)浇筑横梁混凝土前，必须开展施工支架的堆载预压试验，消除非弹性变形，测定弹性变形值，根据实测值设置立模预拱度。

3. 预应力施工

(1)预应力钢筋及锚具在进场后，必须对其强度、弹性模量、外形尺寸、初始应力等有关材料指标进行严格检测，锚头进行裂缝检查，夹片进行硬度检查。预应力钢筋必须放置在室内以防止锈蚀，施工期间的外露预应力钢筋必须采取措施，保证其不得锈蚀，对于已经锈蚀的预应力材料不得采用。

(2)预应力材料下料严禁火焰高温切割，只允许使用圆盘锯切割，并应使钢绞线的切割面为一平面，以便张拉时检查断丝。

(3)所有预应力钢材禁止焊接连接。

(4)预应力管道必须按给定的坐标准确定位，管道须定位牢固，严禁管道上浮，禁止破坏性局部应力的产生。管道定位钢筋直线段间距为50cm，曲线段间距为30cm，管道定位水平偏差不大于10mm，竖向偏差不大于5mm。曲线段须设置防崩钢筋，间距10cm。

(5)预应力管道必须连接平顺、密实和可靠，杜绝因漏浆而造成堵管。预应力管道严禁急弯，严禁踩踏、挤压，严禁钢筋焊接对管道的损伤。钢束锚固端的支承垫板必须垂直于孔道中心线。

(6)预应力张拉时，混凝土的养护龄期不少于 7 天，同时混凝土强度不小于设计值的 90%，弹性模量达到设计值的 100%。预应力钢束张拉应严格按照本设计提供的张拉顺序和张拉控制应力进行。

(7)预应力钢束应采用张拉应力与伸长量双控，伸长量误差在±6%以内。预应力钢绞线施工应考虑锚圈摩阻损失和千斤顶的内摩阻损失，施工前应对此进行测定，张拉时予以调整。预应力钢束在同一截面的断丝率不得大于 1%，而且限定一束钢绞线断丝不得多于 1 丝。

(8)预应力钢束张拉完毕，严禁撞击锚头和钢束，多余的长度要求使用砂轮切割机切割，锚板以外钢束(筋)长度为 3~5cm。

(9)预应力钢束张拉完毕后 24h 内必须压浆，灌浆采用智能循环灌浆系统。压浆嘴和排气孔可根据施工实际需要设置，压浆前应用压缩空气清除管道内杂质，水泥浆的强度不低于结构混凝土强度等级。

(10)钢绞线或钢丝实测引申量应扣除非弹性变形，具体办法如下：张拉到 10%设计张拉吨位开始测量引申量，张拉到设计张拉吨位后测得引申量△1，则实际引申量 $\Delta=\Delta 1/0.9-\delta$，δ 为锚具回缩值，由实测确定。

张拉步骤为：夹片锚钢绞线：$0\rightarrow 0.1\sigma_{con}\rightarrow$持荷 3min→开始量测引申量→$\sigma_{con}\rightarrow$持荷 5min→量测引申量→锚固。

保证张拉到控制吨位量测的引申量与回油后量测的引申量之差不大于 7mm，否则确定为整体滑丝。同时检查钢束尾端标记张拉完毕是否仍为一个平面，如有变化，表明出现了滑丝，必须对滑丝进行处理。

(11)预应力钢筋张拉完毕后，48 小时以内必须封锚，封锚砼应设钢筋网并保证其与结构钢筋可靠连接。

(12)预应力、普通钢筋相碰时优先保证预应力位置。

(13)钢筋搭接接头位置位于同一断面的数量不得超过 50%，具体事项按现行施工规范办理；因设置进人孔而切断的纵横钢筋必须加设短筋焊接复原。

4. 预应力孔道真空辅助灌浆工艺技术要求

(1)主塔横梁、塔柱和索锚固区的预应力孔道必须采用真空辅助灌浆工艺。

(2)预应力波纹管、锚具的配套须满足真空灌浆工艺要求。

(3)须严格对灌浆浆体进行配合比设计，降低浆体的水灰比、孔隙率、泌水性，消除浆体离析，减少和补偿水泥浆在凝结过程中的收缩变形，防止裂缝的产生，干裂、收缩特性应加强试验与测试。

(4)浆体须具有较高的抗压强度和有效的粘结强度，其强度等级不得低于结构自身的混凝土的强度等级。

(5)孔道灌浆必须保证管道灌注的饱满、均匀。

(6)必须对灌浆工艺开展试验，在浆体性能、灌浆工艺、灌浆可靠性满足要求后，方可实施。

5. 普通钢筋施工

(1)塔柱内直径≥22mm 的钢筋应采用机械连接方式，接头性能必须符合《钢筋机械连接技术通用技术规程》(JGJ 107—2003)及《带肋钢筋套筒挤压连接技术规程》(JGJ 108—96)的相关要求；同一截面内的接头数量不应超过全部钢筋的1/2。

(2)竖向主筋定位必须严格按照图纸要求执行，如主筋与模板支架预埋件或其他施工临时构件冲突，相应位置主筋的处理方法必须经过监理和设计单位批准，不得随意改变主筋的位置。

(3)为确保钢筋的保护层厚度满足设计要求，外侧钢筋表面应设置混凝土垫块，垫块的强度和耐久性应高于本体混凝土；保护层厚度应严格按照图纸执行。

(4)主塔爬模及所有其他施工用设备在整个施工过程中均不得与塔柱钢筋相连接，避免钢筋错位或将其荷载转嫁到钢筋上。

(5)截面闭合箍筋宜采用焊接连接，若采用绑扎接头，应确保接头钢筋搭接密贴，螺纹相互咬合，搭接长度满足抗震要求，同时绑扎牢固。当钢筋与预应力管道相碰时，可适当移动钢筋位置，但不得任意切断或取消；钢筋与斜拉索管道相碰时，原则上可适当移动钢筋位置，但也需征得设计单位同意。若钢筋在必要处(如进人孔)截断时，在同一截面上按等强原则补强。

(6)普通钢筋之间相碰时优先保证主筋位置。

6. 预埋件及临时孔道

(1)主塔施工时，不得遗漏以下设施的预埋件，即：爬梯、检修平台、航空障碍灯、照明设施、主梁施工临时锚固、支座、阻尼器、避雷设施、排水设施、栏杆、滑模支架、施工升降机、检修电梯、交通工程、施工监控、健康监测、景观工程等。

(2)电气预埋件要求：预埋管弯曲半径和扁度必须满足施工规范的要求。预埋管就位后要对管口临时封堵，以防管路被堵塞。预埋板安放位置要尽量准确，当与结构相碰时可适当移动。预埋板板面要平，要与接地引上线可靠连接。

(3)斜拉索锚垫板、索道管、各种钢构件及预埋件外露部分均须防腐处理，防腐措施详见《公路桥梁钢结构防腐涂装技术条件》(JTT 722—2008)。施工所布设的各种钢预埋件，在施工期间，应重视防腐保护，且其保护层厚度应严格按照现行规范办理，防止预埋件成为结构腐蚀通道。

(4)塔柱和横梁外表面上的所有临时预埋件在施工期间应做好防护处理，避免对塔身外观的污染。

(5)施工临时孔洞待施工完成后必须进行封孔处理，封孔须凿处成孔时所采用的管道材料，并凿除管道内表面浮浆，露出骨料，封孔混凝土与结构混凝土不得有色差。

8.4　过渡墩、辅助墩施工要点

(1)应严格控制墩身混凝土质量，混凝土颜色应全桥保持一致，外露部分宜尽可能采用同一家同一品种产品。桥墩模板应采取措施确保表面光滑平整无错缝，并保证墩身外轮廓符合设计要求，混凝土振捣必须密实，以确保墩柱混凝土的灌注质量。

(2)墩身混凝土宜连续灌注，当分段浇筑时，其间隔时间不宜超过 7 天，其接触面应严格按施工规范处理，并加强对接缝处振捣，墩身混凝土应采用泵送混凝土运输。

(3)由于桥墩混凝土体积较大，分层浇筑时，接缝混凝土应凿毛露出粗骨料并清洗干净。

(4)墩身属大体积混凝土，施工单位应根据混凝土配合比、水泥型号、入模温度等因素进行温控设计，用以指导冷却水管的布设，并做好通水冷却工作，施工完成后冷却管内需压浆封闭。施工单位也可采取更为有效的降低水化热措施，以避免出现大体积混凝土温度裂纹，保证混凝土质量。

8.5 桥台施工要点

(1)应采用可靠精确的方法完成墩位的定测。

(2)施工单位应尽可能采用先进技术和先进设备，确保施工质量。

(3)桥台受力主筋的接长均要求采用机械接头的方法接长，其质量检测应达到《钢筋机械连接通用技术规程》(JGJ 107—2010)中的Ⅰ级要求。

(4)两岸桥台属于大体积混凝土，可分次浇筑，在施工中应采取切实有效的温控措施，防止出现裂纹。

(5)墩台支座垫石必须保持平整、清洁。两侧桥台胸墙必须在引桥主梁施工完成且预应力张拉完成后方可施工。

8.6 主桥主梁施工要点

1. 测量

(1)施工准备阶段，应对首级控制网进行同等级复测，根据施工精度要求，对控制网进行加密。

(2)施工过程中应随时复测，对结构变形过程进行随时监测和记录，并及时报告给业主、监理和设计单位。平面、高程控制测量的技术要求和测量精度应符合《公路桥涵施工技术规范》(JTG/T F50—2011)的要求。

2. 主梁施工

(1)主梁施工工法。边跨合龙段以外的部分梁段(靠岸边方向)采用满布支架现浇，其余边跨及中跨采用挂篮悬臂浇筑。

(2)主梁的满堂支架施工。搭设支架前，施工单位必须根据支架承受的最大荷载对地基承载力和变形进行计算，对地基不满足要求时必须采取合理可靠的地基处理方案对地基进行加固，确保支架在整个现浇过程中的强度、稳定和变形都满足安全可靠的要求，并满足《公路桥涵施工技术规范》(JTG/TF50-2011)的相应规定。

所有支架在浇筑混凝土前必须进行预压，以消除支架的非弹性变形以及地基沉降，预压重量不少于支架所需承受全部荷载的 1.2 倍，支架立模标高应计入支架的弹性变形等，确保主梁竣工线形准确。支架设计时必须考虑主梁恒载在纵向及横向分布的不均匀性，准确模拟支架预压重量，检算支架结构的安全性。边跨全跨支架安装及预压须在浇筑边跨混凝土前一次性全部完成。支架应在主梁合龙且合龙钢束张拉完毕后、施工桥面系以及调索之前予以拆除。

支架上宜设置滑板支座，以适应梁体因温度、收缩徐变等产生的变形。

现浇段底模安装时应按要求在墩顶安放支座，桥塔还需在安装支座的同时将墩梁之间纵向限位措施安装到位。

(3)主梁的悬臂施工。桥塔两侧均采用悬臂挂篮浇筑施工，桥塔单侧共悬臂浇筑 19 个梁段，最大悬臂长度 159m。悬臂浇筑的节段混凝土最大重量 2885kN (B10 节段)，悬臂浇筑的节段最大长度 8.0m，挂篮及模板总重量应控制在 1000kN 以内。为保证主梁的浇筑质量及控制浇筑时间，要求挂篮的刚度及强度满足一次浇筑完毕整个梁段。挂篮不得采用万能杆件或贝雷梁等拼装，必须采用整体焊接，以提高挂篮的整体刚度。挂篮应用前应进行加载试验，消除非弹性变形以及检验挂篮的可靠性。同时必须保证在任何情况下，挂篮不得与主梁脱落。

施工单位设计的挂篮与梁体的连接构造以及挂篮预埋件，须由设计部门同意后方可实施。

悬臂浇筑的立模标高以及阶段张拉索力根据提供的挂篮图纸和挂篮预压试验，由施工监控部门计算确定，在挂篮混凝土浇筑过程中，可根据挂篮荷载的变化情况进行多次调索，以满足挂篮受力和线形的要求。

要求主梁梁段重量与理论重量偏差不大于±1%，主梁在挂篮上浇筑混凝土时横向的不对称重量不大于 2.0t。

为防止误差累积，主梁施工放样采用绝对坐标，不得采用相对坐标。

(4)合拢段施工。主梁的合龙，即体系转换，是控制全桥受力状况和线形的关键工序，因此主梁的劲性骨架安装、混凝土浇筑、预应力钢束张拉及斜拉索索力调整等必须按设计要求的顺序进行，以使结构受力符合设计计算。主桥设计合拢温度为12~17℃，同时要求在一天中温度比较稳定时段进行中跨合龙。在浇筑合龙段混凝土时应采取换重措施，并确保换重与混凝土浇筑大致同步。合龙施工方案须经评审后方可实施。

(5)主梁施工质量控制。主梁混凝土入模温度为5~26℃，否则应采取有效措施保证混凝土的入模温度以及养生温度。主梁浇筑完毕后，主梁桥面板平整度不大于±7mm，并严禁被油污、浮浆污染，在达到设计强度50%之前严禁踩踏。主梁顶面应进行凿毛处理，以保证与桥面铺装层的结合质量。节段施工前，应将已浇节段接缝混凝土表面浮浆凿除，露出新鲜混凝土面，并凿成锯齿状，保证新老混凝土结合面的混凝土粘结可靠。对节段新老混凝土接缝梁体外表面须涂刷防水层，并应注意混凝土的养生。对于桥塔处、交界墩及辅助墩顶节段、压重段主梁应采取必要措施降低混凝土水化热。混凝土颜色应保持一致，建议采用同一厂家相同品种的水泥。应选择优质脱模剂确保混凝土外观一致，并加强混凝土振捣工作，确保混凝土密实度，杜绝蜂窝、麻面现象，在钢筋密集处应使用小尺寸振捣棒。

斜拉索在主梁上采用锯齿块锚固，该部位是结构内力传递的关键部位，钢筋较多，加之受斜拉索管道的影响，构造复杂，应确保混凝土浇筑密实，振捣到位，严禁出现露筋、漏振、过振等现象。

成桥状态主梁的误差控制，除满足表8-1所列外，施工质量标准尚应满足《公路桥涵施工技术规范》(JTG/T F50—2011)、《公路工程质量检验评定标准》(JTG F80/1—2004)等有关规范的规定。具体施工质量标准见表8-1所示。

表8-1 **主梁施工质量标准**

项目		规定值或允许偏差
轴线偏差(mm)		10
断面尺寸(mm)	高度	±5
	顶宽	±20
	底宽	±20
	顶底板及腹板厚	+10，0

续表

项目	规定值或允许偏差
梁锚固点高程(mm)	±20
锚具轴线与孔位轴线偏位(mm)	5

为防止主梁混凝土开裂和棱边碰损，应待混凝土强度达到规范要求后方可拆模。主梁施工中因施工所需开设的孔洞及采取的补救措施，均应征得设计单位的同意。

主梁施工时，一定注意预埋所有附属工程的预埋件；注意预埋用于应力监控的应变片以及测量标高的控制点预埋件等，具体位置在主梁施工前由施工监控部门另外给出。

(6)在主梁混凝土浇筑前，应在主梁顶面设置永久观测点，主要用来观测主梁在各施工节段及长期运营阶段主梁的中线高程、两侧高程及中轴线的偏位情况等。

3. 主梁预应力施工

(1)主梁施工用预应力束(粗钢筋)是在假定施工步骤、挂篮设计、施工荷载下配置，在确定具体的施工步骤、详细的施工荷载、挂篮设计之后，有可能根据需要而调整主梁施工用预应力束(粗钢筋)。有关施工用主梁预应力调整将由施工监控方决定，设计方将对调整过的施工用预应力是否影响成桥状态的安全作出结论。

(2)预应力钢筋及预应力锚具在进场后，必须对其强度、弹性模量、外形尺寸、初始应力等有关材料指标进行严格检测，锚头进行裂缝检查，夹片进行硬度检查。预应力钢筋应放置在室内以防止锈蚀，施工期间的外露预应力钢筋必须采取措施，保证其不得锈蚀。钢绞线下料不得使用电或氧弧切割，只允许使用圆盘锯切割，并应使钢绞线的切割面为一平面，以便张拉时检查断丝。

(3)所有预应力钢材不许采用焊接连接。

(4)预应力管道必须按给定的坐标准确定位，直线段每 0.50m 设一道定位筋，曲线段每 0.30m 设一道定位筋，水平向偏差不大于 10mm，竖向偏差不大于

5mm。封锚混凝土应设钢筋网并保证其可靠锚固。预应力管道连接必须保证质量，应杜绝因漏浆而造成预应力管道堵塞。纵向预应力短束波纹管安装时一定要防止水平和竖直急弯，严禁人踩和挤压。制孔波纹管应严密且不易变形，管节之间的连接应保持平顺，钢束锚固端的支承垫板必须垂直于孔道中心线。在浇注混凝土的过程中不得破坏管道，并采取措施确保管道不发生位移，尤其应避免管道上浮，防止破坏性局部应力的产生。管道压浆应一次完成，不得中断。

(5)纵向预应力管道随施工的进程需不断接长，其接头处不得有毛刺、卷边、折角等现象，接头处要封严，不得漏浆，浇筑混凝土后应及时通孔清孔，发现阻塞及时处理。

(6)混凝土纵向预应力张拉龄期至少保证 7 天，同时混凝土强度达到设计强度的 90%且混凝土弹性模量达到 28d 弹性模量的 100%以后方可张拉。预应力钢束张拉应严格按照本设计提供的张拉顺序和张拉控制应力进行。所有纵向预应力钢束在主梁横截面应保持同一编号对称张拉，纵向钢束张拉时两端应保持同步。纵向钢束张拉基本顺序原则：先长后短，顶底板交替张拉。

(7)预应力钢束应采用张拉应力与伸长量双控，伸长量误差在±6%以内。预应力钢绞线施工应考虑锚圈摩阻损失和千斤顶的内摩阻损失，施工前应对此进行测定，张拉时予以调整。预应力钢束在同一截面的断丝率不得大于 1%，而且限定一束钢绞线断丝不得多于 1 丝。

(8)预应力钢束(筋)张拉完毕，严禁撞击锚头和钢束，多余的长度要求使用砂轮切割机切割，锚板以外钢束(筋)长度为 3~5cm。预应力钢束张拉完毕后 24h 内必须压浆，压浆嘴和排气孔可根据施工实际需要设置，压浆前应用压缩空气清除管道内杂质，然后压浆。要求管道压浆密实，水泥浆水灰比不大于 0.4，不允许掺氯盐外加剂，可掺减水剂和膨胀外加剂，具体用量通过试验确定。但外掺剂中不允许含有易引起钢绞线氢脆反应的有害成分，同时要求水泥浆的强度不低于结构自身混凝土设计强度。

(9)钢绞线实测引伸量应扣除非弹性变形，具体办法如下：张拉到 10%设计张拉吨位开始测量引伸量，张拉到设计张拉吨位后测得引申量$\triangle 1$，则实际引申量 $\Delta=\Delta 1/0.9-\delta$，$\delta$ 为夹片回缩值，由实测确定。张拉步骤为：张拉到 10%张拉控制吨位→持荷 3 分钟→开始量测引申量→张拉到控制吨位→持荷 3 分钟→量测引申量→回油→量测引申量。保证张拉到控制吨位量测的引申量与回油后量测的引申量之差不大于 7mm，否则确定为整体滑丝。同时检查钢绞线尾端标记张拉完毕是否仍为一个平面，如有变化，表明出现了滑丝，必须对滑丝进行处理。

(10)主梁悬浇施工用逐段接长预应力粗钢筋应选用小尺寸对接式群锚连接器，不得使用悬挂式连接器。

(11)预应力粗钢筋接长时，接长端需用油漆或其他牢固色彩标画出 1/2 连接器长度，以保证被连钢筋与连接器相对位置的准确。

(12)预应力粗钢筋露出锚具的长度为 5.0cm。

(13)预应力粗钢筋张拉步骤为：张拉到 10%张拉控制吨位→张拉到控制吨位→持荷 2 分钟→量测引申量→锚固→回油→量测引申量。张拉锚固时因锚具变形、缝隙压密等引起的总回缩量不得大于 1mm，否则须采取超张拉或反复张拉的措施。

(14)所有预应力锚固接长应错开布置，在同一断面上接头率不得大于 50%，连接方式按规范办理。

4. 主梁普通钢筋施工

(1)钢筋的接长均采用焊接。

(2)因施工需要而切断的纵横向钢筋必须加设短筋焊接复原。

(3)预应力、普通钢筋相碰时优先保证预应力位置，普通钢筋之间相碰时优先保证主筋位置。普通钢筋可适当移动，但任何情况下不得随意切断或减少普通钢筋，若有钢筋不得不切断，应在其附近等强度恢复，并及时通知设计方。

(4)所有钢筋接头应错开布置，在同一断面上接头率不得大于 50%，连接方式按规范办理。

(5)绑扎钢筋时应确保各类钢筋保护层厚度。

8.7　斜拉索施工要点

斜拉索在成批生产前，应就材料、配方、工艺及制作过程进行试制，并制作静载试验用试件，开展静载试验。静载试件取一组 3 根，试验的自由长度(不包括锚固所需钢丝)不小于3.0m。试验加载方法必须严格按照《斜拉桥热挤聚乙烯高强钢丝拉索技术条件》(GB/T 18365—2001)进行。

斜拉索成品拉索应满足以下要求:

(1)成品索应满足设计长度要求,索长允许误差$\Delta L \leqslant 20$mm,双层PE护套应一次成型,索体色彩由业主根据景观设计要求确定,所有斜拉索均在塔端张拉。

(2)每一根成品索出厂前须超张拉,超张拉力为标准破断荷载的0.55倍,预张拉后冷铸锚中锚板回缩值不得大于6mm。

(3)成品索的机械物理性能。

①静载破断荷载应不小于拉索标准破断荷载的95%。

②静载破断延伸率应不小于2%。

③抗拉弹性模量应不小于$2.00\times10e^5$MPa,每种规格型号的成品拉索至少有一根在超张拉检验后作弹性模量试验。

④制造单位应先加工3根斜拉索试件做轴向疲劳实验,成品索在应力幅200MPa时,即上限应力$0.4\sigma_b$、下限应力$0.28\sigma_b$作用下,经200万次脉冲加载,脉冲频率不超过8Hz,要求锚具完好无损,钢丝断丝率小于2%。

⑤拉索成盘包装,最小盘绕直径不小于1800mm,斜拉索存放时间不超过3个月。

钢丝的几何尺寸、机械性能、镀层性能、化学成分、伸直性详见设计图《斜拉索体系技术条件说明》。

每盘钢丝由一根组成,放线端应有明显标志,收线盘内径不得小于1.8m。成品钢丝交货时不得出现锈斑,不得存在电焊接头和任何形式的其他接头。

斜拉索挂设时,应对斜拉索索力和桥面标高进行监测,索力和标高与设计值出现偏差时,必须及时检查和纠正。施工控制采取标高与索力双控,施工中各梁段标高的确定和主梁标高控制以及索力的测量必须在凌晨1~5点进行。斜拉索的索力调整具体以挂索时施工监控指令为依据。

设计提供的斜拉索无应力长度,是在设计温度及理想恒载工况下算得的,施工控制的单位应根据实际恒载及各种施工误差的反馈信息进行修正。

施工控制采取标高与索力双控,施工期间主梁立模标高允许偏差不大于

5mm，桥轴线偏差不得大于 5mm，施工阶段控制标高允许偏差不大于±20mm，主梁上下游控制标高允许偏差不大于±10mm；斜拉索张拉力允许偏差不大于±2.5%，且不得大于 50kN。

斜拉索预埋钢管应精确定位，其误差在轴线任意处不得偏离理论轴线 5mm。

对于主梁上预埋的斜拉索导管，应采取排水措施，严禁施工期间斜拉索导管积水。

实测成桥索力应保证与设计图纸提供的成桥索力差值在±5%以内，不满足则应调整成桥索力直到满足以上要求。施工中各梁段立模标高的确定和主梁标高控制阶段以及索力的测量必须在凌晨 2~5 点进行。张拉斜拉索用千斤顶必须配备经过校核的测力传感器(压力环)，并与施工控制部门的索力仪测量结果校核。正常情况下，每施工四对斜拉索，必须对张拉千斤顶以及传感器进行标定，并测量一次索塔塔顶偏位；每施工十对斜拉索时采取频谱仪等其他仪器对索力仪等进行现场校核。

索导管防护罩(将军帽)安装时，在护罩上口下方约 3cm 处用两根高弹性橡胶圈填充予以密封，在橡胶圈以上，采用进口硅胶进行密封，硅胶密封条高度要求不小于 2.5cm，与上口形成角度不小于 60°，从而形成一个不至于积水的排水坡脚，并将护罩上口以上 10cm 范围内的螺旋线割去，避免水沿螺旋线流下从螺旋线与硅胶之间的缝隙渗入护罩内。

斜拉索安装前应全面检查预埋拉索导管的位置是否准确，发现问题应及时采取措施予以处理。

斜拉索吊装时不宜使用起重钩或容易对索体产生集中应力的吊具直接挂扣拉索，宜使用带胶垫的管形夹具和尼龙吊带并设置多吊点进行起吊。放索时索体应放在柔软的滚轮或皮带输送机上拖拉。

其他未尽事宜按照《斜拉桥热挤聚乙烯高强钢丝拉索技术条件》(GB/T18365—2001)办理，也可参照《大跨度斜拉桥平行钢丝斜拉索》执行。

8.8 引桥主梁施工要点

(1)支架应具有足够刚度和强度，并采用 110%预压重，以消除支架的非弹性变形，克服支架变形产生的不利影响。

(2)现浇箱梁应一次浇筑完成，浇筑方式应认真研究确定，为防止混凝土开裂和棱边破损，应待混凝土强度达到施工规范的有关要求时方可拆模。

(3)混凝土颜色应全桥保持一致，外露部分宜尽可能采用同一厂家同一品种的水泥，模板应采取措施确保表面光滑平整。

(4)混凝土配合比应通过试验确定，确保强度。混凝土浇注完后，其外露面需保温、保湿、防晒不少于3天，尽量减少收缩、温差的影响。

(5)在混凝土强度及弹性模量均达到设计值的90%以上且龄期不小于7天后才能施加预应力。

(6)大体积混凝土施工时应采取有效措施，降低水化热的危害，确保混凝土质量。

(7)现浇箱梁顶面的高程误差应不大于±2cm，平整度应不大于±1cm。箱梁顶面严禁被油污、浮浆污染。

(8)现浇箱梁因设置临时施工进人孔等措施而切断的纵横向钢筋必须加设短钢筋焊接复原并适当加强。

(9)桥台台背应在箱梁施工完毕后方可浇筑混凝土，以免妨碍主线桥箱梁预应力钢束张拉。

(10)在安装盆式支座时，应将盆式橡胶支座的相对滑移面用丙酮擦拭干净，支座安装高度应符合设计要求，其四角高差不得大于1mm。支座应水平设置，并注意安装方向。支座上连体钢板设置应注意保证密贴性，确保钢板不出现翘边现象。支座上下钢板规格应严格按设计要求采用。为防锈蚀，支座预埋钢板均采用热浸镀锌钢板。要求钢板平整，不允许焊接变形。滑动支座外面必须设置防尘罩。

(11)主梁现浇时，注意按设计图纸预埋钢筋和预埋件，桥面系、伸缩缝、人行道栏杆及其他相关附属构造，均应参照有关图纸施工，栏杆预埋钢筋必须预埋在梁内。

(12)所有预应力钢材不许焊接，钢绞线使用前应作除锈处理。

(13)钢绞线应用圆盘切割机切割，不允许用电、汽切割。钢绞线锚具应避免生锈及局部损伤，以免脆性破坏。

(14)预应力严格按照施工图要求顺序进行张拉。

(15)所有预应力束张拉均要求伸长量与张拉力双控，以张拉力控制为准，要求实测伸长量与设计伸长量两者误差在±6%以内。

(16)预应力钢束张拉完毕，严禁撞击锚头和钢束，钢绞线多余的长度应用切割机切割，切割方式和切割留下的长度应按施工规范办理。

(17)为确保预应力质量要求对定位钢筋、管道成形需严格控制，具体要求如下。

①管道安装前检查管道质量及两端截面形状，遇到有可能漏浆部分应割除、整修和除去两端毛刺后使用。

②接管处及管道与喇叭管连接处，应用胶带或冷缩塑料密封。

③钢束管道采用塑料波纹管成孔，制孔波纹管应严密且不易变形，孔道安装位置必须正确，管节之间的连接应保证平顺，钢束锚固处的支承垫板必须垂直于孔道中心线。在混凝土浇筑过程中，不得破坏波纹管，切忌振捣棒碰穿孔道，并采取措施确保孔道不发生位移，尤其应避免孔道上浮，防止破坏性局部应力的产生。波纹管采用定位钢筋网定位，并与周围钢筋焊接牢固，定位后管道轴线偏差不大于 5mm。

④与喇叭管连接处的管道应保证垂直于锚垫板。

(18)凡因施工需要而断开的钢筋当再次连接时，应满足绑扎搭接长度要求，同一断面内搭接数量应满足规范要求，若采用焊接则焊接长应满足度规范要求。

(19)当普通钢筋和预应力管道或其他主要构件在空间上发生干扰时，可适当移动普通钢筋的位置，以保证钢束管道或其他主要构件位置的准确。钢束锚固处的普通钢筋如影响预应力施工时，可适当弯折，预应力施工完毕后应及时恢复原位。施工中如发生钢筋空间位置冲突，可适当调整布置，但应确保受力主钢筋的净保护层厚度。

第9章　桥梁施工监控

9.1　施工控制

施工控制是对桥梁施工过程的实时监测和控制，以确保在施工过程中桥梁结构的内力和变形始终处于规范容许的安全范围内，确保成桥状态(成桥线形和成桥结构内力及应力)符合设计要求。

9.2　施工控制计算

(1)计算主塔的浇筑线形。

(2)计算主梁的浇筑线形。

(3)计算各施工阶段的内力、应力、位移及稳定性。

(4)根据实测主塔线形及主梁线形计算斜拉索的无应力下料长度和分批张拉力。

(5)根据施工控制获得不同阶段最合理的斜拉索张拉力。

(6)根据施工控制获得不同阶段最合理的预应力张拉顺序及张拉力。

9.3　施工控制内容

1. 几何监测

包括控制网和水准基点的复核；各安装阶段标高和主塔线形、主梁线形的测量；支架的变形量；大气、温度对桥塔、主梁和斜拉索变形的影响测量。

2. 应力监测

在主塔、主梁及斜拉索关键截面埋入传感器测试应力，及时准确了解各受力杆件在各施工阶段的应力变化。传感器在使用前应做好实地温度补偿实验，在施工中应具有足够的安全保护措施，防止施工中损伤传感器。

3. 索力监测

索力应结合千斤顶张拉力和计算值相互校核，索力计算值宜采用比较成熟的振动频率量测法获得，其频率宜采用振弦式系列传感器获得，计算值与千斤顶张拉值误差应在容许范围内。

4. 预应力监测

预应力水平是影响施工控制目标实现的主要因素之一。在检测中主要是对预应力筋的张拉真实应力、预应力管道摩阻损失及永存预应力值进行测定。

5. 温度监测

监测温度对主塔线形、主梁的合龙、变形影响情况、斜拉索索力和下料长度以及桥面系高程影响。

除温度监测外，其余各项监测宜在每天气温和日照变化不大的时候进行，以减少温度变化的不利影响。温度检测应测量有代表性的某一天或者几天24h内结构温度变化情况，总结主塔和主梁线形测量结果，总结结构日照温差变形规律和季节性的温差变形规律。

9.4 桥梁健康监测

大型桥梁健康监测目的是通过对桥梁结构状态的监控与评估，为大桥在特殊气候、气候条件或桥梁运营状况严重异常时发出预警信号，为桥梁维护、维修与管理决策提供依据和指导。

健康监测应包含以下主要几个方面：

(1)桥梁结构在正常环境和交通条件下运营的物理与力学状态。

(2)桥梁重要非结构构件(如：支座)和附属设施(如：减震器)的工作状态。

(3)桥梁结构构件的耐久性，能提供桥梁疲劳状况的真实信息，评估结构构件的疲劳损伤情况，作出构件疲劳寿命的可靠预测。

(4)大桥承载能力的评估。

第10章 桥梁试验

本桥属特大桥，为确保工程安全，桥梁施工过程中要求进行以下试验。

1. 混凝土弹性模量及强度试验

为准确分析大桥结构受力，混凝土施工前要求对试配确定的混凝土样品进行混凝土弹性模量及强度测试。制作混凝土的主要材料批次、材料来源发生变化时，也应在混凝土施工前进行混凝土弹性模量及强度测试。试验由施工单位委托相应具备试验资质的科研单位实施。

2. 桩基检测

要求对桥梁所有桩基础逐根采用无破损检测法进行检测，试验由施工单位委托相应具备试验资质的科研单位实施。

3. 预应力孔道摩阻试验

为了验证实施的预应力是否满足设计要求，需要对大桥主梁在悬臂施工过程中进行预应力孔道摩阻试验。孔道摩阻试验共分两批实施，每批选择6根钢束进行试验，设计将在施工过程中提出试验大纲，施工单位应委托有资质的试验单位进行试验。

4. 斜拉索静载破坏试验

斜拉索在成批生产前，应就材料、配方、工艺及制作过程进行试制，并制作静载试验用试件，开展静载试验。静载试件取一组3根，试验的自由长度(不包括锚固所需钢丝)不小于3.0m。试验加载方法必须严格按照《斜拉桥热挤聚乙烯高强钢丝拉索技术条件》(GB/T 18365—2001)进行。

5. 成桥动、静载试验

工程竣工后，全桥应做成桥动、静载试验，检测大桥承载能力是否满足设计要求。业主单位应委托有资质的试验单位编制试验大纲，并进行试验和分析，对大桥能否投入运营作出判断。

6. 桥塔防撞设施水密试验

桥塔防撞设施施工完后参照水密试验大纲处理，确保浮体水密达到设计要求。

参考文献

[1]项海帆. 高等桥梁结构理论[M]. 北京：人民交通出版社，2001.

[2]小西一郎. 钢桥[M]. 戴镇藩译. 北京：人民铁道出版社，1981.

[3]公路桥梁抗风设计规范(JTG/T3360-01-2018)[M]. 北京：人民交通出版社，2018.

[4]埃米尔·希缪，罗伯特·H. 斯坎伦. 风对结构的作用——风工程导论[M]. 刘尚培，项海帆，谢霁明，译. 上海：同济大学出版社，1992.

[5]陈政清. 桥梁抗风工程[M]. 北京：人民交通出版社，2005.

[6]项海帆. 现代桥梁抗风理论与实践[M]. 北京：人民交通出版社，2005.

[7]车鑫. 自立状态下钢桥塔涡振容许振幅研究[D]. 西安：长安大学，2013.

[8]颜东煌. 斜拉桥合理设计状态确定与施工控制[D]. 长沙：湖南大学博士学位论文，2001.

[9]许瑞红. 五河口斜拉桥施工索力优化的研究[D]. 上海：同济大学硕士学位论文，2004.

[10]唐祖宁. 既有预应力混凝土斜拉桥内力优化与调整的研究[D]. 上海：同济大学硕士学位论文，2004.

[11]陆楸，徐有光. 斜拉桥最优索力的探讨[J]. 中国公路学报，1990(1).

[12]王勋文，辛学忠，潘家英，等. 确定PC斜拉桥合理恒载索力方法的探索[J]. 桥梁建设，1996(4).

[13]汪劲丰，施笃铮，徐兴. 确定斜拉桥最优恒载索力方法的探索[J]. 浙江大学学报(工学版)，2002，36(2).

[14]M Z Cohn，Z Lounisl. Optimal Design of Structural Concrete B ridge Systems[J]. Journal of Structural Engineering，A SCE，1994，9(120).

[15]翁沙羚，项贻强，等. 杭州文晖大桥斜拉索的索力调整的优化计算研究[J]. 中国市政工程，2003，5(29).

[16]韦福堂，孙长军，等. 单根调索技术在卢浦大桥合龙前钢拱肋轴线调整中的应用[J]. 预应力技术，2004，1(1).

[17]范立础，杜国华，马健中，等. 斜拉桥索力优化及非线性理想倒退分析[J]. 重庆交通学院学报，1992，11(1).

[18]梁鹏，肖汝诚，张雪松，等. 斜拉桥索力优化实用方法[J]. 同济大学学报，2003，11(31).

[19]胡昌炳. 珠海淇澳大桥主跨悬臂拼装施工技术[J]. 桥梁建设，2000(4).

[20]杨进，邵长宇，孙叔禹，等. 主跨348m+348m三塔单索面PC梁斜拉桥[J]. 桥梁建设，2002(1).

[21]王戒躁. 芜湖长江大桥整体模型(施工阶段)试验研究[J]. 桥梁建设，1999(4).

[22]韩富庆，胡可，寇明国，等. 安庆长江公路大桥主桥施工控制仿真计算[J]. 安徽建筑工业学院学报，2002，10(3).

[23]汪正兴，陈开利，庄茁，等. 荆州长江大桥南汊通航孔主桥非线性仿真分析-成桥状态静力分析[J]. 桥梁建设，2002(6).

[24]张建民，郑皆连，秦荣. 大跨径钢管混凝土拱桥混凝土时变模式分析[J]. 重庆交通学院学报，2001，20(4).

[25]肖汝诚，项海帆. 斜拉桥索力优化及其工程应用[J]. 计算力学学报，1998，15(1).

[26]AASHTO. LRFD Bridge Design Specifications and Commentary[S]. Washington, D. C., 2004.

[27]郑史雄，李永乐，陶奇. 天兴洲公铁两用长江大桥气动参数风洞试验[J]. 中国铁道科学，2009，28(2).

[28]郑史雄，徐伟，高宗余. 武汉天兴洲公铁两用长江大桥抗风性能研究[J]. 桥梁建设，2009(4).

[29]郝超. 大跨度钢斜拉桥的施工监控及其目标精度值[J]. 中国公路学报，2003，16(1).